부모교육의 이론과 실제 개정판

THEORY AND
PRACTICE OF
PARENT EDUCATION

개정판

부모교육의 이론과 실제

머/리/말

인간이 한 사람의 성인으로 성장하는 데 부모만큼 강력하고도 지속적인 영향을 미치는 환경은 없다. 자녀를 키운다는 것은 단지 부모라는 두 성인이 그들의 자녀에게 영향력을 미치는 것으로 끝나는 것이 아니라 조상 대대로 전해 내려오는 문화와 관습과 가치관, 그리고 지식과 사소한 습관까지 자라나는 새로운 세대에게 물려주는 것이기도 하다.

부모가 어떤 학교를 나왔는지, 어느 지방에서 출생했는지, 어떤 책을 읽고 어떤 기내를 가지고 아이를 키우는지, 어떤 사람들과 어울리고 어떤 학교를 보내고 어떤 TV 프로그램을 시청하는지 등등 일일이 열거할 수 없는 수많은 행위들이 부모가 물려주는 유전자와 함께 환경이라는 포괄적 개념으로 영향을 미친다.

좋은 부모가 된다는 것은 어떤 의미일까? 이에 대한 답은 간단하지 않다. 시대마다, 민족마다, 계층마다, 심지어는 개인마다 부모역할에 대한 정의와 올바른 부모의 행위에 대한 답은 다르다. 완벽한 이상적인 부모가 될 수 있을까? 완벽한 부모는 아니더라도 적어도 나쁜 부모가 되어서는 안 되겠다는 생각을 갖게 된다. 그에 대한 해답을 찾으면서 다양한 이론과 프로그램이 소개되었고, 일부는 많은 실효성을 거두었다. 수많은 고민과 의문 속에서 이루어 낸 연구들이 축적되어 적어도 공통적인 부모역할의 요소들을 얻게 되었다. 그리고 그러한 이론과 설명들을 배우고자 하는 부모들이 늘어 가고 있다.

중요한 것은 부모의 자녀관과 양육스타일이 자녀의 삶을 결정짓는 중요한 요소가 될 뿐 아니라 다음 세대에 전달되어 또 다른 부모로서 살아갈 자녀에게 부모역할의 모델이 된다는 사실이다.

부모가 된다는 것은 일생에서 가장 축복받고 의미 있는 인생의 큰 사건이라고 할 수 있고, 장기적으로는 한 인간이 이 세상에 태어나서 가장 보람 있는 자취를 남길 수 있는 일생일대의 도전이라고 할 수 있다. 좋은 부모가 된다는 것은 또 다른 의미에서 인간적인 성장과 성숙의 기회이기도 한 것이다. 사회가 점점 개인화되고 인간성이 메말라 갈수록 가정의 양육을 통한 인간적 소통과 소속감은 인류에게 더 많은 위안과 동시에 안정감을 주는 기회가 될 것이라고 생각한다. 따라서 좋은 부모가 되고자 하는 노력과 양육의 힘을 키우고자 하는 개인적·사회적 노력은 그 어느 시대보다 더 관심과 주목을 받게 될 것이다.

이 책은 크게 2부로 구성되어 있다. 1부에서는 한 사람이 개인적인 성장을 거치면서 부모가 되고, 그가 다시 부모로서 자신의 자녀에게 미치는 영향력에 대해 기술하게 될 것이다. 부모가 되어 가는 과정이 어떤 의미이고, 어떤 어려움과 혼란과 보람을 가져오는 일인지 기술하고, 그 가운데 부모를 돕고자 개발된 이론과 프로그램들을 소개할 것이다. 2부에서는 미래에 영유아교사가 될 예비교사들이 현장에서 부모와 마주하고 부모와 함께 협력하여 자녀를 양육해갈 때 필요한 부모교육의 실제를 다루었다.

이 책은 기본적으로는 아동학 및 영유아교육을 전공하는 학생들에게 필요한 교재로 저술했으나, 부모가 되고자 하는 많은 젊은이들과 현재 부모가 되어 하루하루 자녀들을 위해 고군분투하는 부모들에게도 실질적인 도움을 주는 책이 되었으면 하는 바람이다.

2020년 2월

윤혜경

차/례

PART

I

부모교육의 이해

시적인 모럴리스트인 루소가 자신이 아이에게 주지 못했던, 또 받지 못했던 이상적인 교육과 자신은 될 수 없었던 이상적인 교사를 『에밀』에서 그리게 되었다.

계획이 그 자체로서 승인되고 실행되기 위해서는 계획 자체가 사물의 본성에 바탕을 두어야 한다는 것이다. 즉, 여기에서는 제안된 교육이 인간에게 적합하고 인간의 마음에 꼭 들어맞는 것이어야 한다.

—루소의 『에밀』 중에서

CHAPTER 01

부모교육의 개념과 역사

학습 목표

1. 부모교육의 개념 및 필요성 등 부모교육에 대해 개괄적으로 이해할 수 있다.
2. 동서양 부모교육의 역사를 안다.
3. 부모교육의 필요성을 안다.

01 부모교육의 개념

누구나 부모가 되기는 쉽지만, 효율적이고 유능한 부모역할을 수행하는 것은 간단한 일이 아니다. 자식을 사랑하지 않는 부모는 없다. 그러나 양육에 대한 올바른 방법과 기술을 알지 못한다면 자식을 사랑하면서도 자식에게 가치 있는 영향력을 행사하기 어려울 수 있다. 좋은 부모가 되기 위해서 적절한 부모역할 방법을 익히고 필요한 정보나 기술을 습득한다면 훨씬 수월하게 부모역할을 수행할 수 있을 것이다.

부모교육이란 자녀의 성장과 발달에 대한 부모의 이해와 지식을 증진시킴으로써 부모로서의 역량을 키우고 이를 토대로 부모 스스로 효과적인 자녀양육방법과 기술을 개발하여 자녀에게 실천하고 적용하도록 지원해주는 다양한 교육활동을 말한다.

부모교육은 부모의 행동이나 인식, 상호작용방법 등을 개선함으로써 부모자녀관계를 변화시키고자 하는 프로그램에서 비롯된 개념이라고 할 수 있으나, 오늘날의 부모교육은 이러한 교육 프로그램 중심의 개념에서 좀 더 나아가 포괄적 개념으로 사용되고 있다. 즉, 사회적 맥락 속에서 부모자녀관계의 본질을 이해하고, 이를 사회제도적 차원에서 지원하고 환경을 조성해주는 부모지지 혹은 양육지원의 형태를 포함하기도 한다. 부모들로 하여금 자신의 역할을 잘 할 수 있도록 다양한 사회경제적 기반을 조성하고, 사회적 상호작용망을 확충하고, 다양한 정보를 제공하는 등 양육 우호적인 환경을 조성하는 일이다. 그리고 이를 공적·사회적인 차원에서 지원하고자 하는 정책적 노력을 포함하는 경향을 말하는 것이다.

부모역할을 한다는 것은 개인적이면서도 한편으로는 사회적인 과정이다. 한 개인이 성장하는 데 부모가 중요한 작용을 한다면 개인적 의미에서나 사회맥락적 의미에서 부모역할에 대한 관심이 커질 수밖에 없다. 특히 현대사회와 같이 한 개인이 생물학적·사회적으로 완전히 성숙하기까지 많은 지식과 기능을 요구하고 오랜 시간의 보살핌을 필요로 하는 사회에서는 부모역할에 대한 관심이 더욱 커질 수밖에 없다.

02 부모교육의 목적

부모교육의 일차적인 목적은 무엇보다 부모가 자녀를 이해하고 돕고 지도하는 데 필요한 지식과 능력, 태도 등을 익히는 것을 돕는 데 있다. 자녀의 발달과 관련된 정보와 지식을 익힘으로써 발달에 적합한 환경을 조성할 수 있고, 이를 토대로 자녀의 성장과 발달을 촉진하기 위한 부모의 역할을 실천할 수 있게 돕는 것이다. 이러한 목적을 구체적으로 설명하면 다음과 같다.

첫째, 부모교육을 통해 그 시대가 요구하는 바람직한 아동관을 갖도록 하기 위한 것이다. 과거의 서양 중세시대에는 아동을 본성적으로 악한 존재로 간주하고 순종과 복종을 이끌기 위한 엄격한 훈육이 강조되었다. 동양적인 아동관도 아동을 엄격한 훈육의 대상으로 바라볼 뿐 인격적 대우나 존중의 대상으로 여기지는 않았다. 그러나 현대사회에서는 아동의 잠재능력을 인정하고, 성인과 같은 독립된 인격을 지녔을 뿐 아니라 모든 특성에서 자기 나름의 독자성을 갖는다고 본다. 따라서 생의 초기부터 아동의 잠재능력을 자극하거나 촉진시키면서 아동 개인에게 적합한 양육이나 교육활동을 실시하는 것을 바람직한 자녀양육 행동으로 평가한다. 이러한 아동관의 이해는 아동에 대한 바람직한 양육행동을 실천하는 출발이 된다고 할 수 있다.

둘째, 시대에 맞는 바람직한 자녀양육방법을 습득하게 하는 것이다. 바람직한 자녀양육방법은 새로운 지식과 정보의 구축과 더불어 계속 변화한다. 현대사회는 급속한 변화를 특징으로 하는 사회인만큼 새로운 사회에서 요구되는 다양한 가치와 기능에 대한 이해가 필요하다.

어느 시대 어느 사회에서도 통용되는 절대적 자녀양육방법은 존재하지 않는다. 즉, 오늘날의 사회적 변화나 가치관의 변화에 대응하여 그 시대가 요구하는 인간상을 길러 내는 데 적합한 양육방식을 습득하게 한다.

셋째, 부모교육을 통해 자녀의 사회적응력을 최대화할 수 있는 방법을 학습하게 한다. 르빈(LeVine, 1974, 1988)은 모든 문화권의 부모는 자녀의 사회적응력을 최대화하기 위해 자녀의 생존력, 경제적 자립능력, 그리고 사회적 가치와 미덕을 육성하는 데 노력해 왔다고 언급했다. 사회문화에 따라 자녀의 양육행동 방식은 다르지만, 자녀의 생존력을 높이고, 자녀 스스로 자신을 돌볼 수 있는 경제적 능력을 갖게 하고, 사회가 지향하는 가치와 미덕을 실천하도록 양육하는 것이 자녀의 사회적응력을 높여 준다고 본 것이다. 부모교육은 바로 지금 시대의 변화에 맞게 아동의 사회적응력을 최대화시키는 방법을 배움으로써 부모가 자신감을 갖고 자녀양육에 임할 수 있게 해준다.

넷째, 아동발달에 관한 기초지식을 습득시킨다. 아동발달에 관한 기본원리와 연령별 발달단계에 따르는 발달상의 특징에 대한 지식과 정보는 자녀를 과학적으로 지도하고 교육하는 데 중요한 정보가 된다. 같은 상황에서 자녀의 행동을 어떻게 해석하느냐 하는 것은 자녀에 대한 부모의 반응을 결정짓는 중요한 지표가 된다. 예를 들어 유아기 자녀의 거부 표현을 자아개념 발달 측면에서 이해한 부모는 자녀가 자아를 형성하기 시작한다는 측면에서 이해하고, 자녀의 자아개념이 왜곡되지 않고 긍정적으로 발달할 수 있도록 지원하고 도와줄 수 있게 된다. 이와 같이 자녀의 건강한 성장과 발달을 위해 아동발달에 관한 지식과 정보를 습득하는 것은 부모가 발달에 적합하게 자녀를 양육할 수 있도록 지원해 준다.

다섯째, 자녀와의 효과적인 상호작용 기술과 방법을 배우게 한다. 드라이커스(Dreikurs)의 '민주적 부모교육 프로그램', 기노트(Ginott)의 '인본주의적 부모교육 프로그램', 고든(Gordon)의 '효율적인 의사소통을 위한 부모교육 프로그램'에서는 부모에게 효과적인 의사소통방법을 가르쳐주고 자녀와 애정적인 관계를 유지하도록 도와준다(Fine & Henry, 1991). 부모자녀 간의 효과적인 의사소통이나 상호작용방법을 배운다는 것은 부모역할을 위한 중요한 기술을 획득하는 것이 된다.

여섯째, 자녀의 건강한 신체적·정신적 발달에 위협을 줄 수 있는 가정의 심리적·물리적 환경요인에 대한 지식과 정보를 습득하게 함으로써 자녀의 문제 가능성을 예방한다. 현대사회는 부부의 불화, 가정폭력, 이혼, 빈곤, 약물 등 자녀의 신체적·정서적·사회적 발달에 부정적 영향을 미치는 환경요인을 많이 가지고 있다. 이러한 환경이 자녀의 발달에 어느 정도 심각한 영향을 주는지에 대해 부모들이 충분히 깨닫지 못하고 있는 경우가 많은 것이 현실이다. 자녀의 문제 가능성은 한 가지 요인만으로 설명될 수 없으나 일반적으로 가정 내 환경이 주요 원인으로 지적되고 있다. 이러한 가정환경의 중요성이 자녀의 발달에 미치는 영향에 대해 이해하고, 부모가 적극적으로 부정적인 영향을 방지함으로써 자녀의 문제 가능성을 미연에 방지하는 데 큰 도움을 줄 수 있다.

결국 부모교육은 부모의 자질 향상을 일차적 목적으로 하고 있지만, 부모역할의 최종 수혜자인 자녀가 건강하고 행복하게 성장하며 발달하도록 하는 데 궁극적 목적이 있다고 볼 수 있다. 따라서 부모교육은 부모를 위한 교육이기 이전에 자녀의 건전한 성장과 발달과 관련된 자녀의 복지, 그리고 복지를 누릴 수 있는 자녀의 권리를 보호하고 존중해주기 위한 교육이라고 할 수 있다.

03 부모교육의 필요성

부모교육이라는 공식적 용어가 사용되지 않았던 인류의 초기에도 자녀양육과 관련하여 부모교육은 존재했다고 볼 수 있다. 아기를 출산하고 양육하고 키우는 과정에서 요구되는 방법과 기술에 대한 지도와 조언은 부모교육의 고전적 예라 할 수 있다. 부모교육의 역사는 인류의 존재와 더불어 시작되었지만, 공식적이고 체계적인 부모교육에 대한 사회적 요구와 필요성은 현대사회에서 더욱 요청되고 있다.

현대사회의 부모교육의 필요성을 요약하면 다음과 같다.

첫째, 부모역할 책임이 증가했다. 과거 전통사회에서는 확대가족 안에서 조부모와 친척들의 공동 작업을 통해 부모역할이 수행되었다면, 현대사회에서는 핵가족 안에서 부부 중심 또는 한 부모 중심에 의해 부모역할이 수행되고 있다. 현대사회의 핵가족 구조는 한 곳에 집중된 부모역할을 강조하므로 부모역할에 대한 부담을 더욱 무겁게 만들고 있다. 그뿐만 아니라 기혼여성의 취업증가와 이혼율 증가의 사회적 현상은 현대사회의 핵가족구조와 맞물려 부모역할 수행을 더욱 어렵게 만드는 요인으로 나타나고 있다. 따라서 오늘날의 부모역할은 과거 시대의 부모역할에 비해 더 어려운 환경에 처해 있다고 볼 수 있다. 과거 전통사회의 대가족 안에서 요구되었던 부모역할만으로는 충분하지 않기 때문에 새로운 부모역할에 대한 학습이 요구된다.

둘째, 부모역할에 관한 관찰학습의 기회가 적다. 과거 전통사회에서는 확대가족과 혈연 중심의 촌락구성으로 인해 부모가 될 때까지 관찰학습을 통해 부모역할을 간접적으로 학습할 기회가 많았다. 많은 형제의 출산과 더불어 삼촌이나 가까운 친척의 계속된 출산은 끊임없이 어린아이의 성장과 양육방법을 관찰할 수 있는 학습의 장이었다. 결국 결혼하여 자신의 자녀를 낳기까지 혈연 중심의 확대가족 안에서 부모역할의 의미와 방법 그리고 기술 등을 익힐 수 있었다. 그러나 현대사회에서는 핵가족화와 소인수 가족으로 인해 형제가 하나이거나 형제 없이 성장하는 비율이 증가하면서 일상생활 속에서 관찰학습을 통해 부모역할에 대한 지식과 정보를 간접적이나마 습득할 기회조차 충분히 주어지지 않고 있다. 따라서 부모역할 수행에 직면하여 많은 불안감과 두려움을 느끼고 있으며, 이러한 정서적 긴장을 극복하고 시행착오 없이 부모역할을 수행하기 위해 바람직한 부모역할에 대한 안내와 지도를 필요로 하고 있다.

셋째, 부모역할에 대한 체계적인 교육이 거의 제공되지 않고 있어 준비 없이 부모역할을 수행해야 하는 경우가 많다. 중·고등학교 및 대학교와 같은 공식적인 교육기관에서는 현대사회에서 필요로 하는 전문화된 지식 및 기술이나 입시 관련 과목을 중심으로 교육과정을 편성하기 때문에 부모역할에 관한 지식과 정보 그리고 기술에 관한 교육기회는 상대적으로 매우 부족한 편이다. TV, SNS, 인터넷, 육아 관련 서적 등 다양한 매체를 통해 부모역할에 대한 지식과 정보가 제공되지만, 양육과 관련한 단편적인 지식 전달에 치중하기 때문에 체계적인 부모역할의 안내나 지침을 필요로 하는 부모의 사회적 요구를 충분히 충족시키지 못하고 있다.

넷째, 부모역할과 관련한 다양한 정보와 지식의 범람으로 인해 바람직한 부모역할에 관한 가치관 형성에 오히려 어려움이 있다. 과거 전통사회의 부모역할은 분명하고 단일한 가치 속에서 이루어진 반면, 현대사회의 부모역할은 다양한 가치 안에서 제공되고 있다. 바람직한 부모역할에 관한 중심가치 결여는 어떠한 부모역할을 해야 하는지에 대한 선택 문제를 제기하고 있다. 현대사회에서 제공하고 있는 바람직한 부모역할에 대한 광범위하고 과도한 지식과 정보는 오히려 부모역할에 대한 자기상을 발달시키는 데 어려움을 주고 있다.

다섯째, 아버지들의 자녀양육 참여가 증가하고 있다. 과거 전통사회 내 아버지의 역할은 경제적 자원을 제공하고, 사회적 권력을 행사하며, 가정에 안정과 보호를 제공하는 도구적 역할로 간주되었다(Parsons & Bales, 1955). 그러나 핵가족화 및 취업모의 증가, 아동의 성장과 발달에 있어 아버지 역할의 중요성이 학문적으로 검증(Lamb, 1981)되면서 아버지는 자녀양육에 있어 어머니의 중요한 동반자 또는 협력자로 간주되고 있다. 최근 '좋은 아버지 되기'와 관련된 사회적 관심은 아버지가 자녀양육의 적극적 참여자로 역할 전환하고 있음을 시사하는 것이라 할 수 있다. 그러나 자녀양육의 적극적 동반자, 협력자 또는 참여자로 역할을 하고자 하는 아버지들의 의지에도 불구하고 아버지 역할에 대한 지식과 기술 부족으로 아버지의 자녀양육 수행은 어머니의 자녀양육 활동의 보조적 차원을 넘지 못하고 있다. 이러한 사실은 부모로서의 역량을 키우는 다양한 교육적 활동인 부모교육이 어머니로부터 아버지에게로 확산될 필요성을 제안하고 있다.

여섯째, 생의 초기 경험에 대한 중요성이 강조되고 있다. 영유아기 및 아동기를 포함하는 생의 초기는 신체적·인지적·정서적·사회적 측면에서 급격한 성장과 발달이 이루어지는 민감한 시기이다. 교육학, 심리학의 아동관련 연구를 통해 생의 초기에 경험하는 부모자녀관계의 질이 자녀의 성인기 사회적응에 중요한 요인으로 지적되면서 부모역할에 대한 특별한 준비나 훈련 없이 핵가족 안에서 혼자 자녀양육을 책임져야 하는 현대사회의 부모들은 바람직한 부모자녀관계를 형성할 수 있는 자녀양육방법을 배우고 싶어 한다. 특히 생의 초기 경험이 일생의 기초를 형성한다는 발달의 '기초성', 특정한 발달과업을 성취하는 데는 가장 적절한 시기가 있으며 이를 놓치면 다음 시기에 보완하기 어렵다는 발달의 '적기성' 등과 같은 아동발달에 관한 지식 보급은 이러한 요구를 더욱 상승시키고 있다.

일곱째, 영유아교육기관에서 가정과의 교육 연계성을 강조하고 있다. 영유아교육기관에서는 유아의 전인적·균형적 발달을 도모하기 위해 영유아교육과 가정교육 간에 일관성을 유지하고자 한다. 가정 안에서 부모의 참여나 지원이 이루어지지 않는다면 영유아교육기관에서의 교육은 실효성을 거두기 어렵기 때문이다. 이를 위해 영유아교육기관에서는 유아의 발달과 교육에 주된 영향을 미치는 부모에게 유아를 이해하고 돕고 지도하는 데 필요한 지식, 능력, 태도 등을 익히도록 지원하고 도와줌으로써 영유아교육기관의 교사처럼 부모도 가정 안에서 유아의 건전한 성장과 발달을 자극하고 촉진할 수 있도록 유도하고 있다. 영유아교육과 가정교육 간에 일관성을 유지하는 것은 영유아교육에 대한 책임을 기관과 가정이 함께 공유함으로써 유아에 대한 교육 효율성을 최대화시킬 수 있는 이점이 있다. 따라서 영유아교육기관에서는 부모를 대상으로 하는 부모교육을 유아를 대상으로 하는 교육활동만큼이나 중요하게 간주하고 있다.

여덟째, 미래사회에 적응적인 자녀로 양육해야 한다. 현대사회는 급속히 변화하고 있고 변화의 속도는 더욱 가속될 전망이다. 사회화를 담당하는 부모들이 해야 할 일은 자녀들이 미래 사회에 적응력을 기르고 사회발전에 기여할 수 있도록 준비시키는 일이다. 과거에는 부모가 살아온 사회와 자녀가 살아갈 사회가 크게 다르지 않았기 때문에 자녀양육을 담당하는 일은 어려운 일이 아니었다. 그러나 근대산업사회에서 지식정보사회로 급속히 변화하는 현대사회에서 자녀가 살아갈 사회가 어떤 것인지, 자녀에게 어떤 가치, 태도, 기술, 능력을 갖추어야 할지를 예측하는 일은 쉬운 일이 아니다. 그러므로 부모들이 미래사회를 살아갈 자녀들을 어떻게 준비시켜야 할지에 도움을 주기 위해 부모교육이 필요하다(한국부모교육학회 편, 1997).

한편 위와 같은 부모교육의 필요성을 아동, 가족, 사회의 세 가지 차원에서 설명하면 다음과 같다.

(1) 아동의 측면

먼저 아동의 입장에서 바라보면, 모든 아동은 각기 다른 환경적·사회적 배경을 가지고 출생하며 성장하고 있다. 부모가 교육 프로그램을 통해 아동들의 건전한 사회적응과 최적의 발달을 위해 필요한 지식과 기술, 태도 등을 습득할 때 보다 효율적이고 적합한 양육 행동을 할 수 있게 된다. 이럴 때 부모교육의 첫 번째 수혜자는 아동 자신이 될 것이다. 자녀의 최상의 발달을 위해 부모들은 아동의 다양한 지적·정서적·신체적 발달을 골고루 촉진할 수 있는 교육 프로그램들을 습득하고 훈련할 필요성이 있다.

(2) 부모의 측면

확대가족에서 전수받지 못한 자녀교육에 대한 이론과 실제를 전달받을 수 있게 된다. 그뿐만 아니라 다양한 자녀양육 문제를 부모 스스로 처리해야 하는데, 이들을 위한 정보를 제공받을 수 있다.

한편 성역할 개념의 변화로 인해 현대사회는 아버지도 자녀양육에 참여해야 하는데, 이들 아버지에게 정보를 제공해줄 필요성이 증가하고 있다.

또 한편으로 부모교육은 자녀들에게 적합한 양육기술의 습득을 통해 효율적인 부모역할을 수행하도록 지원하는 것이기도 하지만, 부모 자신의 미성숙한 인성을 개선할 수 있는 기회가 되기도 하다. 자신의 행동과 태도 및 다양한 가치관을 재점검하고, 다른 사람들과 교류하면서 자신의 행동을 수정하거나 조정할 수 있는 자기 성장의 기회가 되기도 하는 것이다.

(3) 사회의 측면

1960년대 이후부터 부모교육이 정부와 사회 차원에서 적극적으로 강조되어 추진되고 있는데, 그러한 배경에는 어떤 이유가 있는 것일까?

1964년 미국에서는 빈곤퇴치운동의 선포와 함께 가정환경이 취약한 빈곤아동에게도 균등한 환경적 기회를 마련해 주어 빈곤의 악순환을 막고자 하는 프로그램이 실행되었다. 이를 위해 정부는 빈곤계층의 아동과 그 부모에게 헤드스타트(Head Start), 홈스타트(Home Start), 팔로스루(Follow Through) 프로그램을 운영했고, 그 결과 부모참여가 아동의 학업성취와 능력 향상에 밀접한 관련이 있음이 입증되었다. 그 후 자녀교육에 부모의 참여가 정착되기 시작했다. 이는 인적 자원의 효율적 개발일 뿐 아니라 사회균등 정책의 일환으로도 평가되는 것이다. 결국 일찍 투자하여 사회적 비용을 절감한다는 투자의 경제성과도 관계가 있다고 할 수 있다.

이상과 같은 다양한 필요성들을 달성하기 위해 많은 부모교육 프로그램들이 개발되었다. 초기의 부모교육은 주로 이론적인 성격이 강했으나, 점차 구체적이고 실용적인 프로그램들이 개발되었다. 최근에는 보다 다양하고 개별화된 프로그램들이 많아지고 있다.

04 부모교육 프로그램의 내용

부모교육은 자녀의 바람직한 발달을 위해 부모의 자녀양육 행동의 변화를 추구하려는 목적으로 실시되므로 대부분의 부모교육은 자녀양육과 발달에 관한 정보 나누기, 기술훈련 및 습득, 자기인식 증진, 그리고 문제 해결에 초점을 둔다(Fine & Brownstein, 1983). 구체적인 내용들을 살펴보면 다음과 같다.

1) 정보 나누기(information sharing)

아동발달과 자녀양육 행동에 대해 부모에게 도움이 된다고 판단되는 실제적인 정보와 이론적인 정보를 전달한다. 소책자나 미디어 또는 잡지 등을 통해서도 부모역할에 관한 유익한 정보를 전달하고 있지만, 직접적인 부모교육 프로그램에 비하면 실제적인 자녀양육 행동의 변화를 가져오는 데 한계가 있다고 볼 수 있다.

2) 기술 훈련(skill building)

기술 훈련은 부모의 자녀양육 행동을 변화시키는 데 있어 효율적이기 때문에 모든 부모교육 프로그램에서 중요하게 다루어지고 있다. 역할극, 시범 보이기, 행동연습 등의 방법을 통해 '나 메시지'(I-message), '반영적 경청하기'(reflective listening) 등과 같은 효율적인 자녀양육 기술을 습득할 수 있도록 돕는다. 부모들은 실제 상황에 도움이 되는 자녀양육 기술을 어떻게 사용하는지를 익힘으로써 아동발달과 자녀양육에 대한 정보 나누기에서 부족한 부분을 보충할 수 있다.

3) 자기인식(self-awareness)

부모는 자신의 자녀양육 행동 유형을 비롯하여 자녀양육 행동이 자녀의 행동에 어떻게 영향을 미치는지 인식하고 깨닫게 된다. 자기인식은 부모 자신의 자녀양육 행동을 변화시키는 동기가 될 수 있다. 예를 들어 부모가 자신의 양육행동이 권위주의적임을 깨달을 뿐 아니라 권위주의적인 양육행동이 자녀에게 부정적 영향을 미친다는 사실을 인식한다면 부모는 자신의 양육행동을 좀 더 바람직한 양육행동으로 바꾸고자 시도하게 될 것이다.

4) 문제해결(problem solving)

부모들은 자녀와 관련하여 여러 가지 상황에서 적용할 수 있는 문제해결의 기본적인 방법을 익힌다. 부모교육 프로그램에 참여하는 동안 제시되는 여러 가지 문제 상황의 경험을 통해 부모들은 자녀와의 문제를 현명하게 해결할 수 있는 능력을 기른다.

05 부모교육의 역사

부모교육에 대한 체계적인 기록은 서양의 경우 17세기에 와서야 찾아볼 수 있다. 그러나 그 이전에 부모교육이 없었던 것은 아니다. 기록이 없었던 사회에서도 농사짓는 방법이나 사냥하는 방법, 도구를 사용하는 방법, 자신을 보호하는 방법, 아기를 낳아 돌보며 양육하는 방법 등 부모역할에 필요한 지식이나 기술 등을 자녀를 낳은 부모나 또는 부모가 되려는 사람에게 가르쳤을 것이다. 동서양의 부모교육의 역사를 시기별로 살펴보면 다음과 같다.

1) 서양의 부모교육

(1) 17세기 이전의 부모교육

기원전 300년경 그리스의 철학자이며 교육자였던 플라톤(Platon)은 『국가론』에서 이상적인 국가 건설을 위해 좋은 인재 양성이 필요하다고 강조하며, 이를 위해 아동을 양육하고 교육하는 일부터 국가가 지도하고 관리해야 한다고 지적했다. 그러나 플라톤의 제자인 아리스토텔레스(Aristoteles)는 아동이 선량한 시민으로 성장하도록 양육되어야 한다고 주장하면서 국가가 아니라 가족이 아동을 양육해야 한다고 보았다. 즉, 아동이 6세에 이르기까지 가정에서 부모의 지도 아래 양육되어야 한다고 주장했다.

그리고 5세기부터 15세기까지 서양에서는 철학적 사고와 과학적 사색이 억압되고 정치, 도덕, 경제, 교육 등 모든 가치가 종교적 기준에 의해 결정되는 암흑기가 지속되었다. 암흑기라 불리는 중세시대에는 성시에 기초해 인간이 선천적으로 악한 존재로 태어난다고 보았으며, 부모는 자녀의 바람직하지 않은 특성을 없애야 할 책임이 있다고 믿었다. 따라서 인간의 흥미나 개성은 억압되고 전적으로 엄격한 도덕적 훈련이 강조되었다.

(2) 17세기의 부모교육

17세기에는 양육과 교육에 있어서 가정의 중요성이 강조되었으며, 독립된 시기로서 아동기의 중요성이 인식되기 시작했다.

현대 부모교육의 기원은 17세기 코메니우스(Comenius)에서부터 찾을 수 있다. 취학 전 교육을 학교교육의 기초단계로 보고 가정을 교육의 장으로 인식했으며, 어머니가 교육자가 되어 아동의 능력과 성질에 맞는 교육을 실시할 것을 처음 주장한 사람이 코메니우스이기 때문이다. 17세기 최초의 부모교육자로 평가되는 그는 중세시대와 달리 아동은 근본적으로 선하다고 보았다.

코메니우스는 1675년 『대교수학(The Great Didactic)』에서 교육의 단계를 4단계로 분류하고 0~6세까지의 모든 아동이 각 가정에서 어머니의 무릎에 앉아 교육되어야 한다고 주장했다. 그는 자녀교육에 있어 어머니의 역할을 강조했으며, 어머니의 무릎을 가장 중요한 최초의 학교라 표현했다. 따라서 코메니우스의 '모친학교(mother's school)'는 부모교육의 기원이라 할 수 있다. 코메니우스가 모성교육의 필요성을 주장한 이래, 자녀양육에 대한 어머니의 역할의 중요성은 꾸준히 강조되어 왔다.

17세기 로크(Locke)는 1693년 어머니들에게 하는 충고를 담은 『교육에 대한 고찰(Some Thoughts Connecting Education)』에서 인간은 백지와 같은 상태(tabula rasa)로 태어나기 때문에 인간의 본성은 어릴 때 경험하는 교육의 가치에 따라 바뀔 수 있다고 보았다. 로크는 가정에서의 교육이 학교에서의 교육보다 중요하다고 지적하면서 부모들은 관찰을 통해 아동마다의 독특한 성격을 파악한 후 아동의 관심과 뛰어난 점을 개발해줄 수 있는 최적의 환경을 조성해 주어야 한다고 충고했다.

(3) 18세기의 부모교육

자연주의 사상이 대두되면서 루소(Rousseau)의 교육사상은 부모들의 자녀양육관을 변화시키는 데 큰 영향을 미쳤다. 루소는 『에밀(Emile)』(1762)에서 인간은 선천적으로 선하게 태어났으므로 아동 양육은 천성이 자연스럽게 자랄 수 있도록 자연적인 방법으로 해야 하는데, 사회가 인간의 자연성을 말살하여 아동의 발달을 방해하고 있다고 보았다. 그러므로 선한 것을 유지할 수 있도록 잘못된 교육이나 나쁜 환경으로부터 아동을 보호해야 한다고 믿었다.

루소는 아동의 내부에 잠재해 있는 자연적 발달을 조장하기 위해서는 아동을 존중하고, 외부에서 구속하지 말며 아동 스스로 보고 느끼고 생각하도록 도와주어야 한다고 주장했다. 그뿐만 아니라 아동은 하고자 하는 동기가 있을 때 자기의 경험을 통해 스스로 배우기 때문에 아동에게 주입식·암기식으로 가르치지 말고, 아동의 능력을 벗어나는 것을 강요하지 말며, 자연을 통해 배우도록 내버려두라고 권고했다.

(4) 19세기의 부모교육

페스탈로치(Pestalozzi)와 프뢰벨(Fröbel)은 19세기의 대표적 부모교육가라 할 수 있다. 페스탈로치는 1801년 현대적인 부모교육의 시발점이라 할 수 있는 『게르투르트는 어떻게 자녀를 가르쳤나?(How Gerturde Teaches Her Children?)』라는 저서에서 인간 형성의 기초는 생의 초기에 경험하는 가정교육에 있다고 강조하였다. 또한 유아기에 가정생활 속에서 어머니와 나누는 인간적 접촉이야말로 인간교육의 기초이며 교육의 출발점이 된다고 보았다. 즉, 사랑, 신뢰, 감사, 의무의 감정은 어릴 적에 부모로부터 가정에서 길러지므로 교육은 인생의 가장 초기부터 시작되어야 한다고 주장했다. 따라서 아동은 어머니의 무릎에 앉는 순간부터 가르침을 받아야 하며 아동이 가정의 영향을 벗어나기 전에 어머니와의 자연적 인간관계를 통해 도덕교육 및 종교교육 등을 마땅히 받아야 한다고 주장했다(곽노의·홍순정, 2001).

프뢰벨은 아동이 어머니의 무릎에 앉는 순간부터 가르쳐야 한다고 주장한 페스탈로치의 영향을 받아 1843년 초에 펴낸 책 『어머니와 아기의 노래(Murrer und Kose-Leider)』에서 어린 시절 어머니의 역할의 중요성을 강조했다. 어머니가 가정에서 자녀를 가르칠 때 율동이나 노래를 붙여서 가르칠 수 있도록 구성한 이 책은 어머니의 교육기능을 강화시키기 위해 만든 부모교육서라 할 수 있다(이원영, 1992).

그러나 프뢰벨은 아동에게 자유롭게 활동하고자 하는 내면적 특성이 있으며, 표현하고자 하는 욕구가 있으므로 이를 표현할 수 있도록 해주어야 한다고 강조함으로써 어른으로부터 주어지는 도덕교육, 종교교육을 강조한 페스탈로치와는 다른 입장을 보이고 있다. 프뢰벨은 간섭적인 교육을 배제한 자유로운 교육이 아동교육에 합당한 것이라 믿었다. 그리고 인간은 근본적으로 영적·신적인 존재이며, 부모가 자녀를 양육하는 목적은 아동이 가지고 태어난 잠재능력을 자극하여 발달시키는 것이라고 보았다. 따라서 훌륭한 어머니란 아동 속에 잠자고 있는 능력을 이끌어내어 개발하고 전개시키는 사람이라고 했다.

한편 미국에서는 19세기 중반부터 중류층 부모와 빈곤계층 부모를 대상으로 정부 또는 단체의 프로그램이나 소책자, 잡지, 서적 또는 대중매체를 이용해 부모교육이 다양하게 이루어졌다. 1888년 최초로 뉴욕에 결성된 미국 「아동보육협회」는 1924년 미국 「부모교육협회」를 창립한 후, 컬럼비아대학에 부모교육에 관한 과목을 개설함으로써 부모교육을 체계화하고자 했다.

아동에 대한 연구를 처음으로 대학에서 제도화하여 실시한 사람은 클라크대학의 총장인 홀(Hall)이다. 그는 부모교육에 직접 개입하지는 않았지만 부모들로 하여금 체계적인 방법으로 자녀의 말과 행동을 관찰하도록 했으며, 이에 영향을 받은 미국의 대졸 여성들은 자기 자녀를 양육하면서 관찰 양육일기를 쓰는 부모교육 프로그램에 참여하기도 했다. 또 아동은 자연스럽게 자라야 한다는 홀의 생각은 부모-교사협의회(PTA : Parent-Teacher Association)에 영향을 주어 부모교육과 부모참여가 학교활동의 일부로 활성화되는 계기가 되었다.

(5) 20세기 이후의 부모교육

20세기에 들어서 아동교육은 19세기 전후의 엄격한 훈련중심의 교육목표로부터 아동의 심리발달이라는 목표로 전환되었고, 현대적인 아동중심의 교육관으로 변천되었다. 20세기는 '아동의 세기'(Key, 1909)라고 할 만큼 아동에 대한 연구 및 활동이 활발히 이루어졌다. 왓슨(Watson)의 행동주의, 게젤(Gesell)의 성숙이론, 프로이트(Freud)의 정신분석 이론 등이 20세기 초에 소개되면서 아동의 건강한 습관이나 성격 형성을 위해 부모의 바람직한 양육행동이 요구되었다. 이에 교육현장에서는 부모교육을 통해 부모자녀관계의 질적 향상을 도모했으며, 정부도 부모교육운동에 영향을 주었다.

❶ 20세기 전반의 부모교육

1909년 미국의 루스벨트 대통령은 「아동에 관한 백악관 회의」(White House Conference on Children)를 개최했고 이후 10년마다 그것을 개최하도록 했다. 이 회의에서는 세계 각국의 전문가를 초청하여 아동발달, 자녀양육 그리고 가정문제 등을 다루었다. 제1회 백악관 회의의 결과에 따라 1912년 세계 최초의 아동문제 담당국인 「아동국」

(children's bureau)이 노동성에 설립되었다. 아동국은 아동 노동의 착취를 없앨 목적으로 설립되었으나, 곧 부모들을 위한 자녀양육에 관한 책자인 『영아양육(Infant Care)』을 발간하기 시작했다. 이들 책자의 내용은 아동의 발달에 관한 규준과 자녀가 사회적으로 잘 적응하고 공부를 잘하도록 기르기 위한 것들이었다.

일선 학교나 정부의 활발한 노력 이외에도 1920년대는 아동연구소들이 생겨나 부모교육의 중요성을 학문적으로 지원하기 시작했다. 그중 「메릴 팔머 연구소」(Merrill-Palmer Institute)는 지금까지 아동연구에서 선구자적인 역할을 하고 있으며, 학술지 「메릴 팔머 계간지(Merrell-Palmer Quarterly)」를 통해 양질의 부모자녀관계를 형성하도록 돕는 학문적 지식과 정보를 제공하였다.

1930년대의 세계 경제의 불황은 부모교육의 필요성을 더욱 인식시키는 사회적 분위기를 조성했다. 경제적으로 곤란할 때일수록 아동이 잘 성장하고 발달해야 한다는 의식이 형성되었기 때문이다. 이 시기는 유치원이 증가하면서 부모와 유아교육기관이 긴밀하게 연관되었고, 유치원 아동들을 대상으로 그들의 신체와 정서발달 연구가 많이 이루어졌다.

1940년대의 제2차 세계대전은 아버지의 부재현상을 가져왔고, 아버지의 부재현상이 자녀의 발달에 어떤 영향을 미치는가에 관심을 기울이게 되었으며, 아버지의 존재가 자녀의 심리적 복지에 중요하다는 확신이 형성되기 시작했다(Griswold, 1993). 한편 스포크(Spoke, 1946)는 『아동양육전서』라는 책을 출판하여 자녀양육에 많은 영향을 주었다. 그는 이 책에서 부모들이 자녀양육을 즐겁게 하고, 자녀에게 보다 많은 융통성과 자율성을 부여할 것을 강조했다.

1950년대 미국에서는 학군마다 부모교육, 취학 전 부모교육, 성인교육이 활발하게 진행되었는데, 아동양육에 대한 정보를 얻을 수 있는 중요한 근원이었다. 이 시대에 영향을 주었던 연구물들의 내용은 애정적 양육방식, 아동의 자율성, 사회적·정서적 발달, 개별성, 아동의 발달 속도에 맞는 교육을 강조하는 방향으로 이루어졌다.

❷ 20세기 후반의 부모교육

1960년대는 부모교육에 있어 전환기를 맞이한 시기다. 1957년 소련이 먼저 우주선 '스푸트니크호'를 발사하자, 미국은 아동이 무엇인가 학습하려면 준비가 이루어질 때까지 기다려야 한다는 1940~1950년대 의식에서 벗어나기 시작했다. 그리고 초등학교 이전부터 인지와 관련한 조기교육이 필요하다고 인식하기 시작했으며, 이를 위해 생의 초기부터 부모의 적극적인 개입이 있어야 한다고 강조하기 시작했다. 부모교육에서 인지교육이 강조되기 시작한 것과 더불어 1960년대에 획기적인 것은 1950년대 이전과 달리 중류계층의 부모뿐 아니라 저소득층의 부모도 부모교육의 대상으로 혜택을 받게 된 것이다. 1964년 빈곤퇴치운동(war on the poverty)의 선포와 함께 가정환경이 취약한 빈곤아동에게도 균등한 환경적 기회를 마련해주어 가난하기 때문에 지적으로 열등해지고, 지적으로 열등하기 때문에 다시 가난해지는 악순환을 막고자 했다. 이를 위해 정부 주도로 빈곤계층의 아동과 그 부모에게 헤드스타트(Head Start), 홈스타트(Home Start), 팔로스루(Follow Through) 프로그램을 운영했다. 그 결과 부모참여가 아동의 학업 성취와 능력 향상에 밀접한 관련이 있음이 입증되었고, 그 후 자녀교육에 부모의 참여가 정착되기 시작했다.

한편 1960년대는 빈곤층 아동의 학습 능력 향상을 위한 정부 차원의 부모교육 프로그램 외에 임상심리학자나 신경정신학자와 같은 전문가들에 의해 실시된 부모교육 프로그램이 실시되기 시작했다. 아들러(Adler)의 영향을 받은 드라이커스(Dreikurs)의 '민주적 부모교육 프로그램', 기노트(Ginott)의 '인본주의적 부모교육 프로그램', 고든(Gordon)의 '효율적인 의사소통을 위한 부모교육 프로그램'이 그 대표적 예이다.

1970년대 들어서면서 다양한 부모교육 프로그램이 본격적으로 개발되었다. 특히 대중매체의 발달은 생활을 풍요롭게 했으나 가치와 습관의 변화를 가져왔고, 가족 간의 대화가 절실히 요구되면서 가족, 부모자녀관계의 의사소통의 중요성이 더욱 부각되었다.

이 시기에 본격적으로 실시된 부모교육 프로그램은 반영적 부모교육 프로그램, 행동주의 부모교육 프로그램 그리고 아들러식 부모교육 프로그램 유형으로 정리될 수 있다(Meadway, 1991).

반영적 부모교육(reflective parent education)은 칼 로저스(Carl Rogers)의 내담자 중심 치료법(client-centered therapy)을 기초로 한 프로그램이다. 이 프로그램에서는 부모들이 자녀의 감정을 인식하고 이해하며 수용하는 것에 초점을 둔다.

행동주의 부모교육(behavioral parent education)은 부모의 양육체계가 역기능적이라고 가정하고, 부모들이 자녀의 비정상적인 행동을 수정하는 데 필요한 타당하고 효율적인 절차와 기법을 학습하도록 훈련시키는 것에 초점을 둔다.

아들러식 모델(Adlerian model)로 분류되는 부모교육 프로그램은 드라이커스(Dreikurs)의 '민주적인 부모교육 프로그램'이나 딩크메이어와 멕케이(Dinkmayer & Mckay)의 '스텝(STEP : Systemic Training for Effective Parenting) 부모교육 프로그램' 등이 포함된다. 이들 부모교육 프로그램은 아들러(Alfred Adler)의 이론에 근거한 것으로 부모들이 자녀의 잘못된 행동 원인을 정확히 이해한 후, 자녀의 잘못된 행동을 변화시키는 데 초점을 둔다.

또한 Adler학파의 부모교육 모델을 보완하여 보다 강력한 부모교육 모델을 만들기 위해 'APT(Active Parenting Training) 프로그램'에 의사소통 이론가들의 연구결과를 포함시켰다(Popkin, 1983). 2007년 'APT 프로그램'은 더 많은 연구결과와 내용이 첨가된 '부모코칭 프로그램: 적극적인 부모역할(Active Parenting Now: APN)'로 개정되었다.

1980~1990년대는 십대의 임신, 약물중독, 아동학대 등이 부각된 시기로 부모뿐 아니라 젊은이들을 위한 예비부모교육의 필요성이 더욱 강조되었고, 이들을 위한 프로그램이 개발·실시되기 시작했다. 한편, 이 시기에는 국가의 개입이 보편적으로 이루어졌고, 어머니뿐 아니라 아버지도 부모교육에 참여시켜야 한다는 주장이 강조되었다.

❸ 최근의 부모교육 프로그램의 동향

현대를 살아가는 부모들은 여러 측면에서 과거와 다른 방식으로 사회에 참여하고 있으므로 교육 참여나 방식에 대한 요구 또한 다양화하고 개별화하고 있다. 이로 인해 교육의 주제 및 목적은 물론 교육의 시간, 장소, 방식 등도 새롭게 고려해야 할 대상이 되고 있다. 기존의 운영되던 전통적인 방식에서 벗어나 교육대상자들의 상황에 맞춘 학습자 중심의 교육 방식이 해결책으로 제시되고 있다. 그 한 예로 다양한 형태가 혼합된 블렌디드 러닝 부모교육 프로그램 등의 효과성이 검증되고 있다.

2) 우리나라의 부모교육 역사

(1) 전통사회의 부모교육

유교윤리가 지배했던 조선시대 전통사회에서 부모의 일차적 역할은 자녀를 임신하고 출산하여 가계를 계승하는 것이었다. 그리고 전통사회에서 실질적인 부모교육의 시작은 자녀를 출산하기 이전인 태교에서부터 시작되었다. 자녀교육은 마땅히 태중에서 비롯되어야 한다고 생각하여 부모교육으로서 태교를 강조했다(유안진, 1986). 태교란 태중의 태아가 신체적·정서적·지적·도덕적인 측면에서 정상적인 인간으로, 나아가서는 인격자로 성장·발달할 수 있도록 부모를 통해 간접적으로 이루어지는 교육이라 할 수 있다.

한편 전통사회에서는 유아사망률이 높았기 때문에 자녀의 건강한 성장과 발달을 위해 부모가 각종 질병을 예방하거나 치료할 수 있어야 했다. 따라서 그와 관련된 기초 지식과 태도 그리고 기술 등을 부모에게 교육시켰으며, 『규합총서』나 『동의보감』 등에 아기의 만족스런 수유를 위한 수유지도와 감독 등을 엄격히 명시해 놓음으로써 부모들이 참고할 수 있게 했다(유안진, 1995).

성리학을 중심으로 한 전통사회의 유교문화에서는 도덕적으로 성숙한 인간, 즉 군자(君子)로 자녀를 키우기 위해 엄부자모(嚴父慈母)의 자녀양육 행동을 요구했다. "아버지는 엄격하고 원칙적으로 훈육하며 어머니는 자애롭고 따뜻하게 양육해야 한다"는 엄부자모는 부모의 상호보완적이고 조화로운 역할 담당을 강조하는 것으로, 가정교육의 방법적 원리로 여겨졌다.

(2) 일제강점기의 부모교육

일제강점기에 서구 문물을 받아들이면서 소수의 양반계층과 일본인 자녀들을 대상으로 한 유아교육이 실시되었고, 그 부모들을 대상으로 자녀양육에 관한 부모교육이 이루어졌다. 그러나 조직적으로 부모교육이 시작된 것은 1914년 미국 선교사 브라운리(Brownlee)가 유치원을 설립하고 '자모회'를 조직하여 어머니들을 교육시키면서부터라고 할 수 있다. 한편, 이 시기 초등학교에서는 어머니들을 교육기능의 조력자, 후원자로 보고 '사친회'(PTA : Parent-Teacher Association)라는 학부형 후원회를 조직하여 아동교육에 참여시켰다(이재연 · 김경희, 1996).

(3) 해방 후의 부모교육

우리나라의 공식적인 부모교육은 해방 이후부터 시작되었다고 볼 수 있다. 한국전쟁이 끝난 1950년대는 부모교육이 활발한 편이 아니었다. 각 유치원에서 어머니만을 대상으로 '자모회'가 조직되어 운영되었으나, 사회 전반적으로 유아교육과 부모교육에 대한 인식 및 호응이 부족했다(성영혜 · 윤석희 · 이경화, 1994).

1960년대 이후부터 아동에 대한 관심이 고조되면서 부모교육에도 중요한 변화를 가져왔다. 1960년대부터 다양한 서구의 부모교육 이론과 프로그램들이 도입되었다. '체계적 부모효율성훈련(STEP)', '적극적 부모훈련(APT)', '부모효율성훈련(PET)', '자녀의 힘을 북돋우는 부모훈련(EPT)', '교류분석(TA)' 등이 서구에서 도입된 주요한 부모교육 프로그램이었다. 그러나 1980년대 이전의 부모교육은 대부분 부분적이고 소극적인 형태로 진행되어 왔으며, 내용면에서도 부모가 실제로 필요로 하는 구체적이고 체계적인 방법을 제공하지 못하고 이론만을 전달하는 경향이 있었다(한국교육개발원, 1984).

1980년대에 들어서면서 부모가 수동적인 입장에서 벗어나 능동적으로 자녀교육에 참여하는 것이 바람직하다는 인식과 더불어 교육기관에서는 유아 및 아동교육에 부모참여를 적극적으로 권장했으며, 부모교육 프로그램 개발과 실시가 본격화되기 시작했다.

한편 1980년대는 부모교육에 브론펜브레너(Bronfenbrenner)의 생태학적·체계론적 관점이 적용되기 시작했다. 가족은 사회의 체계와 상호작용하는 하나의 하위체계인 동시에 가족 구성원들이 상호 의존하는 하나의 독립체계라는 생태학적 관점은 부모교육이 자녀를 양육하는 부모만을 대상으로 실시될 것이 아니라 부모역할에 영향을 미치는 친척, 이웃, 친구, 단체나 위원회 등 사회 구성원 역시 부모역할에 대한 교육을 받아야 할 필요가 있다는 의식을 확산시켰다. 그러나 부모교육은 여전히 부모역할에 대한 지식과 정보를 교육대상자에게 일방적으로 전달하는 전통적인 방법에 의해 이루어졌다(한국부모교육학회, 1997).

이후로 1990년대부터는 자체에서 개발된 부모교육 프로그램들이 개발되고 꾸준히 시행되었다. '자녀의 힘을 북돋우는 부모프로그램'(한국청소년상담복지 개발원, 2004), 'LPT(Level Up Parenting Training)부모교육코스'(한국지역사회교육협의회, 1993), '청소년자녀의 부모교육 프로그램 모형개발'(유은희, 1996), '청소년 자녀를 위한 부모교육 프로그램'(장영진, 2000) 등이 그 예이다.

한편 1990년대 이후 이혼율의 증가, 취업모의 증가 그리고 부모역할의 복잡성 증가 등으로 자녀양육에 대한 부모의 요구도가 급격히 증가했다. 이러한 사회적 요구에 따라 각종 사회단체 또는 여성단체 등을 중심으로, 신문이나 방송 등 대중매체를 중심으로, 그리고 영유아교육기관과 같은 정부기관을 중심으로 부모자녀의 인간관계 향상을 위한 교육이나 부모의 교육기능을 강화하기 위한 프로그램을 소개하거나 실천했다. 특히 1990년대는 외국의 프로그램을 무작정 수용하기보다는 우리 실정에 맞는 프로그램을 개발하고자 하는 노력들이 다방면에서 이루어졌다.

(4) 21세기의 부모교육

최근에는 다양한 주제를 중심으로 폭넓은 선택을 할 수 있게 우리나라에서 프로그램이 개발되고 있는 추세이다. '인터넷 사용지도'(강성희, 2004), '게임중독 예방'(류성희, 2009), '영유아 안전사고 지도'(한상금, 2007), '다문화가정의 자녀양육을 위한 프로그램'(한경님, 2012), '이혼이나 재혼가정의 생활적응을 위한 프로그램'(김미옥, 2014), '자녀의 리더십 향상을 위한 프로그램'(조숙경, 2014) 등 다양한 주제에 따른 프로그램들이 활발하게 개발되어 사용되고 있다.

20세기 후반부터 부모교육의 필요성이 더욱 절실히 대두되었고, 전에는 일부 교육학자와 부모들의 관심이었던 자녀교육이 사회 일반인 및 정부 차원의 관심의 대상이 되기에 이르렀다. 21세기 들어 출산 문제와 맥락을 같이하는 출산장려정책의 일환으로서 다양한 부모지원정책과 육아를 위한 환경조성정책들이 나왔고, 이 과정에서 부모교육은 중요한 항목으로 자리를 잡아갔다. 지역사회 중심의 문화센터, 육아종합지원센터, 건강가정지원센터 등의 다양한 양육지원센터에서 부모교육이나 부모상담, 가족지원 프로그램을 중점적으로 시행하고 있다.

부모교육의 프로그램 실행방법도 과거에 비해 다양화하여 강연회,

세미나, 워크숍 형태의 전통적인 방법에 더하여 인터넷 등의 온라인 강좌나 부모상담 카페, 웹 기반 프로그램을 통한 원격교육, 시청각자료의 활용, 인터넷 게시판, 토론방 등 다양한 방법으로 실시되고 있다. 부모를 수평적인 관계로 인정하고 양방향적인 방법의 프로그램이 활발하게 개발·실행되고 있는 실정이다.

CHAPTER 02

사회 환경의 변화와 부모교육

학습목표

1. 현대사회의 부모역할의 변화에 대해 이해한다.
2. 다양한 가족유형이 있고 이에 따른 부모의 요구가 다름을 알 수 있다.
3. 특수한 요구를 가진 가족을 이해하고 이에 대한 지원의 방법을 안다.

01 부모역할의 변화

한 사회의 부모역할은 사회의 여러 가지 구조나 제도에 따라 그 내용이나 실천이 달라진다. 농업이 경제의 중심이었던 농경사회에서는 가족의 이동성이 제한되어 있었고 사회는 가족의 확대된 형태로 여겨졌다. 여기서 가족은 개인에게 사회적 지위를 부여해주는 기능을 지녔고 개인의 능력보다는 가문이 사회적 출세에 중요한 요인이 되었다. 그러므로 부모의 역할은 사회의 규범적 질서를 유지하는 데 목적을 두었으며, 조상으로부터 물려받은 물질적·비물질적 유산을 전달하며 계승·발전시키는 데 있었다. 이를 위해 아버지는 가정에서 아들의 교육을 담당하여 사회의 윤리규범을 가르치는 의무를 지니게 되며, 삶의 방법을 몸소 보여줌으로써 통제적 기능과 수단적 역할을 담당했다. 어머니는 아버지 역할의 보조자로서 아들의 성장과 교육을 도와주는 양육의 기능과 정서적 역할을 수행했다. 한편, 딸의 경우는 어머니가 가정에서 하는 역할을 보고 모방하는 과정에서 여성으로서 정해진 사회적 역할을 배웠다. 이 모든 부모역할은 사회와 가정이 미분화되고 아동을 가문이나 부모의 소유물로 보았던 전통사회에서는 순기능으로 작용했고, 부모자녀 간 갈등의 소지도 거의 없었다.

20세기 산업사회에 이르러 사회나 경제의 중심이 가정에서 직장으로 이동함에 따라 가정과 직장은 분리되었고, 대부분의 가장들이 직업생활에 많은 시간과 에너지를 쏟게 되었다. 결과적으로 아버지는 돈을 벌어 오는 도구로 전락되어 교육 담당자, 훈육담당자로서의 역할이 약화되었다. 반면에 산업사회의 노동조건이나 구조로 인해 어머니는 자녀의 사회화 과정에서 핵심적인 주체가 되었다. 즉, 가정 내에서의 아버지의 역할은 부차적인 것으로 그 지위가 하락한 반면에 어머니는 점차 양육의 기능은 물론 통제의 기능도 수행하게 되었다.

한편, 물질적 어려움을 당했던 세대인 산업사회의 부모들은 자신의 박탈된 욕구를 보상하려는 심리적 작용이 강하여 자녀의 물질적 욕구를 무한정 충족시키거나 물리적 환경을 풍부하게 마련해주는 것으로 부모의 역할을 다한 것으로 인식하는 경향도 생기게 되었다. 이로 인한 부모의 교육이나 통제기능의 부재, 심리적·양육적 기능의 약화는 역할모델의 부재와 함께 부모자녀 간의 갈등의 소지를 증가시켰다. 더욱이 이러한 추세는 기혼여성의 취업증가로 인해 더욱 가속화되는 경향이 있다.

21세기 정보사회에서 부모의 역할은 농경사회나 산업사회의 특성과는 다르고 여러 가지 사회적·환경적 변화로 인해 점점 더 복잡해지고 있다. 따라서 부모 모두의 공동의 관심과 노력, 통제와 양육기능의 균형이 그 어느 때보다 절실한 당면과제가 되고 있다.

02 기계화와 가족의 변화

가족이 변화하고 있다는 것은 여러 통계적 수치에 의해 드러나고 있다. 최근 우리나라는 2000년 15%에 불과했던 1인가구 비율이 2019년 29%로 두배 가까이 확대되었다(2019 통계청 자료). 이는 가족을 이루지 않거나 자녀양육을 위한 일정 시기가 지나면 부부 혹은 개인으로 돌아가는 세대가 늘어남을 보여주는 것이다. 이러한 변화는 앞으로 우리 사회가 적응하고 받아들여야 하는 사회적 현상으로서, 자녀를 낳아 기르고 그것으로 생을 마무리했던 과거의 인생주기에 대한 인식을 수정할 필요성을 제기한다. 이제는 부모로서의 삶과 더불어 개인으로서의 삶에 대해 연구하고 준비해야 하는 시대가 온 것이다. 이러한 사고의 전환은 부모의 역할과 수행에서도 이전과는 다른 행동을 요구하게 된다.

1) 시스템으로서의 가족

과거의 가족은 협력적이고 통합되어 있었던 것에 비해 오늘날의 가족이 위기에 빠지고 있다는 인식이 널리 퍼져 있다. 과거에 비해 가족은 함께하는 기회나 시간이 줄어들었을 뿐 아니라 유대감이 이전에 비해 약해지고 있는 것처럼 보인다. 그렇다면 이러한 변화는 가족의 구성원들에게 어떤 문제를 가져오는 것일까?

인간은 문명화하면서 생활환경이 변화되었고, 그에 대응하여 가족은 적응력을 발휘하면서 그에 맞는 존재방식이나 삶의 방식을 만들어 왔다.

오늘날 가족을 하나의 체계로 바라보는 견해가 보편적이다. 예를 들어 가족 중 한 사람이 사고나 병으로 인해 신상의 변화가 생기면 그 영향은 다른 가족들 모두에게 미친다. 간병이나 입원, 보험 수속 등 가족의 도움이 필요하게 된다. 이런 경우 정서적으로 위기에 처할 뿐 아니라 병의 원인이나 치료방침을 둘러싸고 가족 간에 대립이 일어날 수도 있다. 이와 같은 것은 가족의 성원이 간단한 수의 집합이 아니라 상호간에 기능적으로 관계하고 있는 하나의 체계라는 것을 시사한다.

가족은 성원 상호간에 영향을 주는 체계이지만, 가족 성원들끼리만 영향을 주고받는 것이 아니라 동시에 여러 체계와 연관을 가지게 된다. 가족은 한 나라, 한 시대의 사회 속에서 그 사회에 열려 있는 체계이다. 따라서 사회로부터 정보나 물질, 가치관 등이 가족으로 유입되어 들어온다. 이것은 다양한 형태로 가족에게 영향을 주게 되고 그 결과로 가족은 변화를 촉진하게 된다.

사회변화와 무관하게 자신만의 생활방식이나 사고방식을 고집하면서 살아가는 독불장군은 존재할 수 없다. 한 사람이 어떻게 생각하고 어떻게 행동하는가의 판단 속에는 이미 사회의 영향력이 유입되어 있는 것이다. 사회의 제도, 사고방식, 물질 등이 가족으로 끊임없이 유입되어 들어가고 그 결과 가족에게 다양한 영향을 미치고 변화를 촉진하게 되는 것이다.

2) 산업화 이후 가정의 변화

오늘날의 아동들은 과거에 비해 가사에 참여하는 정도가 매우 낮다. 그것은 부모의 양육행동이 인지적 측면에 집중되어 있는 이유도 있지만, 동시에 기계의 편리함으로 인해 아동의 도움을 받을 필요가 없게 된 측면도 있다. 이러한 가사노동의 편리성은 세탁기나 청소기 등 다양한 가전제품의 영향이 크다.

가전제품이 없었던 시대에는 조리나 가사를 위해 많은 시간이나 수고, 지식을 필요로 했다. 그러나 각종 조리기구가 보급되고 세탁기, 청소기 등 가사 일이 기계의 도움을 받게 된 이후부터 굳이 아동의 힘을 빌릴 필요가 없게 된 것이다.

가전제품이 가사의 간소화·단축화를 불러오고 주부를 장시간 노동에서 해방시키게 되면서 세탁기, 청소기, 냉장고는 급속하게 보급되어 생활필수품이 되었다.

이러한 기계화는 가사노동의 간소화를 초래했을 뿐 아니라 '누구라도' 가사 일을 할 수 있게 만드는 계기가 되었다. 기계가 없던 시대는 조리나 세탁에서 지식과 기능이 필요했고, 그러한 지식과 기술을 가진 사람만이 능숙하게 가사 일을 할 수 있었다. 그러나 그러한 지식이나 기능은 오늘날 기계의 사용설명서를 통해 누구라도 똑같이 할 수 있는 것이 되었고 그 기능도 점점 진화하여 인공지능화하는 시대로 나아가고 있다.

요리나 세탁, 청소 등의 가사는 가족의 몸과 마음의 건강과 안정된 생활을 보장하는 기반이고 그를 위한 노동이다. 이를 담당하는 것이 주부 혹은 여성의 역할로 인식되어왔는데, 이러한 체제가 확립된 것은 남성이 밖에서 일하고 여성은 가정에서 가사와 육아를 담당하는 성별 역할 분담이 이루어진 이래의 일이다.

산업화가 본격화되기 이전의 농가나 상가에서는 남성과 여성이 함께 밭이나 가게에서 일하고 손이 모자라면 모든 사람이 가사 일이나 아동을 돌보는 일을 했다. 직업시간과 가족시간은 상호간에 밀착되어 있어서 남성과 여성이 협동적으로 함께 관계했던 것이다.

직업이 외부화되면서 직업은 남성, 가정은 여성으로 생활이 분리되었고 가정에 있는 주부는 가족을 돌보는 노동을 받아들이게 되는 성별 분업이 이루어졌다. 그 후로 사회가 변화하여 여성에게도 직업의 문이 열리게 되었고, 완전한 성별분업 가족은 감소하게 되었다.

그러나 우리 사회에서는 여성이 직업을 가져도 가사는 여전히 여성의 역할인 경우가 많고 이러한 인식은 현재까지도 널리 퍼져 있다. 가사는 여성의 일이라고 하는 규범이 여전히 여성이나 남성에게 강하게 내재되어 있고 이러한 이중의 스트레스가 여성의 미혼화와 저출산의 원인이 되고 있다.

03 변화하는 결혼과 가족

1) 결혼 가치의 변화

가족을 형성할 것인가 말 것인가, 그리고 한다면 언제 할 것인가를 판단하는 사회가 되었다. 이것은 결국 결혼의 가치와 부부의 관계가 변화했다는 것을 의미한다.

대부분의 사람들이 결혼하는 '기혼사회'였던 것에 비해 오늘날은 결혼에 대해 매우 큰 사회적 변화를 맞이하고 있다. 다른 의미로 결혼의 가치가 저하하고 있는 것이다.

외식이나 인스턴트식품이 흔하지 않던 시대에 솜씨 있는 주부의 손은 남성에게 생활필수품이었다. 한편 자신의 노동으로 생활할 수 있는 길이 막혀 있던 여성에게는 결혼하여 주부역할을 하는 것으로 생활을 보장받을 수 있었다.

그러나 가사의 기계화·사회화는 남성이 가사를 누군가에게 의존하지 않아도 될 수 있게 만들었다. 한편 노동력의 여성화(노동의 기계화·정보화가 강한 육체적 힘을 필요로 했던 노동시장에서의 남성의 우위를 감퇴시킨 것)는 여성에게도 직업을 가지고 스스로 생계를 유지할 수 있는 길을 열어주어 누군가에게 부양받지 않아도, 즉 누구의 집에 소속되지 않고도 살아갈 수 있게 되었다.

이와 같이 남성이나 여성 모두에게 결혼은 생활하기 위해 필수적인 제도였으나, 그러한 결혼의 가치가 오늘날 변화하게 된 것이다. 결혼하지 않고도 불편을 느끼지 않고 살아갈 수 있게 됨으로써 만혼화와 더불어 비혼화가 늘어나고 있다.

한편 성의 자유화가 급속히 진행되는 것도 만혼화나 비혼화를 촉진시키는 요인이 되고 있다. 결국 결혼의 큰 가치를 발견하기 어려워지고, 오히려 결혼으로 인한 '위험요인'을 생각한다면 결혼하지 않고 사는 것을 택하거나 결혼을 하더라도 그것을 오래 유지하지 않는 선택에 이를 수 있게 된 것이다.

2) 가족의 개인화

여성이 결혼과 출산으로 인해 다니던 직장을 그만두고 양육이나 가사에 전념하게 된다면 한 '개인'으로서 살아가는 시간과 공간이 급속하게 좁아진다. 이러한 상황은 독립적인 하나의 '개인'으로 살아가고자 갈망하는 현대 여성에게 큰 스트레스를 준다. 현대 여성은 가족 내에서 아내이자 어머니로 살아가더라도 하나의 독립적인 개인으로서 살고자 하는 심리가 매우 강하다. 이런 것을 '가족 내에서의 개인화'라고 부를 수 있다. 즉, 가족의 일원인 아내이자 어머니라고 해도 한 사람의 개인으로서 시간과 공간을 확보하고 싶다는 '개인화 지향'을 보여주는 것이다. 이 '개인화 지향'으로 인해 가족의 행복이 곧 나의 행복이고, 말하지 않아도 통하는 '부부 일심동체' 등 오랫동안 부부의 이상으로 여겨왔던 생각들은 점차 약해지고 있다. 이러한 여성의 '개인화 지향'은 사회의 변화에 따라 필연적으로 일어나는 것이다.

최근 1인세대가 증가하고 있는 추세이다. 이전에는 한국 사회에서 남편이 죽으면 혼자가 된 여성은 자녀의 세대에 흡수되는 것이 통례였다. 그러나 늙어서 혼자가 되어도 자녀의 세대에 편입되지 않고 혼자서 살아가는 선택을 하고 있는 사람이 증가하고 있는 것은 '개인'으로 살아가는 것을 추구하는 것을 보여준다. 과거 노후생활의 이상은 '손자나 자식에게 둘러싸여 즐겁게' 지내는 것이었다면 현재는 '자신의 생활을 소중하게 여기고 따로 살면서 가끔 만나는' 것을 지향하는 것이 더 이상적인 것으로 여겨지고 있다. 여기에도 '가족이 함께'라고 하는 사고방식이 후퇴하고 '개인'으로서 행동하고 생활하는 방향을 지향하는 변화를 보여주는 것이다.

3) 장수와 핵가족이 촉진하는 여성의 '개인화'

인간의 수명이 연장(장수화)되고 자녀를 적게 낳는 것(저출산)도 여성의 '개인화'를 촉진하는 결정적 조건이 되고 있다. 과거에는 여성이 평균 5, 6인의 아이를 낳아 기르면서 그것으로 자신의 수명을 다하는 것이 일반적이었다. 어머니로서 최선을 다하는 것, 그리고 마지막에는 여자 혼자 남아서 모든 아이를 길러 냄으로써 자녀들로부터 감사와 칭찬을 받으며 인생을 마감하는 것을 이상으로 여겼다.

그러나 시대가 변하여 장수사회와 저출산사회가 되면서 어머니 역할은 긴 인생의 한 부분이 되었다. 아이가 독립한 후의 긴 시간을 어떻게 살아갈 것인가를 생각할 필요가 생기게 되었다. 과거 어머니로서만 충실하게 살아왔던 일생은 이제는 환상이 되었고, 본인이 원하지 않아도 '개인'으로서 살아가야 할 필요가 생기게 되었으며, 따라서 '나'라고 하는 주제가 부상한 것이다.

자식이 떠난 뒤 빈 둥지의 허탈감에 빠지지 않기 위해 어머니와 아내로서뿐 아니라 '개인'으로서 살아가는 것에 대해 진지하게 생각해야 하는 것이다. 현재 양육하고 있는 세대만이 아니라 전 세대를 초월하여 여성에게 강한 '개인지향'이 나타나고 있다.

4) 부부관계와 부모-자식관계의 연관성

서양에서 가족의 중심은 부부이다. 부부간의 파트너십을 최우선으로 여기고 어른들의 생활을 중요시하는 부부중심가족이라고 할 수 있다. 그에 비해 한국에서는 결혼 초기는 부부중심이지만, 아이가 탄생하면 부부의 파트너십은 변화하게 된다. 부모자녀중심, 즉 아동중심가족이라 부를 수 있다. 가족의 취침형태도 아기의 탄생 이전에는 대개 부부가 한 방을 쓰는 형태였으나 아이가 태어나면 부부의 침실이나 침대에 들어와 자는 일이 흔히 있다. 아동은 부부에게 새로운 생활의 '연결고리'이다. 그러나 육아에만 전념하는 어머니에게 아동은 사회적 고립과 소외를 가져다주는 '개인'으로서의 생활을 박탈하는 존재로도 여겨질 수 있다. 부모자녀관계가 강한 것은 부부관계의 빈약함을 보여주는 것이라 말할 수 있고 이는 부부간 파트너십에 영향을 주는 요인이라고 할 수 있다.

5) 장수사회에서 부부의 파트너십

남편은 오랫동안 직장생활에 바쁘고 아내는 가정에서 가사와 자녀양육을 위해 전념하게 되는 성별 분업적 생활은 자녀를 가진 부부들의 파트너십에 대한 비중이 적었다는 것을 의미한다. 이 경우 아내는 남편과의 관계보다도 어머니로서 아동과 강한 관계를 갖는 것이 특징이다. 이것은 이후에 두 사람의 사이에 다양한 균열을 일으키게 할 수 있다. 즉, 부부가 나이 들수록 결혼만족도나 상대에 대한 애정이 저하되거나 인간적인 공감대가 형성되지 못하고 균열이 커지는 결과를 가져올 수 있다는 것이다.

은퇴 후 자원봉사활동 같은 지역사회 활동을 하거나 취미 활동 등 퇴직자의 활동도 다양하게 전개되고 있지만, 보다 중요한 과제는 오랫동안 직장중심이었던 남편의 가정역할의 분담, 자녀의 출생 이후 끊어졌던 아내와의 파트너십을 재구축하는 것이다. 이는 장수사회에 접어드는 현대부부의 가족발달에서 매우 중요한 과제이다.

6) 부모교육의 예방적 효과

부부관계와 부모역할은 불가분의 관계에 있다. 부모역할 못지않게 부부관계도 중요하다는 의미이다. 부부관계나 부모자녀관계와 관련하여 생긴 문제를 해결하기 위해 다양한 상담이나 치료적 접근이 시도되고 있으나, 문제가 발생하기 전에 예방적인 교육이나 상담을 통해 문제가 일어나지 않게 하는 것이 필요하다.

예비부모교육은 자신의 일생을 가족관계와 관련하여 어떻게 자립적으로 건강하고 행복하게 살아갈 것인가를 검토하게 하는 교육이라고 할 수 있다. 지금까지 청소년들은 전공이나 직업과 관련된 진로지도만을 받아왔다면, 그런 직업이나 진로와 관련된 목표를 위해 일과 가정을 어떻게 양립하고 통합할지를 생각하고 계획하는 것도 그에 못지않게 중요한 교육이라고 할 수 있다. 그것은 남녀 모두에게 어른으로서 살아가는 공통의 과제라고 할 수 있다.

결혼의 가치가 변화하는 이 시대에 부모가 되는 것이 자신에게 어떠한 의미와 가치를 갖고 있는 것인가 등에 대해 결혼을 하거나 부모가 되기 이전에 신중하게 검토할 필요가 있다. 그렇지 않을 경우 육아에 대한 부담감은 더욱 증가하고, 남편과 아내 사이의 심리적 거리도 좁혀지지 않을 것이다. 그것은 결국 부모로부터 안정된 양육을 받지 못하는 아동이 증가되는 결과를 초래할 뿐이다. 결국 아동이 자라는 환경이 나빠지는 것을 의미한다.

04 정보화 사회의 부모역할

1) 정보화 사회에서 요구하는 인간상

정보화된 미래사회에서 요구되는 삶은 기술적 혁신을 통한 복지사회 구현과 인간의 삶의 질의 향상이라고 볼 수 있다. 따라서 정보화 사회에서 요구되는 인간상은 정보를 잘 활용하고 실생활에 적용하려는 정보화 마인드를 가지면서 기계가 할 수 없는 창의력이나 지력을 갖춘 개인이다. 또한 수많은 정보와 자유 속에서 정확한 판단력과 의사 결정력을 갖추고 그에 대한 책임감이 뒤따를 때 생존의 가능성이 높아진다.

그러나 자칫 정보사회에서 요구하는 인간상은 인간소외나 인간관계의 결핍을 초래할 수 있다. 즉, 경제적·기능적인 편리함에 치중한 나머지 가치관이나 윤리에는 무심하여 인간성의 소멸이나 윤리관이 희박해질 수 있다. 인간의 신체적·지적·정서적·사회적 발달은 상호 관련적이기 때문에 어느 한 측면만의 발달은 인간다운 삶의 질을 저하시킬 수 있다.

결국, 미래사회는 정보화 사회에 필요한 지적 능력과 함께 더불어 사는 데 필요한 사회적·정서적 특성과 인간중심적인 가치관을 지닌 사람을 필요로 할 것이다.

2) 정보화 사회에서의 부모의 역할

(1) 교육의 기능

21세기의 아동은 집에서나 학교에서 네트워킹을 통해 세계 각국의 사람들과 연결되고 시공을 초월하여 가장 빠른 속도로 각종 교육정보를 얻을 수 있게 되었다. 앞으로의 사회에서는 성별에 의해 역할 구분이나 직업지위가 달라지는 경우가 점점 더 줄어들 것이므로 남녀 모두에게 개인의 지력, 특히 창의력이나 사고력, 판단력이 정보사회의 자원으로 각광받게 될 것이다.

그러므로 정보화 시대의 부모역할은 정보화를 위한 물리적 환경의 조성과 교육적인 배려를 통해 남아와 여아 모두에게 정보화 마인드를 길러 주고, 창의력과 사고력을 개발시키는 교육의 기능을 담당해야 한다. 특히 정보기술에 대한 관심과 올바른 활용법은 내적으로 동기화될 때, 그리고 어릴수록 교육적 효과가 크므로 어려서부터 아동의 관심이나 흥미에 부모가 같이 관심을 가져 줌으로써 긍정적 흥미를 조장해 주어야 할 것이다. 단순한 지시자가 아니라 참여자나 동반자의 역할을 수행할 때 부모는 모델로서 또는 지도자로서 아동의 탐색욕과 창의적인 사고력을 길러 줄 수 있다.

(2) 통제의 기능

농업사회에서 산업사회로의 전환이 그랬듯이, 컴퓨터나 텔레네트워크 이전의 TV나 비디오가 그랬듯이, 물질문명의 이기로 인한 혜택과 더불어 우리의 아동은 사회병폐적인 피해를 입기도 한다. 정보의 홍수 속에서 아동은 교육적 정보를 얻을 수도 있지만 접해서는 안 될 여러 가지 정보에 무차별하게 노출될 수 있고, 지나친 오락 중심의 컴퓨터게임에서 자극적이고, 공격적이며, 파괴적인 경험을 하기도 하며, 잘못된 가치관을 갖게 되거나 무분별한 행동을 하기도 한다.

따라서 부모는 교육 기능 외에 유해한 환경으로부터 아동을 보호하고 올바른 행동을 하도록 지도하는 통제기능을 수행해야 한다. 즉, 어떤 정보가 어디에 있으며, 어떤 가치가 있는지를 판단하는 능력을 길러 주어야 한다. 또한 정보를 탐색하거나 오락적 게임을 하는 데 있어 책임감을 조장함으로써 자율적인 행동능력을 기르도록 해야 한다. 그러기 위해서는 단순한 금지나 경고, 명령적이고 지시적인 태도로 아동에게 불필요한 호기심을 자극하고 불신감이나 저항감을 기르는 대신, 제안적인 태도나 자녀와의 개방적인 의사소통을 통해 아동의 내적인 통제력을 길러 주어야 할 것이다. 예를 들어, 사설 전자게시판에 게시된 외설 프로그램, 대화방 내 욕설, 공격적인 게임 프로그램에 대해 부모가 아동과 같이 이야기할 수 있는 분위기가 마련된다면 독립적이고 자아통제력이 높으며, 책임감이 있는 아동으로 자라게 하는 데 도움이 될 것이다.

(3) 양육의 기능

부모의 기본적인 역할인 양육의 기능은 사회적 변화에도 비교적 지속적인 내용을 포함하게 된다. 그러나 특히, 비인간화되기 쉽고, 개인주의에 흐르며, 협동성이나 사회성의 결핍을 가져올 수 있는 정보사회 환경에서는 풍부한 인간미를 갖출 수 있도록 도와주는 부모의 사랑과 돌봄의 양육 기능이 더더욱 중요하다. 따라서 부모는 아동에게 풍부한 사회적 환경을 조성함으로써 감정이입능력이나 협동심을 배양하도록 다른 사람과의 대면적 의사소통 기회를 확대하는 것이 필요하다.

또한 성역할의 뚜렷한 구분은 점차 사라질 것이기에 자녀의 양육도 성차별이 없는 행동에 주안점을 두어야 할 것이다. 밥 짓는 남편, 직장일을 하는 아내 등 그 어떤 양상도 보편화될 수 있는 사회에서 성차별로 인한 부적응의 결과를 가져와서는 안 될 것이기 때문이다. 정보사회에서는 산업사회와는 달리 가정과 일이 통합될 전망이므로 자녀양육에서 아버지와 어머니의 양육책임이나 역할구분은 어느 한쪽에게 치우침이 없이 공동의 일로 인식되어야 한다. 그러므로 부부는 원만한 가족관계를 만들기 위해 개방적인 의사소통과 감정이입적인 관계형성에도 노력해야 할 것이다.

결론적으로 정보사회의 부모의 역할은 양육과 교육 및 통제의 역할이 균형을 이룰 때 제 기능을 다할 것이다. 부모는 자녀가 정보사회의 유능한 성인으로 자랄 수 있도록 정보사회에 필요한 각종 기능을 배울 기회를 제공하고 지도하는 데 능동적이고 주도적인 역할을 해야 한다. 동시에 애정 어린 보살핌과 관심을 갖고, 이성적이고 민주적인 통제기능을 수행해야 한다.

05 다양한 가족 유형에 따른 부모의 요구

1) 이혼가정

한부모가족은 부부간의 이혼, 유기, 혹은 별거나 부모의 사망, 혼외관계의 출산 등 다양한 원인으로 발생한다. 그중 이혼은 가장 보편적인 이유이다. 오늘날 이혼율이 증가하여 이혼 후 분리된 가정에서 살고 있는 18세 이하의 자녀들로 구성된 한부모가족은 빠른 비율로 증가하고 있다.

양육은 부모가 모두 있는 가족에서 가장 잘 이루어진다는 믿음이 우리 사회에 지배적이기 때문에 이혼의 영향과 한부모가족에서 양육되는 자녀에 대한 우려가 많은 것이 현실이다. 우리가 흔히 예측할 수 있듯이 한부모가족의 주된 어려움 중의 하나는 효과적인 가족생활에서 요구되는 역할을 적절하게 수행할 가족 구성원이 부족하다는 점이다.

(1) 이혼가정의 특징

가족 구성원인 부모와 자녀는 모두 이혼으로 인해 정도의 차이는 있으나 다양한 방식으로 영향을 받게 된다. 무엇보다 이들 가족 성원들은 이혼으로 인해 가족 구성원의 역할 재구조화의 압박을 받게 된다. 이혼으로 인해 발생하는 무수히 많은 변화에 적응하면서 항상성을 유지하고, 혼란과 분열, 혼돈을 피하기 위해 재구조화되어야 하는 것이다.

많은 자녀들에게 이혼은 심각한 상실을 경험하게 하고, 다음과 같은 3단계 과정을 거치게 한다.

❶ **시작단계 :** 부모가 이혼에 대한 결정을 자녀에게 말한 후에 일어난다. 공격적인 갈등이 현저하게 증가하면서 높은 수준의 스트레스를 경험하게 된다. 여기서는 일반적으로 불행하다는 감정을 갖게 된다.

❷ **전환단계 :** 부모가 이혼한 지 1~3년까지 지속된다. 강렬한 감정 표출은 줄어든다. 이 단계에서는 새로운 가족체계 발달시키기, 생활의 질 변화시키기, 함께 살지 않는 부모와의 방문 관례를 정하고 재구성하는 과정을 거친다.

❸ **재안정단계 :** 새로운 한부모가족 체계나 재혼가족이 완전히 만들어지는 단계로서, 이혼 후 약 5년 후쯤 발생한다.

대개 부모의 이혼은 자녀들에게 단순한 하나의 사건이라기보다는 변화에 대한 적응과정을 포함한다(Knocx & Leggette, 2000). 자녀에게 미치는 이혼의 영향은 이혼 그 자체 때문이라기보다는 이혼으로 인한 변화 때문일지도 모른다.

이혼으로 인해 아동에게 미치는 영향을 정리하면 다음과 같은 것이 될 수 있다.

❶ 아동은 부모의 이혼으로 부모가 경험하는 것보다 더 분열적이며 더 심한 스트레스를 경험한다.

❷ 이혼은 사건이라기보다는 과정이며, 이혼 당사자만이 아닌 가족 구성원 모두가 경험하게 된다.

❸ 이혼은 자녀에게 즉각적인 영향과 장기적인 영향을 모두 미치게 되는데, 이것은 자녀의 연령, 성별 및 이혼이 발생하는 시기에 따라 달라진다.

④ 발달시기에 부모가 이혼한 아동은 부모의 이혼을 자신의 성인기 발달에까지 영향을 미치는 획기적인 사건으로 인식한다(Bigner, 2007).

(2) 양육모가족

이혼한 어머니가 이끌어 가는 양육모가족의 경우 남성들에 비해 이혼으로 인해 더 많은 어려움에 직면하는 경우가 많다. 이러한 어려움은 주로 자녀양육과 관련된 경제적인 상태에서 기인한다.

❶ 재정적인 어려움

어머니가 가장인 경우 재정적 어려움을 경험하는 것을 예상할 수 있다. 이혼을 하게 된다는 것은 자녀가 있는 대부분의 여성에게는 자신의 가족을 부양하기 위해 직업을 갖게 된다는 것을 의미한다. 일반적으로 여성은 교육수준, 직업경험 등에서 남성보다 낮은 수준의 임금을 받을 가능성이 크다. 따라서 재정적인 어려움은 여성이 이끌어 가는 한부모 가정의 주요 스트레스의 원천이다.

❷ 역할긴장

여성에게 자녀에 대한 완전한 양육권이 주어질 경우, 여성은 이제 새로운 가족체계에서 완전히 단독으로 부모역할을 해야 한다. 따라서 이혼 후에는 오히려 더 심한 스트레스를 받게 된다. 자녀를 위해 대부분의 시간을 사용했으나 그런 시간은 감소하고, 직장에 대한 책임이 가장 중시되고, 개인적인 일에 대해서는 가장 적은 시간을 할애하게 된다. 이러한 경쟁적 역할 수행은 재정적 문제에 더하여 스트레스를 더 가중시키게 된다.

❸ 부모자녀관계에서의 변화

많은 양육모가정의 경우 어머니가 자녀와의 관계에서 변화를 경험한다. 이러한 역할긴장은 어머니로 하여금 자녀와의 상호작용을 보다 더 권위적으로 하게 한다. 어머니가 자녀와의 관계특성을 변화시키면서 어머니는 다양한 문제에 대한 개인적인 느낌이나 의견을 자녀와 보다 많이 공유하려고 한다. 따라서 자녀의 역할은 변화하고, 자녀가 친구나 남편의 빈자리를 채워주는 책임 있는 존재로 변화하게 된다. 결과적으로 발달적 성숙을 요구하는 상호작용 패턴을 강요할 수도 있다.

(3) 양육부가족

여성의 경우에 비해 수적으로 많지는 않지만, 오늘날 자녀를 키우는 양육부가족이 늘어 가고 있는 추세이다. 이들은 어머니가 이끌어 가는 가족에 비해 상대적으로 수입이 높으며, 이것이 가족의 삶의 질에 도움을 줄 수 있다. 그러나 어머니가 이끄는 가족과는 다른 종류의 어려움을 겪을 수 있다.

자녀를 돌보면서 집안일을 하고 돈 버는 일을 동시에 효율적으로 수행하는 데 어려움을 겪을 수 있다. 특히 어린 자녀가 있는 경우는 더 심하다. 가사도우미나 베이비시터를 고용하기도 하고, 자녀에게 집안일을 도와줄 것을 기대할 수 있다. 또한 아버지는 양육자로서 도움이 필요할 때 가족 이외의 사람에게 도움과 지지를 호소하는 경향이 있다. 그들의 부모와 친척, 전문가, 의사 및 교사에게 도움을 요청한다.

(4) 이혼가정을 위한 지원

❶ 새로운 구조에 적응하기

이혼은 가족의 와해가 아니라 가족구조의 변화과정이라고 할 수 있다. 대개의 경우 부모들은 예전의 역할과 상태, 그리고 일상적인 모든 것을 잃어버리는 커다란 변화를 겪게 된다. 이러한 새로운 위기 상황에서 일상생활의 습관을 변화시키고 재적응을 위해 심리적으로나 생물학적으로도 자신을 조절하고 돌보도록 스스로 노력해야 하고, 가까이에서도 이를 상기시켜 주어야 한다. 또한 적어도 자녀만큼은 발달적으로 적절한 구조 안에 있도록 하는 데 중점을 두어야 한다. 자녀들을 부부들의 싸움으로부터 분리하여 이혼에 대해 죄책감을 느끼지 않게 하는 것도 이 시기의 중요한 문제이다.

❷ 학교와의 상호협조

한편 교사들은 부모가 가정에서 자녀를 양육할 때 하는 역할과 비슷한 역할을 학교에서 하고 있기 때문에 만일 학교가 지원적일 때 아동은 긍정적인 측면으로 발달하기 쉽다. 이를 위해 학교와 가정이 상호 협력한다면 가장 이상적이다. Hess와 Hollaway(1984)는 학교와 가정의 접촉은 출석률을 높이고, 교실에서의 잡담을 줄이며, 과제 완성률을 높이고, 파괴적이고 공격적인 행위를 줄이는 데 효과적이라는 연구결과를 보고했다. 이혼가정 자녀의 경우 생활의 고립 등으로 인한 상호접촉에 어려움이 있으므로 교사가 이에 대해 충분한 관심을 기울이고 아동을 좀 더 수용하면서 요구에 민감하게 반응한다면 이혼가정의 자녀를 돕는 데 매우 중요한 역할을 할 수 있다. 또한 아동의 부모와 상호 지원적 관계가 되기 위해서는 존중과 이해심을 가지고 부모에게 반응하는 교사의 수용적 자세가 필요하다. 이렇게 이혼가정과 학교의 교사가 지원적이고 긍정적인 자세로 관계를 가질 때 아동의 발달은 촉진될 것이다.

❸ 양육모 돕기

한 부모가 권위와 보살핌의 역할을 모두 하려면 어려움이 따른다. 정서적으로 적응이 안 되는 상황에서는 무기력감을 느끼기 쉽고, 간단한 일상생활과 부모의 역할을 해내는 데도 무리가 따른다. 이혼가정에서 혼자 남은 양육부모가 이러한 무력감으로 자신의 역할을 수행하기 어려울 때 자녀들은 오히려 부모를 위로하고 일상생활을 돕기 위해 부모와 밀착하게 되는데, 이런 경우는 부모와 자녀의 경계를 확실하게 해줄 필요가 있다. 즉, 자녀가 어머니의 역할을 수행함으로써 자신의 발달에 지장을 초래하는 일이 없도록 도울 필요가 있다.

❹ 양육부 돕기

가족의 일상적인 생활이 이혼 전과 비교해서 어떻게 달라졌는지를 확인한다. 예를 들어, 음식 준비와 설거지는 누가 해야 할지, 식사시간에는 누가 함께 식사하는지, 빨래와 청소는 누가 해야 할지 등 일상생활 중에 나타나는 작은 문제들을 큰 문제들과 연결시켜 도움을 받는다. 즉, 새로운 생활방식에 접근하는 것이 필요하다. 또한 이혼이라는 사건에 대해 인지적으로 수용하고, 개개인이 자율감을 느끼고 현실을 인정하도록 해야 한다. 이혼가정의 힘을 키우고 여러 가지 새로운 해결방법을 찾는 것이다. 편리한 보육시설이나 부모와 유아를 위한 상담서비스, 저소득층 한부모가정을 위한 지원서비스 등을 받는 것도 바람직하다.

2) 다문화가정

글로벌화가 진전됨에 따라 사람들의 이동이 증가하면서 우리 사회는 이미 상당 부분 다문화사회에 진입했다고 할 수 있다. 국내 체류 외국인이 2016년 200만 명을 넘어섰고, 이 중 장기체류자는 80만 명으로 외국인 노동자와 국제결혼 이주자들, 기타 북한이탈 이주자나 외국인 유학생, 연수생도 꾸준히 그 수가 증가하고 있다. 특히 국제결혼의 증가는 농어촌 지역을 중심으로 이루어지고 있다. 이러한 가운데 다문화가정 사녀의 교육과 가속분제가 새로이 사회적 관심을 받고 있다.

다문화가정이 자녀양육 환경으로서 가지는 특수성과 다문화가정 자녀의 사회적 적응과 교육을 위한 지원을 알아보면 다음과 같다.

(1) 다문화가정의 자녀양육 환경

다문화가정은 부모들의 불안정한 고용과 불명확한 체재계획으로 인해 아동들에 대해 일관성 있는 교육방침을 갖기 어렵다. 또한 부모 자신도 언어나 근로조건 등에서 곤란을 안고 있는 경우가 많다.

한국계 중국인, 일본, 필리핀 출신 여성 등과 한국 남성의 국제결혼이 사회적 현상으로 자리 잡기 시작한 것은 1990년대이다. 그 자녀 역시 1990년대 중·후반부터 꾸준히 증가해 왔으나, 이들이 '다문화가정 자녀'라는 명칭으로 사회적 관심사가 된 것은 2000년대 중·후반부터이다. 2000년대 들어 국제결혼 가족이 폭발적으로 늘어나면서 이들 자녀도 급속히 증가했다.

다문화가족 자녀가 의사소통에 곤란을 겪고, 기초학습능력이 떨어지며, 학교생활에 적응하지 못하는 적응문제를 경험하고 있는 경우도 많다. 더욱이 혼혈아에 대한 사회의 부정적인 인식으로 인해 정체성에 혼란과 대인관계의 어려움을 겪는 경우도 있다.

(2) 다문화가정의 교육적 특수성

결혼 이민자의 경우 결혼 후 새로운 환경에 적응해야 할 뿐 아니라 언어적으로 의사소통능력이 떨어지기 때문에 어려움을 겪는 경우가 흔히 있다. 대다수가 한국인 아버지와 외국인 어머니 사이에서 출생하여, 한국어가 서툰 어머니로서 자녀들의 양육과 교육까지 담당해야 하는 어려움을 안고 있는 것이다. 즉, 자신이 새로운 문화에 적응해야 하는 동시에 자녀의 사회화·문화화까지 담당해야 하는 이중적인 과제를 안고 있는 것이다. 이러한 어머니의 언어소통능력의 한계로 인해 교육적 정보를 얻기가 어렵고 자녀의 숙제를 도와주는 문제 등 교육에 상당한 어려움을 겪고 있다.

이 밖에도 다문화가정 자녀들은 정체성의 혼란과 자신감의 결여, 소극적인 대인관계 등으로 인해 또래집단과의 관계나 학교생활 전반에서 적지 않은 어려움에 직면하는 것으로 보고되고 있다(오성배, 2007; 조혜영 외, 2008).

(3) 다문화가정 부모지원의 방향

증가하는 이주외국인을 한국사회가 어떻게 받아들여 갈지가 중요한 문제가 되고 있지만, 양육문제나 교육문제도 매우 중요한 부분이 되어 가고 있다. 특히 불법체류상태에 빠진다든지 이혼한 가정의 경우 곤란은 더 심각하다. 이들 다문화가정의 부모나 아동이 지역사회에서 고립되고, 같은 부류의 사람들끼리만 친밀한 관계를 형성한다면 그들의 양육문제는 계속되어 개인 수준이나 집단수준의 차별의 계기가 될 가능성도 있다.

외국에서 온 사람들이 차별받지 않고 편안하게 양육이 가능하도록 조건이나 환경을 정비하는 것이 우선적으로 필요하다고 할 수 있다. 부당한 격차나 곤란을 완화하기 위한 고용, 가족정책, 교육정책 등의 세세한 조건 정비도 이루어져야 할 부분이다.

유입외국인의 체재계획은 점점 다양해지는데, 지역사회나 보육·교육기관이 다양한 문화에 대해 어느 정도 유연하고 관용적인 수용 그릇이 되는가가 중요한 과제가 될 것이다.

3) 학대가정

최근 「아동학대범죄의 처벌에 관한 특례법」(2016) 시행 이후 아동학대 신고건수가 큰 폭으로 증가하고 있다. 심각한 문제는 아동학대를 당하는 10명중 8명의 아동들이 부모로부터 학대를 받고 있는 것이다. 최근 신고 건수가 늘어난 것은 학대에 대한 사람들의 인식이 향상된 것도 있지만, 양육이 어려운 사회를 반영하고 있는 것이라고 할 수 있을 것이다. 지금까지 우리 사회는 학대를 방지하기 위한 여러 가지 방법을 강구해 왔는데, 여기에서는 학대의 위험요인 및 발견 그리고 지원 방법에 대해 살펴보고자 한다.

(1) 학대나 부적절한 양육을 일으키는 위험요인

❶ 애착형성이 곤란한 경우

원하지 않은 임신이나 10대의 임신 등 임신이 기쁘지 않는 경우, 어떤 문제가 발생하여 신생아를 수용하는 것이 곤란한 경우 등은 아동에 대한 애착형성이 충분히 이루어지기 어렵다. 예를 들어 조산에 의한 저출산 체중아인 경우에는 어머니가 가지고 있던 신생아의 이미지와 크게 다르기 때문에 사녀를 수용하는 것이 어려운 경우도 있다.

❷ 정신적 불안정성

산후우울증 등으로 인해 정신적으로 불안정한 상태이거나 정신장애, 지적장애, 알코올의존, 약물의존, 성격적으로 공격성이나 충동성이 높은 경우는 학대하기 쉬운 위험요인이 된다. 미국의 통계에 의하면 보고된 신체적 학대 내지는 방임의 절반가량이 알코올이나 약물과 관련이 있는 것으로 전해지고 있다(Childhelp, 2006).

❸ 양육자 자신의 양육체험

양육자 자신이 어떻게 길러졌는가 하는 경험의 영향도 크다. 왜냐하면 사람은 자기가 자라난 방식대로 자식을 키우는 경향이 많기 때문이다. 학대받았거나 지나치게 엄하게 훈육을 받으면서 자란 경우에는 자기 아이에 대해서도 같은 학대나 지나치게 엄한 훈육을 하기 쉽다(渡

辺, 2000).

그 외는 아동에 대해 과잉기대를 안고 있는 경우에도 학대가 일어나기 쉽다는 것이 보고되고 있다(小泉, 2006).

❹ 아동 측의 위험요인

저출산 체중아(미숙아)인 경우, 쌍생아 등의 다산의 경우도 학대의 위험요인이 되기 쉽다. 자폐성 장애 등의 경우나 자주 칭얼대고, 밤에 일어나 심하게 울거나 우유를 거의 먹지 않는 등 기질적으로 기르기 어려운 경우도 위험요인이 된다. 아동이 젖을 빠는 힘이 약하거나 음식물을 잘 먹지 않는 경우도 어머니가 무리하게 아이에게 먹이려 함으로써 불안이나 짜증을 일으키게 된다. 그런 경우 아동 측에서도 공포나 긴장이 고조되어 더 잘 먹을 수 없게 되고, 어머니의 짜증을 더 유빌시킬 수 있게 된다.

(2) 양육환경의 위험요인

❶ 가족구성 등

미혼을 포함하여 한부모가정이나 재혼가정, 동거인이 있는 가정, 지역사회로부터 고립된 가정이 위험요인이 되기 쉽다.

❷ 부부관계의 불화

부부관계가 양호하지 않는 경우에는 배우자에 대한 불만이 아동에게 향할 가능성이 있다(西澤, 1994). 학대를 하는 어머니는 자신의 남편이 아이를 거부하고 있다거나 아동에게 관심을 갖고 있지 않다고 생각하는 경우가 많다고 보고되고 있다. 또한 미국의 연구에서 가정폭력이 일어나고 있는 가정의 상당수가 아동에 대한 학대도 일어나고 있는 것이 보고되고 있다(American Academy of Pediatrics, 1998).

❸ 경제적 곤란

수입이나 취업상태의 불안정, 저소득이거나 실업자, 차입금 과다 등 경제적 불안을 안고 있는 경우에도 아동학대의 위험요인이 된다.

위에서 말한 위험요인 가운데 하나로 인해 학대를 일으킨다기보다는 몇 가지 요인이 복합되어 학대가 일어나기 쉽다. 그리고 이들 요인을 복합적으로 함께 가지고 있다고 해도 가까이 마음을 나누는 사람이나 곤란한 때에 도움을 요청할 수 있는 사람이 존재한다면 위험을 극복할 가능성이 높다.

(3) 학대의 조기 발견

학대를 가능한 한 빨리 발견하기 위해서는 아동이나 양육자가 보여주는 징후를 민감하게 포착하는 것이 중요하다. 양육자가 괴성을 지르거나 아동이 심하게 우는 소리가 빈번하게 들리는 경우와 같이 학대가 확실히 의심되는 경우도 있으나 심리적 학대, 특히 성적 학대같이 발견되기가 극히 어려운 경우도 있다.

공통된 징후는 아동의 행동이나 학업성적에 급격한 변화가 보이고, 진정하지 못하는 모습(집중곤란)이나 학습의 곤란이 있는 경우, 성인처럼 행동하고, 학교에 일찍 오고 항상 밤늦게까지 혼자서 놀고 있는 경우, 집에 돌아가지 않으려 하는 행동 등을 들 수 있다. 또한 양육자가 교사의 가정방문을 거부하거나 아동이 가진 능력 이상의 운동이나 학업성적을 요구하는 것에 대해서도 주의가 필요하다.

학대는 학대하고 있는 양육자나 가족이 직접 상담을 요청하여 발견되기보다는 아동 본인이나 학대를 알아차린 의료기관, 이웃, 어린이집이나 유치원, 학교 등 교육기관의 통고를 통해 발견된다.

(4) 지원방법

학대가족을 위한 가장 이상적인 활동은 학대가 발생하는 것을 예방하도록 하는 것이다. 이를테면 부모는 자신의 자녀양육에 대한 확신을 가질 필요가 있다. 대개의 경우 아동학대가 자녀양육에 대한 부모의 무력감에서 비롯된다고 할 때, 자녀양육에 대한 부모의 자신감을 심어 주는 전략들은 매우 중요하다. 예방적인 방법으로는 자녀의 출생 전후에 부모역할 기술을 가르치고, 효과적인 가정관리 기술을 제공하며, 취직을 알선하거나 취업교육을 실시하는 등의 다양한 프로그램을 개발하는 것이다. 예비부모교육을 실시하여 청소년이나 예비부모에게 부모역할과 기술을 훈련시키는 것도 중요한 예방법이 될 수 있다. 한편 학대하는 부모를 대상으로 하는 치료적 노력으로는 분노 감소, 스트레스 관리, 이완훈련 등이 있고 동시에 부모역할 훈련을 실시한다.

학대 예방을 위한 부모교육의 방법은 다음과 같은 내용이 될 수 있다.

❶ 자녀양육기술훈련

부모에게 자녀들의 행동을 잘 관찰하게 하고, 만약 아이가 칭얼거리면 그 이유가 무엇인지를 생각해보도록 한다. 이러한 과정은 자녀의 행동이 갖는 의미에 대한 부모의 민감성을 증진시키고자 하는 것이다. 이는 부모의 역할을 재인식하도록 자극할 수 있을 뿐 아니라 자신들의 자녀양육 기술을 더 신뢰할 수 있게 하고, 따라서 자아존중감을 높여줄 수 있다. 구체적으로 행동수정의 원리(강화, 조성, 적절한 벌 등)와 아동관리와 관련된 문제 해결, 부모역할에 대한 적절한 모델링 제시, 역할놀이 그리고 행동 시연 후에 부모에게 피드백 주기 등을 교육받는다.

❷ 대화 유도하기

의사소통 기술을 말하는 것으로, 자녀가 불합리한 요구를 하더라도 부드럽게 거절할 수 있도록 하고, 폭력에 의존하지 않고도 문제를 잘 해결할 수 있는 기술을 가르친다. 어머니가 즉각적으로 때리지 않고 말로 자녀들의 행동을 변화시킬 수 있다는 것을 알게 도와준다. 자녀들에게는 언어를 습득하도록 해서 더 자유롭게 자신이 원하는 바를 표현할 수 있게 한다. 또한 어머니와 자녀가 무엇인가 함께할 수 있는 활동을 제공해서 유용한 놀이와 학습이 되도록 해 준다.

❸ 자녀와 거리두기

폭발할 듯한 성난 감정이 들고, 자신도 주체할 수 없을 정도의 심정일 때 분노가 가라앉을 때까지 자녀와 부모 사이에 거리를 두도록 한다. 예를 들어 잠시 산책을 하거나, 숫자를 헤아려 보거나, 심호흡을 하거나, 가까운 친구나 이웃에 나들이를 가거나 하는 등이다. 아동은 매우 어리고 매우 의존적이라는 것을 기억하고, 즐거웠던 순간들을 생각하는 대체적인 방법에 의해 자신의 감정을 억제하는 것이 도움이 된다. 가족에 따라 자신의 가정에 더욱 적합한 방법들을 구사할 필요가 있다.

④ 장기적인 가족치료

자녀들은 성장함에 따라 자기관리능력이 점점 증진된다. 발달이란 부모가 자녀들을 강제로 밀어붙여 이루어지는 것이기보다는 자녀들 스스로 성장하고 자기관리능력이 커 가는 것이다. 따라서 가정환경이 자녀의 발달 변화에 적합하게 수정될 수 있도록 교육적 노력이 이루어져야 한다. 즉, 정상 아동의 발달과 각 연령의 발달단계에 기대되는 행동을 이해하고, 통제 수단으로서의 육체적 처벌이 갖는 단점과 가능한 대안에 대한 김도를 통해 장기적인 가족치료가 이루어져야 한다. 아동에게 부족했던 관심과 보호, 학대에 대한 죄의식, 가해자가 가족으로부터 분리되었을 때의 상실감, 보호관리, 법적 절차 등에 대해 다룬다.

⑤ 해결이 불가능한 폭력의 문제

심하게 학대받는 자녀의 경우 아동의 건강과 안전을 위해 마지막 선택으로 폭력적인 가정에서 자녀를 분리한다. 그리고 경우에 따라서는 학대자가 갖는 법적 권리를 중지시키고 자녀를 입양가정이나 시설에 배치하게 된다. 이런 경우 부모는 분노를 느끼고, 자책감과 무력감을 가지게 된다. 대부분의 경우 그러한 분리가 자녀를 위한 것이라고 동의하는 가족은 거의 없다. 그럼에도 장래에는 부모로서 다시 기능할 것이라는 전제를 하고, 관리가 가능하면서도 이해할 수 있는 어떤 현실적인 계획을 가정에게 제공할 필요가 있다.

그러나 학대받는 자녀와 학대 부모 사이에 애착이 형성되어 있어서 서로가 떨어지기를 원하지 않는 경우도 있다. 따라서 가족이 분리되어 각각 남겨진 경우, 가족들이 이전보다 더 무력감을 느끼게 해서는 안 되고 자녀들도 홀로 된 느낌, 분노나 해를 당했다는 느낌을 가진 채 방치되지 않도록 대책을 세우고 의논 상대가 되어 줄 필요가 있다.

(5) 지원의 단계

개입방법은 사안의 정도에 따라 3단계로 분류된다.

예방적 개입(제1기)은 상황이 발전하기 이전에 이루어지는 것이고, 고위험인가 아닌가의 판단도 이 단계에 이루어진다.

조기 개입(제2기)은 아동이나 양육자가 보여주는 징후를 알아차리고 학대를 조기에 발견하여 원조하는 것이다. 여기에는 고위험가정에 대한 개입도 포함된다.

마지막으로 치료적 개입(제3기)은 앞에서 진행된 상황의 영향을 최소한으로 하는 것을 목적으로 아동의 안전을 지켜 주고 상황을 개선하기 위해 도모하는 것이다. 아동을 가정으로부터 분리하여 보호하는 것도 이 단계에 이루어지는 원조의 하나이다(Sidebotham, 2003).

CHAPTER 03

부모됨과 부모의 역할

학습 목표

1. 부모됨의 의미에 대해 이해한다.
2. 부모역할의 의미를 알고 바람직한 부모역할을 제시할 수 있다.

01 부모됨

사람들은 왜 부모가 되려는 것일까? 대부분의 사람들은 부모됨을 자연스럽게 받아들인다. 그러나 최근에는 자녀가 없는 부부, 즉 자신의 선택에 의해 자녀를 갖지 않는 부부 등 자발적으로 부모됨을 포기하는 사람들이 늘고 있다. 이들은 부모로서의 책임에 압도당하기보다 자녀를 두지 않고 자신들의 권리를 존중 받고 싶어 한다. 이와 같이 자발적으로 부모됨을 포기하는 사람들이 늘고 있지만, 여전히 대다수의 사람들은 자녀를 낳음으로써 부모됨을 경험한다. 부모가 되는 동기는 자연의 섭리 때문에, 가계 계승 때문에, 사회적 지위 획득의 목적으로 또는 심리적 안정을 얻기 위해 등 사람마다 다양하다.

1) 부모가 되는 동기

다양한 사회에서 부모들은 다양한 부모됨의 동기를 가지고 있었는데, 이를 정리하면 다음과 같다.

첫째, 가장 우선적으로는 자연의 섭리이기 때문에 자녀를 낳는다는 것이다. 자녀를 낳지 않는 것은 자연스럽지 않고 이기적이며 인간으로서의 의무를 위반하는 것이라 본다. 자연의 섭리로서 아이를 가져야 한다는 부모들은 자녀를 갖지 않는 사람들을 이기적이라 생각한다. 그러나 자녀가 없는 성인들도 어린 아동과의 활동이나 문제 해결 과정에 적극적으로 참여하는 경우를 보는데, 따라서 자녀를 갖지 않는 사람을 무조건 이기적이라 평가하는 것은 편견이라고 할 수 있다.

둘째, 노동력을 얻는 중요한 수단으로 자녀를 낳는다. 부모됨의 전통적 이유는 노동력 확보라고 할 수 있다. 지금도 전통적 농경사회나 개발도상국 같은 사회에서는 노동력 확보를 위해 자녀를 출산하기도 한다. 특히 자녀의 노동력이 높게 평가됨에도 불구하고 열악한 주변 환경으로 영아사망률이 높은 사회에서는 많은 수의 자녀를 낳는 경향이 있다. 이와 같은 출산 문화는 노동력 확보를 위해 자녀를 낳는다는 시각을 뒷받침하는 것이라 볼 수 있다.

셋째, 가계 계승과 노후 보장을 목적으로 자녀를 출산하는 경우이다. 가계 계승 및 노년의 경제적 안정과 보장을 위해 자녀를 원한다. 조상숭배, 혈연 계승 등을 강조하는 우리나라 전통사회에서는 결혼의 궁극적 목적이 가계 계승을 위한 자녀의 출산이었다. 이러한 경우 남아 출산을 기원하는 경우가 많았다.

넷째, 삶의 보상 수단으로 자녀를 낳는다. 부모가 이루지 못한 과업을 자녀가 이루어 주기 바라는 보상심리로서 자녀를 낳아 기르기도 한다. 자신의 삶에서 이루지 못한 꿈이나 불행을 보상하고자 하는 경우이다.

다섯째, 소속감을 얻기 위해 자녀를 낳는다. 인간은 사회적 동물로 집단에 소속하고자 한다. 자녀의 출산은 누구의 아버지 또는 누구의 어머니로서 소속감과 함께 사회적 지위를 갖게 할 뿐 아니라 자녀를 낳은 사람끼리 동료의식을 갖게 한다. 사회를 구성하는 대부분의 성인 남녀들은 부부가 된 후 자녀를 낳고 키우면서 부모가 된다. 따라서 자녀를 낳아 키운다는 것은 사회를 구성하는 대부분의 사람과 동병상련의 동질감 및 그로 인한 심리적 안정감을 가질 수 있는 기회가 되는 것이다.

마지막으로, 사랑과 애정을 나눌 동반자를 얻기 위해 자녀를 낳는다. 인생을 함께할 동반자를 얻기 위해 자녀를 낳는다. 동반자 의식은 현대인이 자녀를 두는 가장 중요한 이유라 할 수 있다. 자녀는 애정적이며 따뜻하고 무조건적인 사랑과 신뢰를 나눌 수 있는 훌륭한 인생의 동반자라 할 수 있다. 양육의 즐거움을 통해 얻게 되는 사랑과 애정은 인생에 커다란 기쁨을 제공하기 때문에 자녀 출산은 인간의 기본적인 정서적 욕구를 충족시킬 수 있는 중요한 기회가 되는 것이다.

2) 부모됨을 위한 준비

부모가 되려는 성인 남녀들은 아기를 임신하기 전에 부모가 되기 위한 일련의 준비를 해두어야 한다. 일반적으로 부모됨은 자녀의 출산과 더불어 자동적으로 그 지위와 역할이 부여된다. 그러나 일련의 준비 없이 부모가 되는 사람들은 자녀의 건강한 성장과 발달을 저해하거나 방해할 수 있다. 이는 아동복지법에도 명시되어 있는 건강하게 출생하여 행복하게 육성되어야 하는 아동 본연의 권리를 존중하려는 부모로서의 기본적 자세라 할 수 있다. 그러므로 부모가 되고자 하는 사람들은 신체적·정신적 준비와 아울러 경제적 준비를 해 두어야 한다(이경희, 1994).

(1) 신체적 준비

부모가 되고자 하는 사람은 건강해야 한다. 건강하지 못하거나 질병에 걸린 상태에서 임신할 경우, 기형아나 장애아를 출산할 가능성을 무시하지 못하기 때문이다. 또한 부부는 양쪽 가계의 가족적인 질병 유무와 유전적인 질병 유무를 확인해야 한다.

부모가 되기에 적합하지 않은 건강상태는 다음과 같다.

- 체중 미달이거나 몸이 너무 허약한 사람
- 과거 또는 현재 약물이나 알코올중독증일 때
- 흡연, 특히 임신부의 흡연
- 당뇨, 결핵 등 만성적 질병을 앓고 있을 때
- 성병 등 기타 병원 검진결과 임신해서는 안 되는 질병이 있을 때

(2) 심리적·정서적 준비

부모가 되기 위해서는 자기 자신의 성장 상태나 문제점, 그리고 성격의 장단점을 스스로 파악하여 부모됨에 문제가 되거나 장애가 되는 요인들을 개선하는 노력이 필요하다. 부모의 비정상적인 정서 상태나 성격의 문제, 기질적인 요인들은 자녀에게 심리적인 손상을 주어 문제아 등을 발생시키는 가정환경이 될 수 있다. 따라서 자신의 정서 상태, 성격, 기질에 문제가 있다고 판단되면 부모가 되기 전 상담 또는 심리치

료사 등 전문가에게 치료를 받을 필요가 있다.

(3) 경제적 준비

자녀가 신체적·정신적으로 건강하게 잘 성장하기 위해서는 경제적인 준비가 필요하다. "양육비와 교육비 때문에 애 낳기가 두렵다"라고 할 정도로 한 명의 아이를 양육하고 교육시키는 데 많은 비용이 소요된다. 그러므로 경제적 문제는 부모가 되고자 하는 사람에게 간과할 수 없는 문제라 할 수 있다.

경제적 문제가 부모됨을 위한 일차적 준비 요건이라 할 수 없지만, 경제적 문제는 아동의 기본 권리, 즉 교육 받을 권리, 건강하게 성장할 권리, 정상적인 가정생활을 누릴 권리, 놀이와 오락을 즐길 권리(Key, 1909) 등을 실현하기 위한 수단이기 때문에 중요하게 평가되어야 한다.

한편 경제적 준비는 좀 더 바람직한 부모됨을 위해 필요하다. 경제적으로 궁핍한 상황은 부모를 어렵게 만든다. 경제적 빈곤은 부모에게 상당한 스트레스와 긴장을 주며, 이러한 경제적 스트레스와 긴장은 자녀에 대한 부모의 적대적인 양육 행동을 부추길 수 있다(신용주, 윤혜경, 강인재, 1997; Cohen & Willias, 1985). 경제적으로 빈곤한 부모는 부모 노릇을 잘할 만한 교육적·정서적·경제적 자원이 부족하기 때문에 자녀를 돌보고 충분한 영양을 제공하고 안정된 가정환경을 만드는 데 어려움이 많다. 따라서 바람직한 부모됨을 실천하기 위해서는 경제적 준비가 반드시 필요하다.

02 부모역할과 양육

부모가 되는 동기는 다양하지만 이 동기는 부모의 심리적 과정을 나타내기 때문에 부모의 자녀양육 태도를 결정짓는 중요한 요인이 된다. 양육은 다양한 과정을 통해 아동에게 영향을 미치고, 아동 자신도 다양한 방법으로 부모의 양육행동을 결정하게 된다. 여기서는 부모의 역할을 수행하는 과정에서 나타나는 양육행동에 대해 알아보고자 한다.

1) 양육의 목표

LeVine(1974)에 따르면 모든 사회의 가정은 자녀를 위한 다음의 세 가지 기본 목표를 가지고 있다.

첫째는 생존을 위한 목표이고, 둘째는 경제적 목표, 셋째는 자기실현의 목표이다.

이러한 양육의 목표에는 일정한 순서가 있는데, 부모는 자녀의 생존 가능성을 최대화하는 데 일차적으로 관심을 가지며 말하기, 셈하기, 도덕규칙을 가르치는 것과 같은 상위의 목표는 어린아이가 건강한 생존을 할 수 있을 때까지 뒤로 미루어진다. 그 뒤 신체적 건강과 안전이 확보되었을 때 비로소 부모는 경제적 자립자족에 필요한 특성을 가르치기 시작한다. 그리고 아동이 생존과 경제적 생산에 필요한 속성을 갖춘 후에 부모는 그들에게 지위, 명성, 자기충족을 가르치기 시작한다.

(1) 생존을 위한 목표

관찰에 의하면 실제로 유아사망률이 높은 종족, 가령 아프리카 부시맨이나 남아메리카 인디언 또는 인도네시아 부족은 부모들이 24시간 내내 유아와 가까이 있는 경향이 있다. 이들은 대개 아기를 멜빵, 요람 등으로 엉덩이나 등에 고정시켜 데리고 다닌다. 이러한 양육습관은 아프거나 영양실조에 걸릴 가능성을 줄임으로써 유아가 생존할 가능성을 증가시킬 수 있다고 한다. 그러나 이와 같이 유아와 늘 함께 있으면서도 이들 종족의 부모는 아기에게 말을 걸거나 웃는 일이 거의 없으며, 아기의 심리적 발달에는 별 관심이 없는 듯이 보인다. 이러한 독특한 육아 방식, 즉 신체적으로 돌보면서도 심리적으로는 떨어져 있는 이유는 부모가 혹시 죽을지도 모르는 유아에게 너무 애착을 가지지 못하도록 하는 방어적 방법이 될 수도 있다. 유아사망률이 높은 문화권에서는 아기가 한 살이 될 때까지, 즉 생존 가능성이 커질 때까지 그들이 마치 사람이 아닌 것처럼 말을 걸지 않거나 이름을 짓지 않는 습관도 있다고 한다.

(2) 경제적 목표

부모가 직면하는 다음의 과제는 장차 자녀가 스스로를 보살피고 자신의 가정을 꾸릴 수 있도록 여러 특성과 능력을 배양, 촉진시키는 일이다. 그래서 한 문화의 경제, 즉 사람들이 자신을 부양하고 생활을 이끄는 방식은 가족이 자녀를 사회화하는 방식을 결정한다. 예를 들어 농업이나 목축을 하는 사회에서는 자녀에게 순종, 협동, 집단이익을 강조한다. 이와 대조적으로 식량을 축적하지 않는 수렵이나 어업사회에서는 아동에게 독립심, 자기주장, 개인적 목표를 권장한다. 이와 같이 사회에 따라 다른 생활방식을 유지하는 데 필요한 가치, 능력, 속성을 자녀에게 강조하고 그것을 가르치는 데 부모들은 관심을 가졌다.

오늘날과 같이 산업화된 사회에서도 한 가족의 사회적 지위나 경제적 지위는 부모의 자녀양육 습관에 영향을 미친다. 가령 상관을 위해 일하며 그들의 권위를 존중해야만 살 수 있는 직업의 부모들은 자녀에게 복종, 단정함, 청결, 권위에 대한 존경을 가르친다. 이것은 노동계층의 경제에서 효과적으로 기능하게 하는 특성이다. 이와 대조적으로 특히 독립해서 일하거나 전문직을 가진 이들은 자녀를 기를 때 야망, 호기심, 창조성, 독립성을 강조하는 경향이 많다.

(3) 자기실현의 목표

경제적 목표가 달성되면 부모들은 자녀들에게 자기실현의 목표를 심어 주고자 한다. 다양한 문화 속에 존재하는 문화적 가치를 극대화할 수 있는 행동특성을 길러 주는 것이다. 여기에는 도덕성, 종교, 성취, 부, 명예, 만족감 같은 것이 해당된다. 경제적으로 안정된 부모들은 자녀가 아주 어릴 때부터 주도성, 성취, 개인적 자기달성을 권장한다.

2) 아동의 기본적 양육과 사회화

(1) 아동의 양육 책임

아동을 위한 보호는 여전히 가족의 기본적 책임으로 인식되고 있다. 유아는 생존하기 위해 상당한 보호를 필요로 하기 때문이다. 인간의 발달은 신체적인 보호뿐만 아니라 아동과의 상호작용과 정서적인 관여를 필요로 한다. 부모됨은 학령 전기, 아동기, 청소년기 이후에도 중요하다. 이러한 책임은 적절한 훈련과 지원을 받지 못한 많은 부모에게, 특히 확대가족이나 친족의 지지체계에서 분리되어 있는 사람에게는 무거운 부담이 될 수 있다. 많은 문화에서 아동보호의 옛 전통은 더 이상 실행되지 않고 있다. 더구나 확대가족 구조의 부재로 인해 효과적으로 이전 시대의 지식을 이전시킬 수 없고, 다음 세대들을 지지할 수도 없다.

특히, 부모의 교육은 아동이 어리고 10대일 때 더욱 절실하다. 아동기가 끝나 가는 연령은 아동과 부모 모두에게 어렵기 때문이다. 10대에 부모와의 갈등은 피할 수 없고 사실상 갈등은 사회화 과정의 일부라고 할 수 있다. 이러한 갈등이 적절히 다루어진다면 아동은 자신의 가치와 이익을 개발할 수 있다. 불행하게도 많은 부모들이 갈등에 대처할 기술이나 이해력이 부족하기 때문에, 많은 10대들이 조언자로서의 부모를 거부하고 지지와 지도를 위해 또래나 가족 밖의 다른 어른들을 찾게 된다.

부모 모두가 취업하는 경우와 한부모가족이 증가함에 따라 어린 아동을 위한 보육이 특히 중요해지고 있다. 그리고 어린 아동이 부모 아닌 사람에게서 보호받는 것은 전혀 새로운 일이 아니다. 많은 나라에서 부모에게 생업에 종사할 시간을 제공하기 위해 조모나 형제, 다른 친척들 또는 보육시설 등 여러 유형의 보육이 이루어지고 있다.

(2) 아동의 사회화와 교육

가족은 아동을 교육하고 사회화하는 도전적인 과업들을 수행한다. 교육은 아동과 사회의 미래를 형성하는 중요한 방식이기 때문이다. 아동이 학교에서 공부함으로써 지식의 생산에 기여하지 않는다면 사회는 제대로 기능할 수 없다.

공식교육에 더하여 가족은 아동의 정서적·사회적 성숙을 돌보아야 한다. 아동의 기본적인 자기이해와 자기존중이 개발되는 곳은 가족이고 가족은 사회적·문화적 가치를 전수할 책임을 진다. 전통은 가족 내에서 학습되고 풍부해진다. 아동이 부모가 되었을 때 그들은 자기 부모가 유아기에 보인 행동을 따라 하는 경향이 있다. 부모의 행동과 전통은 세대 간에 이어지는 유산의 큰 부분인 것이다.

가족 구성원의 사회화에 있어서 형제와 다른 아동들의 역할도 중요하다. 예를 들면, 형제들의 존재는 보육시설과 학교와 기타 장소의 또래집단의 영향력을 감소시킬 수 있기 때문이다.

그러나 아동이 자기 부모의 인격에 미치는 영향도 간과해서는 안 된다. 아동 역시 순간순간 부모를 사회화시킨다. 부모는 자신의 아동으로부터 아동 발달과 또래 및 형제의 관계, 학교, 패션, 사회의 변화를 배운다. 특히, 이민 등 다문화가정 부모는 자기 아동으로부터 새로운 나라의 언어와 관습을 배우기도 한다. 마찬가지로 부모는 긴장과 어려움이 있음에도 불구하고 아동을 보호하고 양육하는 것을 통해서 개인적·정서적으로 풍부해진다.

3) 부모와 유아의 상호작용

한 아이는 태어나기 전부터 가족들의 행동에 영향을 미치기 시작한다. 출산을 기다리는 어른들은 아기의 이름을 선택하고, 아기용품을 구입하며, 좀 더 큰집으로 이사하기도 하고, 직업을 바꾸거나 사직하기도 하고, 큰 아이들에게 동생의 출생에 대비하여 여러 가지 행동거지를 준비시키는 등의 많은 일을 하면서 축복된 순간을 기다린다.

아기의 출생은 어머니, 아버지 그리고 결혼관계에 어떠한 영향을 미치는가? 부모가 경험하는 변화는 아기의 반응에 어떤 영향을 미치는가에 대해 알아보자.

(1) 자녀의 출생이 부모 역할에 미치는 영향

아기의 출생은 어머니, 아버지의 행동을 변화시키고 결혼관계의 속성에 영향을 미칠 수 있다는 점에서 매우 중요한 사건이다. 자녀가 생기면 가정에서는 성역할 상의 미묘한 변화가 일어난다. 즉, 평등한 부부일지라도 어머니는 보다 표현적이 되고 전통적으로 여성적인 활동을 더 많이 담당하게 되며, 더 여성적이라고 느끼게 된다. 한편 아버지는 빵을 벌어 오는 조달자로서의 역할에 더 열중하게 된다. 만약 부부 모두가 직업을 가지고 있었다면, 아기를 돌보기 위해 가정에 머무는 쪽은 대부분 어머니이다.

유아의 행동도 부부가 부모 역할에 적응하는 데 영향을 미칠 수 있다. 기질이 까다로운 유아(많이 울고, 잘 먹지 않고, 늘 움직여 부산한 아이)의 부모는 조용하거나 유순한 아기의 부모보다 결혼관계에서 정상적인 활동이 더 어렵고 불만도 더 크다. 그러나 드물기는 하지만 비정상적이며 특별히 보살펴야 하는 아기의 출생으로 인해 오히려 부부간의 관계가 돈독해지는 경우도 있다. 즉, 이미 굳건한 토대를 형성한 부부라면 이러한 유아가 태어났다고 해서 반드시 둘 사이에 문제가 생기는 것은 아니다.

(2) 부부관계의 간접적 영향

부부는 배우자의 행동에 영향을 미침으로써 유아에게 간접적인 영향을 끼치게 된다. 예를 들어 출산 후 결혼생활에 긴장이 계속되면 어머니가 아기를 보살피며 놀아주는 데 문제가 있을 가능성이 있다. 물론 부부의 간접적 영향에는 긍정적인 면도 있다. 예를 들어 남편이 자녀의 삶에서 중요한 역할을 한다고 아내가 믿을 때, 그리고 부부간에 아기에 대해 자주 대화할 때 남편은 아기에게 훨씬 더 많은 관심을 갖는 경향이 있다. 남편이 다정하게 격려할 때 아내는 아기에 대해 참을성이 있으며 그들의 욕구를 더 민감하게 알아챈다. 즉, 서로 지지하며 격려하는 부부라면, 자녀양육의 문제는 훨씬 더 극복하기 쉽다.

(3) 부모와 자녀의 상호관계

양육에서 부모가 아이들과 함께 보낸 시간이 많을수록 관계도 좋아진다. 이때 중요한 것은 '특별한 사건'보다는 일상을 함께하는 것이 더 중요하다는 것이다. 자녀들은 결국 부모에게 삶의 연속성이자 의미이며, 무엇보다 더 큰 삶의 목적이다. 자녀들이 성장한 이후에도 부모와 좋은 관계를 유지하려면 어려서부터 함께하는 시간들이 필요하다.

4) 부모의 양육 요소

부모들은 스스로 자신의 양육행동을 이해하고, 그러한 양육행동이 자녀에게 미치는 영향을 이해하는 것이 중요하다.

(1) 아동과의 상호작용

부모가 자녀와 직접 상호작용하는 측면으로서 이것은 알게 모르게 아동에게 영향을 준다. 보통의 부모자녀 간의 상호작용으로 생각할 수도 있으나, 훨씬 무자각적인 상호작용이라고 할 수 있다.

예를 들어 부모가 자녀에게 책을 읽어 주는 등의 행위를 말한다. 부모가 책을 읽는 모습을 보여주는 것도 자녀의 지적 발달에 간접적인 영향을 가져온다. 그 외에도 부모가 휴일에 자녀를 데리고 야외에 나가는 것, 자녀와 함께 아침이나 저녁을 먹는 것도 중요한 요소로 다루어지고 있다.

(2) 부모의 생활습관이나 취향

반드시 자녀를 바라보고 하는 행동이나 말이 아닌 측면도 양육의 중요한 요소가 된다. 구체적으로는 부모의 생활습관이나 취향이다.

예를 들어 '집에서 구독하고 있는 신문이 어떤 것인가?' '부모가 어떤 책을 읽는가?' '부모가 어떤 텔레비전 프로그램을 시청하는가?' '부모가 어떤 음악이나 영화 등을 선호하는가?' 등이다. 이것은 광범위하게 걸쳐 있기 때문에 부모의 생활 자세 전반이 포함되는 것으로서 자녀에게 큰 영향을 주는 부분이라고 할 수 있다.

(3) 가정의 물리적 환경

물리적 환경도 양육의 요소 가운데 하나이다. 물리적 환경으로는 '자녀에게 공부할 공간과 책상을 제공해주고 있는가?' '개인 컴퓨터를 제공해주고 있는가?' '어떤 휴대용 물건을 주는가(휴대전화, 개인용 카메라 등)?'와 같이 자녀와 관련된 사항이 우선 포함된다. 이것들이 자녀의 성장에 영향을 준다.

이외에도 '집의 실내장식이나 방은 어떻게 되어 있는가?' 등 자녀에게 특화된 요소가 아닌 것도 포함된다. 실제로 실내장식이나 방의 물건에 따라 자녀의 언어와 행동이 변화하는 것은 건축 분야에서도 지적되고 있다. 즉, 집안 설비들 역시 개인의 정체성의 산물이라는 것이다.

(4) 가정의 심리적 환경

물리적 환경만이 아니라 가정의 심리적 환경도 양육 요소의 하나가 된다. 부모가 만들어 내는 '분위기', 혹은 '마음가짐'이다. '자녀에게 가정이 좋다고 느낄 수 있게 하는가?'가 자녀의 언행이나 발달에 큰 영향을 준다.

그 외에도 '부모가 자녀를 이해해 주고 있는가?' '야단칠 때 체벌을 쓰는가?' '자녀의 자주성을 존중하고 있는가?' '자녀를 엄하게 감시하고 있는가?' '고민이나 상담을 들어주는가?' '(적절한) 기대를 하는가?' 등도 이런 요소가 된다.

(5) 학교와의 관계성

그 외에 부모가 학교와 어떤 관계를 갖고 있는가도 양육의 중요한 요소이다. 이것은 앞에서 말한 '가정의 심리적 환경'의 일부라고 볼 수 있다.

부모가 학교에 부정적인 태도를 갖고 있다면 자녀의 학업성취가 좋지 않은 경향이 있다. 또한 집에서 학교 교사에 대해 부정적으로 언급

한다면 자녀의 행동에 좋지 않은 영향을 줄 수 있다.

그 밖에 '학교의 행사에 부모가 협력적인가?' '공부를(필요하다면) 봐주는가?' '학교에서 무슨 일이 일어나고 있는지 알고 있는가?' '부모가 적절하게 이해하고 있는가?' 등도 자녀에게 영향을 주는 것으로 알려져 있다.

(6) 양육행동의 광범위성

이와 같이 양육의 범위는 훈육과 같이 의식적으로 일어나는 자녀의 지도나 교육보다 훨씬 범위가 넓은 것을 알 수 있다. 이런 의미에서 '부모로서의 자세'라고 정의할 수도 있다. 여기에는 부모가 자각하지 못하는 것에서부터 부모 자신의 살아가는 방식이나 생활 전반, 가정환경까지 널리 포함한다.

자녀의 태도 및 언어와 행동의 책임은 누구에게 있는가를 한마디로 말하기는 어렵다. 물론 자녀 자신의 책임도 있을 것이고, 학교를 비롯하여 자녀를 둘러싼 사람들의 책임도 있을 것이다. 그러나 양육에 관해 축적된 사회학, 심리학 등의 이론이나 실증연구를 보면 부모 자신이 자각하지 못하는 부분도 자녀에게는 큰 영향을 주고 있다.

5) 부모가 자녀에게 영향을 미치는 기본적인 과정

모든 부모는 독재적이거나 허용적이거나 권위적이거나 자녀에게 직접·간접으로 영향을 미친다. 여기서는 부모가 자녀에게 영향을 주기 위해 사용하는 기본적인 여섯 가지 과정을 소개할 것이다(Radin, 1982). 예를 들면 모든 부모는 모델링의 기본과정을 사용한다. 그러나 독재적인 부모는 권위적인 부모와는 매우 다른 모델링을 할 것이다. 과정은 같으나 내용이 다른 것이다.

(1) 모델링

많은 인간은 다른 누군가가 어떤 행동을 하는 것을 보는 것만으로도 배울 수 있다. 그리고 그 사람을 흉내 낼 수 있다. 여기서 그 다른 사람은 모델이 되는 것이고, 모델링의 기본 과정이 되는 것이다.

모델링에 관한 많은 연구를 한 Bandura(1971)는 아동이 보는 것만으로 얼마나 효과적으로 배우는지를 밝혔다. 비록 아동이라 할지라도 몇 가지 유형의 모델로부터 배울 수 있다. 즉, 부모나 주변 사람, 만화의 주인공, 책 속의 그림, 그리고 영화나 비디오의 주인공 등이다.

또한 Bandura의 연구(1971)는 공격성을 드러내는 데 성인의 모델이 얼마나 강력한가를 보여주었다. 아동은 바람직하지 못한 행동에 대해서도 배운다. 즉, 공격성이나 사나운 행동 같은 것은 모델을 봄으로써 배운다. 때리거나 심한 욕을 하는 독재적인 부모나 교사는 실제로 공격적인 행동의 모델이 되는 것이다. 한편 관용이나 협동, 친절 그리고 도움을 주는 행위 같은 바람직한 행동도 같은 과정을 통해 배운다. 긍정적인 훈육을 쓰는 권위적인 부모는 독재적인 부모와 아주 다른 교훈을 가르친다.

(2) 직접적인 지시와 가르침

모델링은 아동에게 어떻게 하는 것인가를 보여주는 것이고, 직접적인 지시나 가르침은 아이에게 어떻게 기술을 수행하는지를 분명히 말해 주는 것이다. 부모가 아동에게 직접적인 지도를 통해 영향을 주는 예는 아주 많다. 부모는 수학, 읽기, 그리고 다른 인지적 기술 같은 학문적인 영역에서 지도를 한다. 또한 교통질서, 장난감의 안전한 사용과 올바른 사용법 같은 신체적 안전의 문제에 관해 지도를 한다. 그리고 부모는 야구 방망이를 쥐는 법, 스케이트 타는 법, 자전거 타는 법 같은 것에 대해서도 지도한다.

부모는 또한 아동에게 사회적 기술에 대해 지도한다. 즉, 친구 사귀는 법, 다른 사람의 관점을 어떻게 수용하는지, 친구와 어떻게 협동해야 하는지, 그리고 갈등을 어떻게 해결하는지 등이다.

(3) 강화와 피드백(feedback)

피드백은 아동에게 자기가 어떻게 하고 있는가에 대한 정보를 주고 변화를 하게 만든다. 새로운 기술을 유지하기 위해 '강화'라고 불리는 피드백이 주어지면 더 쉬워진다. 사회적 강화에는 미소, 긍정적 주의, 칭찬, 혹은 긍정적 신체 접촉이 해당한다. 구체적인 강화에는 장난감이나 음식 같은 것이 있다. 부모는 점수나 토큰, 혹은 도표에 스티커 붙이기 같은 것을 통하여 강화를 사용한다. 즉, 이것은 아동이 특별히 바람직한 행동을 했을 때마다 점수나 토큰을 주어서 그것을 다른 사건이나 물건과 바꾸게 하는 것이다.

강화는 어떤 부모나 사용하는 기본적인 과정이다. 그러나 기억해야 할 중요한 것은 부모는 아동의 다양한 행동을 강화한다는 것이고, 반드시 적절한 행동만을 항상 강화하고 있지는 않다는 것이다. 예를 들면 어떤 부모는 그들의 자녀가 다른 사람을 해치거나 싸우는 것을 강화하는 반면, 다른 부모는 협동과 관용을 강화한다. 부모는 그의 가치

체계와 일반적인 양육의 스타일에 근거하여 자녀를 강화하고 있는 것이다.

(4) 자녀의 환경 관리하기

부모는 물리적 재료를 제공하거나, 자녀에게 어떤 장소를 만들어 주거나, 시간 관리를 함으로써 자녀의 환경을 관리한다. 예를 들면, 부모는 남자아이와 여자아이에게 다른 장난감과 옷을 제공함으로써 아동의 성유형화에 중요한 영향을 미칠 수 있다.

또한 협동심이나 공격성 같은 사회적 행동에 미치는 아동의 신체적 환경의 영향에 초점을 맞춘 연구도 있다(Hartup, 1983). 즉, 부모는 아동에게 어떤 유형의 장난감이나 물건을 줌으로써 아동의 공격성이나 친사회적 행동에 영향을 미칠 수 있다는 것이다.

(5) 바람직한 행동에 대한 기대를 말해주기

권위적인 부모는 좋은 규칙과 한계를 만들고 자녀와 그것을 솔직하게 대화한다. 다른 측면으로 독재적인 부모는 임의로 한계를 너무 많이 만드는 경향이 있고, 허용적인 부모는 전혀 기대를 이야기하지 못한다.

(6) 행동을 수정하기 위해 자녀를 격려하기

누군가가 발달의 수준에 적절한 방법으로 유용하고 의미 있는 정보를 제공할 때 아동은 행동을 수정할 수 있다. 아동이 보다 적절하게 행동해야 하는 필요성과 이유에 관해 솔직하고 분명하게 말해 줄 필요가 있는 것이다.

이런 방법은 아동이 보다 공감할 수 있게 도와주는 것이다. 자신의 행동이 다른 사람에게 어떤 영향을 미치는가를 아동으로 하여금 이해하게 하는 것이 목표이고, 그럼으로써 점차로 다른 사람의 관점을 수용할 수 있게 하는 것이다. 다른 대부분의 학습과 마찬가지로 이것은 수년간의 시간이 필요하고 유아기부터 시작해야 한다. 여기에서 목표는 아이에게 지나친 죄의식이나 수치심을 갖게 하는 것이 아니다. 공감을 일으키는 좋은 방법은 아이를 꾸짖지 않으면서 다른 사람의 입장을 솔직하고 직접적으로 설명해주는 것이다.

예를 들면 열 살 된 아이에게 교사가 말했다. "표를 보니까 네가 토끼에게 먹이를 주는 날인데 깜빡 잊은 것 같구나. 토끼가 배가 고플 것 같다. 네가 음식을 가져다주면 내가 토끼를 우리에 넣어 주는 일을 해주마."

여기서 교사는 꾸짖거나 위협하거나 나무라는 대신에 다른 사람이나 동물이 어떤 상태일지에 초점을 두었다. 아이로 하여금 동정심을 느끼게 하는 것은 강력한 방법이다. 왜냐하면 그것은 그의 행동이 다른 누군가에게 어떤 영향을 줄 것인가를 이해하게 만들기 때문이다.

6) 자녀에게 적합한 양육

자녀의 기질적 특징이 부모의 양육에 영향을 주어 거꾸로 그것이 아동의 양심발달에 영향을 줄 가능성이 있다는 것을 보여주는 연구도 있다. Kochanska(1995)는 일련의 연구에서 '아동이 규칙위반 같은 행동을 한 후 불안이나 죄, 후회의 불쾌감정을 느끼기 쉬운가? 만족을 연장하는 등 행동을 통제할 수 있는가?'라는 기질적 특징이 부모의 양육행동에 영향을 준다고 한다. 이는 다시 아동의 양심발달에 영향을 줄 수 있다. 즉, 감정 면에서 불안을 느끼기 쉬운 아동은 감정적으로 움직이지 않는 아동보다도 부모가 좋은 것이나 나쁜 것의 기준을 전달하는 경우의 감정적 메시지에 보다 민감하다는 것이다. 따라서 이러한 아동에게는 애정의 철회와 같은 온화한 훈육은 규범의 내재화를 촉진하지만, 역으로 강압적인 훈육은 과도한 불안이나 죄의식을 생기게 할 가능성이 있다. 한편 감정적인 반응성이 낮은 아동은 온화한 훈육에는 별로 반응하지 않는다. 그러나 강압적인 훈육이 좋다는 의미는 아니라고 한다. 대신 아동과의 긍정적인 상호작용 행동을 주고받음으로써 부모와 아동의 감정적인 교류를 높이고 좋은 관계를 만드는 것이 규범의 내재화를 촉진한다고 한다.

결국 양육은 부모만이 아니라 자녀와 함께 이루어가는 것이다. 그러나 오랫동안 양육의 주체는 부모이고, 아동이 가진 특징은 단지 하나의 요인이라고 생각되어 왔다. 그런데 최근에 아동의 여러 종류의 특징이 주목되고 있다. 즉, 원래 가지고 태어난 기질을 비롯한 자녀의 특징이야말로 부모의 양육행동을 이끌어 내고 그것이 이후의 발달과 관계있다는 측면이 밝혀지고 있는 것이다.

7) 양육에서 부모의 유능성

(1) 양육에서의 유능성

양육에서 유능하다는 것은 단순히 자녀를 잘 보살펴 준다거나 훈육을 잘하는 것만을 의미하지는 않는다. 자녀에게 바람직한 변화를 이끌어 내고, 그 능력을 최대한으로 끌어내도록 작용하는 것을 의미하고 있다. 양육은 아동을 위해 이루어지는 것이라고 말할 수 있지만, 동시에 그것은 부모 인생의 일부이기도 하며 부모 자신에게 변화를 동반하는 일이기도 하다. 다시 말하면 부모가 되는 것이 부모 자신의 개인적 발달의 계기가 되는 것이라고 할 수 있다. 유능성이란 '인간이 그 환경과 효과적으로 상호작용하는 능력'으로서(White, 1959), 환경에 적응하는 행동과 환경을 변화시키는 행동을 의미하는 폭넓은 개념이다.

그러나 구체적으로 어떤 행동이 부모로서 유능한지를 정의하는 것은 어렵다. 왜냐하면 부모가 아동에게 어떤 성장을 기대하는가에 따라 달라지기 때문이다. 예를 들어 언어의 발달이나 학업성적, 사회화 등 성장을 기대하는 영역에 따라, 또한 '어떤 성장을 희망하는가?'라는 자신이 속한 사회 문화의 가치관에 따라서도 부모로서 필요로 하는 능력이 변화할 가능성이 있다. 또한 자녀의 특징에 따라서도 부모로서의 유능한 행동이 달라진다.

(2) 유능한 양육행동

어떻게 행동하는 부모가 양육에서 유능한 것일까? 부모로서 유능한 양육행동은 아동의 생리적 욕구를 만족시키는 것에서부터 신체적·사회적·언어적·인지적 발달을 촉진하는 직접적인 상호작용을 하는 것, 그 위에 아동의 발달에 바람직한 환경을 정비하는 것에 이르기까지 다양하다.

유능한 양육에 관해서는 ① 자녀의 기본적·사회적 욕구나, 자녀가 발달과제로 당면하고 있는 것에 대해 따뜻하고 민감하게 반응하는 것이 좋다는 것, ② 부정적으로 과도하고, 엄하고, 강압적인 양육은 자녀에게 좋지 않다는 것, ③ 자녀에 대해 부모의 관여는 전혀 없는 것보다는 있는 편이 좋다는 것, 그저 관여한다고 좋은 양육이 되는 것만은 아니라고 하는 것이 지적되고 있다(Teti & Candalaria, 2002). 문화에 따라 차이가 있겠지만 반응적·지지적인 따뜻한 태도와 자녀의 생활에 적절하게 관여하는 정도가 자녀의 성장을 북돋우는 데 가장 중요한 관계가 있다고 할 수 있을 것이다.

03 부모의 신념

부모들은 자녀를 양육함에 있어 나름대로 자녀 발달에 대한 기본적 신념체계를 가지고 있다. 신념이란 체계적인 가치관이나 사실의 구성체로 행동에 영향을 미치고 행동을 이끄는 중요한 근원으로서 사람이나 사물에 대한 믿음이나 신뢰의 정신적 구조를 뜻한다(Sigel, 1985). 이러한 신념은 자녀양육 행동에도 영향을 미치고 있다.

자녀 발달에 대한 부모의 기본적 신념은 전통적으로 3가지 관점으로 분류해 왔다. 발달단계에 맞는 양육을 강조하는 성숙주의, 환경의 영향력을 강조하는 행동주의, 그리고 환경과의 상호작용을 통한 인지적 발달을 강조하는 상호작용주의로 대표될 수 있다.

1) 발달에 대한 성숙주의적 시각

게젤(Gesell) 등에 의해 제시된 아동발달에 대한 성숙주의적 시각의 핵심은, 인간의 발달에 영향을 미치는 환경적 요소의 영향을 최소한만 인정하고 있다는 점이다. 이 시각에서는 인간 발달의 보편성에 관심을 두고 발달의 가장 중요한 힘은 바로 자녀의 내부로부터 나온다고 전제한다(이기숙·홍순정, 1995). 물론 환경적 요소들이 자녀의 내적 성장 가능성을 지지 또는 억제하는 것처럼 보일 수도 있으나, 성장의 기본적인 방향은 인간의 내부에서 나온다는 것이다. 따라서 이들의 입장에 의하면 부모는 자녀의 발달이나 성장을 주도하는 존재라기보다는 그들의 성장을 돕고 촉진시켜 주는 존재라고 볼 수 있다.

성숙주의적 시각에서는 자녀의 부적응행동은 부모의 양육행동이 자녀 자신의 내적 요구와 발달 순서에 따라 이루어지지 않았기 때문으로 해석한다. 루소는 성선설을 믿었던 초기 성숙주의자인데, 그는 자녀에게 만일 자연적 방법으로 성장할 수 있는 기회가 주어진다면 자녀는 자신의 잠재 가능성을 충분히 발달시킬 것이라고 보았다.

성숙주의적 시각은 발달의 중요한 힘을 자녀의 내부에서 그리고 보편적으로 경험되는 것으로부터 나온다고 보기 때문에 자녀 발달에 직접적인 영향을 주거나 행동을 변화시킬 수 있는 구체적이며 즉각적인 행동지침을 제공하지 않는다. 또한 성인이 잘못된 것이라고 판단하는 자녀의 행동을 직접적·체계적으로 변화시키려 노력하기보다 자녀의 요구를 들어주고 그대로 따르도록 권장한다(Crain,1992).

따라서 성숙주의적 신념을 갖고 있는 부모는 '때가 되면 어련히 큰다'는 생각을 토대로 자연적이고 생물학적인 성장과 발달을 기대하며 부모의 지시와 통제를 최소화한다. 그뿐만 아니라 무조건적 사랑으로 지적될 만큼, 그래서 오히려 지나친 방임과 허용처럼 보일 만큼 자녀의 요구를 중시하며, 자녀의 발달에 적합하지 않는 과제를 수행하도록 강요하거나 압력을 행사하지 않는다. 이것은 자녀의 성장과 발달에 대한 자녀 자신의 내부적 힘을 믿기 때문이다.

한편 자녀 발달에 대해 성숙주의적 시각을 갖는 부모는 부모의 양육행동이 자녀의 성장과 발달에 절대적이라고 생각하지 않는다. 왜냐하면 같은 부모 밑에서 성장했음에도 불구하고 형제 간 발달적 차이를 보인다거나, 어려서 각기 다른 집에 입양된 일란성 쌍둥이는 오랜 세월 떨어져 살았음에도 불구하고 유사한 발달적 특성을 보이기 때문이다(Scarr, 1983). 자녀의 성장과 발달은 자녀 자신의 내부적인 힘에 의해 이루어지기 때문에 부모의 양육행동이 크게 정상성에서 벗어나지 않는다면 자녀의 성장발달에 근본적인 차이를 가져오지는 않는다고 본다(Scarr, 1992, 1993).

2) 발달에 대한 행동주의적 시각

아동발달에 대한 행동주의적 시각은 로크(Loke)의 교육철학에서부터 손다이크(Thorndike), 스키너(Skinner)의 행동주의 심리학의 영향을 받고 있다. 이 입장은 신체적 성숙 패턴이나 내적 사고 과정에 대해서는 크게 관심을 두지 않는다. 왜냐하면 외적으로 관찰 가능한 행동만이 가치 있다고 여기기 때문이다.

행동주의에서는 발달에 관한 외적 요인, 즉 환경의 중요성을 강조하고 외적 경험을 적절히 그리고 단계적으로 배열함으로써 자녀의 발달을 바람직한 방향으로 변화시킬 수 있다고 본다. 따라서 행동주의적 시각을 가진 부모들은 환경을 적절히 조직하고 변화시킴으로써 자녀의 바람직한 행동을 촉진시키고 바람직하지 않은 행동은 감소 혹은 제거시킬 수 있다고 믿는다. 이와 관련해볼 때, 우리 주변에서 흔히 말하는 맹모삼천지교, 즉 맹자의 어머니가 자식을 위해 세 번이나 이사했다는 말은 자녀의 성장과 발달에서 환경의 중요성을 강조한 행동주의적 시각을 반영하는 대표적 예라 할 수 있다.

한편 환경의 영향력을 강조하는 행동주의 시각에서는 부모의 양육행동을 중요한 외적 환경요인으로 간주한다. 부모의 양육행동을 통해 자녀에게 제공되는 칭찬, 인정, 지지 등과 같은 긍정적인 강화나 체벌, 비난, 무시 등과 같은 부정적인 강화가 자녀의 바람직한 행동 특성을 촉진하고 바람직하지 않은 행동을 감소 혹은 제거시키는 주요 수단이라고 보기 때문이다. 바움린드의 경우 부모의 바람직한 양육행동이야말로 자녀의 성장과 발달에 근본적 차이를 유발하는 주요 요인이라 본다(Baumrind, 1967, 1993).

3) 발달에 대한 상호작용주의적 시각

피아제(Piaget) 등에 의해 제안된 발달에 대한 상호작용주의적 시각에서는 자녀의 발달이 자녀의 내적인 힘과 외부 환경과의 능동적인 상호작용을 통한 인지적 발달을 통해 이루어진다고 본다. 연령을 발달 단계 구분의 중요한 요소로 보는 성숙주의와 달리 상호작용주의적 시각에서는 연령보다는 적절한 경험이 발달을 위해 필수적이라고 본다. 각 발달단계에서 경험한 자극의 충분함과 적절성의 정도는 아동의 인지발달에 직접적인 관계가 있다고 본다.

한편 상호작용주의적 시각에서는 성숙주의자처럼 발달을 전개(unfolding)의 과정으로 보지 않고, 환경과의 상호작용에 의한 아동 자신의 내적인 인지구조의 변화에 기초한다고 본다(이기숙·홍순정, 1995). 자녀와 환경과의 능동적이고 활발한 상호작용이 인지발달의 근본이라 생각하는 상호작용주의적 신념을 가진 부모는 자녀의 지속적인 인지적 활동 과정을 중시한다. 따라서 박물관 관람, 등산, 게임활동 등을 통해 자녀 스스로 환경과 능동적으로 상호작용할 수 있는 기회를 제공하고자 노력한다. 그뿐만 아니라 자녀의 인지적 발달수준을 고려하면서 자녀의 요구와 부모의 규제가 조화를 이루도록 노력한다 (Johnson & Martin, 1985).

또한 자녀의 능력을 인정하고 일정한 거리를 유지하면서 자녀와의 상호작용을 통해 문제를 협동적으로 해결해 나가고자 하며, 자녀의 욕구, 흥미, 발달을 고려한 자녀양육 행동을 취함으로써 '발달에 적합한 양육행동(developmentally appropriate practice)'을 실천하고자 노력한다.

PART II

발달 단계에 따른 부모역할

불확실한 미래를 위해 현재를 희생시키는 그 야만적인 교육을 도대체 어떻게 생각해야 할까? 아이에게 갖가지 속박을 가하고, 아이가 결코 맛보지 못할지도 모르는 막연한 행복이라는 것을 미리 준비시키기 위해 먼저 그 아이를 불행하게 하는 교육을 어떻게 생각해야 할까?……즐겁게 보내야 할 시기가 눈물과 벌과 위협과 노예 상태 속에서 지나가 버린다. 불쌍하게도 아이는 자신을 위해 그렇게 해야 한다는 말을 들으며 그 고통을 받는 것이다.

—루소의 『에밀』 중에서

CHAPTER 04

태내기와 영아기 부모역할

학습 목표

1. 부모준비기의 의미를 알고 이 시기의 부모의 역할 준비에 대해 이해한다.
2. 태내기의 중요성을 이해하고 태교방법을 안다.
3. 영아기의 발달특성을 이해한다.
4. 영아기 부모역할의 내용을 설명할 수 있다.

개인은 성장을 거치는 과정에서 부모의 영향을 받게 되고, 그는 다시 부모가 됨으로써 자신의 자녀에게 영향력을 미치는 존재가 된다. 그러한 일생의 과정에서 부모로 성장해간다는 것은 자녀가 발달을 거쳐 성장하는 것만큼 의미 있는 일일 것이다. 자녀의 발달에 따라 부모의 역할이 변하는 것과 동시에 이것은 다른 의미로 부모의 성장이고 한 인간으로서의 일련의 성숙의 과정이라고 보아도 좋을 것이다. 부모로서 성장하면서 어떤 어려움과 혼란, 보람을 겪게 되는 것인지 '부모 발달'이라는 관점에서 이해하는 것은 부모역할을 이해하고 아이의 발달단계에 맞는 적절한 양육을 이해하는 데도 중요한 밑바탕이 된다.

부모 발달은 아동과의 관계에 의해 변화하는 것이기 때문에 결혼의 시기, 아동을 갖는 시기 등 개인차가 매우 크다. 또한 모든 사람이 각 단계를 같은 보조로 거쳐 가는 것도 아니다. 그러나 일반적인 부모 발달의 단계를 자녀의 발달시기에 따라 분류하면 다음과 같다.

1. 부모 준비기
2. 태내기
3. 영아기
4. 유아기
5. 학령기
6. 청년기
7. 빈 둥지기

시기별로 역할과 특징이 어떻게 달라지는지 각 시기별 다양한 특징과 부모의 역할에 대해 알아보자.

01 부모 준비기—출생에서 결혼 전까지의 시기

부모로서의 역할이 본격적으로 시작되기 전의 시기로서 부모 자신의 유아기부터 아동, 청년기에 이르는 시기를 '부모 준비기'라고 할 수 있을 것이다. 이는 한 개인으로 태어나서 스스로 아이를 갖기 전(정확히는 여성이 임신하기 전까지)의 시기이다. 비록 이 단계는 부모로서 역할을 직접적으로 하는 시기는 아니지만, 오랜 기간에 걸쳐 큰 영향을 미치는 중요한 시기이다.

1) 이전 체험의 종류

사람들은 어린 시절부터 자녀의 입장에서 부모와 접촉하면서 다양한 경험을 하게 된다. 부모가 어린 시절의 자신과 어떤 관계를 가졌는가, 부모는 자신에게 어떤 것을 해주었는가 등의 이전 체험이 성장과정에서 중요한 경험으로 자리 잡게 된다. 부모가 되는 자질은 태어날 때부터 가지고 태어나는 것은 아니다. 장래 어떤 부모가 되는가를 좌우하는 능력의 첫 단추는 어린 시절부터의 경험을 통해 자라기 시작하는 것이다.

주변의 아동들과 접하는 경험은 이전 체험의 중요한 요소가 된다. 형제자매나 친척집의 아동 또는 가까운 이웃에 사는 아동들이 그런 접촉의 대상이다. 주변의 아이들과 접하면서 아이를 안아주거나, 기저귀를 갈아주고, 먹을 것을 먹여 주고, 말을 걸어보고, 달래 주는 등의 경험을 하게 된다.

이 단계의 경험을 통해 아동들에게 다양한 유형의 개성이 존재한다는 것도 자연스럽게 알게 된다. 다른 아동과의 관계를 통한 경험에서 아동이 생각대로 되지 않을 수 있다는 것을 배우고 때로는 누군가의 손길이 필요하고 인내하지 않으면 안 되는 경험을 할 수도 있다. 아동과 접하는 것은 즐겁기만 한 것은 아니라 때로는 고된 경험일 수도 있고, 유연한 사고나 대응이 필요하다는 것도 알아 간다.

또한 아동은 연령에 따라 기질이 다르고, 거기에 대응하는 방법이 달라야 한다는 것도 알게 된다. 그리고 이러한 지식과 경험을 바탕으로 자신이 부모가 되었을 때 그러한 다양한 경험들을 활용하는 것이다.

많은 아동과 접할 기회를 가져 봄으로써 다른 아동의 존재를 의식할 수 있다면 이 단계의 귀중한 체험이 된다. 나와 직접 가까운 관계에 있는 아동만 즐겁고 행복하면 되는 것이 아니라는 것도 알게 된다. 형제나 다른 집의 아동에 대한 배려도 배우게 된다. 나와 가까운 아동이 아무리 귀엽고 말을 잘 듣는다 해도 자신의 소유물이 아니라는 것도 알게 된다.

2) 이전 체험의 중요성

심리학자인 고지마 히데오(小嶋秀夫)는, '양호성(nurturance)'이란 "상대의 건전한 발달을 촉진하기 위한 공감성과 기능"이라고 정의하면서 양호성 발달의 출발이 유아기에 시작된다고 했다. 유아는 모두 어린 대상에게 친근감과 흥미를 갖는다기보다는 성인이 어떻게 유도하는가에 따라 아기와의 관계가 증가한다고 했다. 즉, 인간은 어린 시절부터 양호성을 발달시킬 가능성을 가지고 있다. 그러나 현대는 점차로 가정에서나 지역사회에서 어린 아동을 보살필 기회를 갖거나 그것을 관찰할 기회가 적어지고 있다(小嶋秀夫, 1988).

또한 '부모 준비성(readiness)'이라고 하는 개념에서 이 시기의 중요성이 강조되고 있다. 예를 들면 부모가 어떤 양육행동을 하고 있는가가 이후의 '영유아에 대한 호감'이나 '육아에 대한 적극성' 등 부모 준비성에 관계가 있다는 연구가 있다. 예를 들어 심리학자인 하나자와 세이이치(花沢成一, 1992)는 저서 『모성심리학』에서 아동과의 접촉경험과 육아태도에 대한 조사결과를 보고하고 있다. 성인기 이전의 사람들을 대상으로 한 조사에 의하면, 부모가 되기 전(구체적으로는 초등학생부터 고등학생까지)에 어린 아동과의 접촉경험이 풍부한 사람일수록 육아에 긍정적인 경향이 있다고 말한다. 이전 체험의 중요성과 그것이 육아태도에 미치는 중요성에 대해 이야기하고 있는 것이다. 즉, 부모로부터 받은 양육경험이나 다른 아동과의 접촉경험 등 이전 체험이 부모가 되기 위한 준비 과정으로 축적되어 이후의 양육에 대한 태도나 행동에 큰 영향을 미친다고 하는 것이다.

02 태내기(첫아이 임신시기)

첫아이의 임신을 알게 되고, 처음으로 부모가 되기 직전의 시기이다. 아직 아이가 없지만 가까운 장래에 부모가 되는 것이 결정되어 있다. 대부분의 육아 정보나 지식은 이 시기부터의 과정을 대상으로 하고 있는 경우가 많다.

어머니가 임신하고 있는 시기부터 출산하는 시기까지의 사이에 어머니와 아버지는 독특한 심리상태를 가지고 독특한 행동을 나타내게 된다. 이후의 단계에서도 계속적으로 표현하는 '어머니와 아버지의 차이'는 이 시기에 이미 드러난다.

1) 태내기의 의미

태내기는 자녀가 아직 탄생하지 않았지만, 부모로서 매우 큰 의미를 갖는다. 앞으로 태어나게 될 아동에 대해 긍정적, 혹은 부정적 사고방식이 이 시기부터 형성되므로 부모 모두에게 중요하다.

가시와기 게이코(柏木惠子, 1995)는 『부모의 발달심리학』에서 이 시기에 부정적인 태도를 갖게 되면 아동을 '사랑스러운 존재'라고 생각하는 태도가 감소할 가능성이 있다고 말한다. '자신은 정말로 지금 아이를 원하고 있는가?', '아이를 갖는 것이 자신의 인생에 어떤 영향을 가져올 것인가?'라는 것을 스스로 정리하는 태도가 아이를 대하는 태도에 영향을 미친다고 한다. 물론 이것이 이후의 모든 것을 결정하는 것은 아니지만 이러한 준비 자세는 이후의 양육에 영향을 미칠 수 있다.

한편 태내기는 태교가 이루어지는 시기이기도 하다. 태교란 이후에 태어날 아이에게 뱃속에서부터 좋은 환경과 좋은 영양을 공급하기 위한 옛 선조들의 지혜로운 부모교육의 일환으로서 오늘날 점점 더 그 가치가 증명되어 감에 따라 중요성이 부각되고 있다.

태교는 임산부가 임신 중에 모든 일에 대해 거친 행동을 삼가고 말과 마음가짐을 조심하여 태아에게 정서적·신체적으로 좋은 영향을 주기 위한 태중교육(胎中教育)을 말하는 것이다. 태교와 육아에 대한 가장 오래된 기록은 중국 전한시대 유향(劉向)의 『열녀전(烈女傳)』이 있고 가의(賈誼)의 『신서(新書)』, 대덕(戴德)이 찬한 『대대례기(大戴禮記)』 등이 유명하다.

우리나라의 본격적인 태교 연구서는 사주당 이씨(師朱堂李氏)가 한문으로 짓고 그의 아들 유희(柳僖)가 언해를 붙인 『태교신기(胎教新記)』이다. 이 책을 바탕으로 태교의 내용을 살펴보면 첫째, 권장하는 것으로는 귀인의 초상이나 신선의 그림을 가까이 두고 보며, 관대(冠帶)·흉배(胸背)·패옥(佩玉) 등 귀한 물건을 자주 만지거나 뺨에 대어 보며, 아름답고 옳은 말을 듣고 읊고 써 보아야 한다. 둘째, 삼가는 것으로는 격렬한 감정을 표현하는 행위를 스스로 하지 말며, 남을 헐뜯거나 남의 물건을 탐내지 말며, 옷이나 용모를 더럽게 하지 말며, 썩었거나 바르지 않은 음식은 먹지 말며, 광대·원숭이 등의 희롱하며 다투는 것을 보지 말며, 굿거리·잡소리를 듣지 말라는 것이다. 그 밖에 금기도 있는데 토끼고기를 먹으면 언청이 아이를 낳는다고 했고, 오리고기를 먹으면 아기의 손발이 붙게 된다고 했으며, 오징어·문어를 먹으면 뼈 없는 아기를 낳는다고 했다.

태교의 내용에는 비과학적인 미신이 포함된 것은 사실이지만, 훌륭한 아기를 낳기 위해 임산부나 주위 사람들은 임산부의 육체적·정신적 건강을 지켜 주었다. 실제 아기는 모체로부터 영양 상태와 정신건강에 많은 영향을 받는 것으로 밝혀져 태교의 중요성이 인정되고 있다(출처 : 브리태니커 백과사전).

태내기의 단계를 맞이하는 연령에도 개인차가 있다. 젊은 나이에 자녀를 갖는 사람도 있는가 하면 나이가 많이 들어서 자녀를 갖게 되는 사람도 있다.

젊어서 부모가 되는 장점은 사고가 유연한 것과 나이가 든 부모에 비해 체력이 좋은 것 등을 들 수 있다. 단점은 자기 확립이 충분히 이루어지지 않았다는 점과 젊기 때문에 여유를 갖고 여러 가지 상황에 대응하는 데 어려움을 가질 수 있다는 것, 경제적으로 안정되지 않은 것, 결혼한 지 얼마 안 되서 부부관계 자체가 아직 불안정한 것 등을 생각할 수 있다.

한편 나이가 들어서 부모가 되는 것의 장점은 경제적 기반이 비교적 안정되었다는 것, 인간적으로 성숙한 대응이 가능하다는 것을 들 수 있다. 단점은 지금까지 지나온 두 사람의 생활에 익숙해진 경우 새로운 가족 성원의 증가에 적응하기 어려운 것, 젊은 시절에 비교해 체력이 떨어지는 것 등이다.

2) 이 시기의 어머니

이 시기에 어머니는 몸의 변화를 직접 느끼고, 부모가 되는 사실에 즐거움과 기대를 갖게 된다. 그러나 한편으로 지금까지 경험해보지 못했던 신체의 변화나 스트레스를 경험하게 된다. 지금까지 좋아하던 음식을 먹거나 마시기 어렵고, 이전의 생활패턴을 유지하는 것이 제한된다. 일상적인 신체 상태 유지와 관리가 임신 전과는 비교할 수 없을 정도로 어려워진다. 취업 중인 어머니는 일을 계속할 것인가의 문제를 신중하게 생각해보는 시기이다.

어머니는 순조로운 출산에 대한 불안이나 걱정 등, 혹시나 유산이나 사산을 하지 않을까 하는 다양한 생각을 하게 된다. 현대는 미디어 정보가 범람하는 사회인 까닭에 많은 정보를 접하게 되지만, 그로 인해 오히려 혼란스러움을 느끼기도 한다. 지역사회나 병원에서 개최하는 어머니교실이나 부모교육 강좌 등을 찾아다니기도 한다.

적극적인 감정과 부정적인 감정을 동시에 갖는 것이 이 시기의 어머니의 특징이다. 때로는 불안을 느끼다가도, 안도감이나 기대감을 갖기도 한다.

3) 이 시기의 아버지

아버지도 이 시기에는 부모가 되는 기쁨이나 즐거움을 갖게 된다. 대개 아버지들 사이에는 개인차가 매우 큰데, 아버지가 되는 것을 긍정적으로 생각하는 사람이 대부분이지만 부담을 느끼거나 부모가 되는 것을 무감각하게 느끼는 사람도 있다. 자신의 몸으로 직접 신체적 변화를 체험하는 어머니와는 차이가 있다.

아버지는 이 시기에 어머니(아내)를 지원함으로써 인간적으로 성장할 가능성이 있다. 몸이 변화하는 아내의 모습을 보면서 정신적인 지지자가 되고 감정을 공유해줄 수도 있다. 그러나 한편으로 지원자로서 충분히 성장하지 않는 남성도 있다. 힘들게 임신기를 보내고 있는 아내에게 무언가 할 수 없는 남편들은 무력감을 느낄 수도 있다.

이 시기는 또한 부모가 함께 다가올 새로운 형태의 가족구조로 이동할 준비를 하는 시기이다. 가족 성원이 늘고, 두 사람만이 아닌 새로운 성원과 함께할 생활을 준비하는 것이다. 그러나 어머니와 아버지는 여기서도 조금 차이를 보일 수 있다. 아버지는 태어나는 아이와 어머니가 친밀해지는 것으로 인해 오히려 소외감을 느낄 가능성도 있다.

지금까지의 발달 연구에서 남성은 대부분이 가정 밖의 사회인으로서 어떻게 발달해 가는가에 대해 관심과 연구가 집중되는 경향이 있었다. 결국 이 시기의 남편의 자세는 단순한 '출산 전'의 하나의 경험으로 끝나지 않는다. 이후의 육아를 좌우하는 중대한 의미를 갖고 있다고 할 수 있다.

03 영아기

1) 영아기 발달

인간의 발달은 어머니의 난자와 아버지의 정자가 만나 수정되는 순간부터 시작되고, 자궁 내에서 10개월 동안 성숙한 뒤 세상에 태어나 평생을 살아가게 된다. 아버지와 어머니로부터 유진자(DNA)를 받아 이를 계승하여 한 생물체로서 아기가 탄생하는 것이다. 유전자에는 생물체의 생명유지를 위한 여러 프로그램이 조직되어 있다. 즉, 인간의 아기는 세상에 태어나서 성장하고 발달하여 성인이 될 때까지, 필요한 시기에 필요한 프로그램이 작동하도록 미리 계획되어 있다. 얼굴의 형태나 체형이 부모의 누군가와 비슷하게 닮아 가는 것은 결국 이런 DNA에 의한 것이다.

아기는 태어나는 순간부터 한 사람의 인간으로서 살아가는 존재이다. 그러나 영아기는 자신의 능력만으로는 살아갈 수 없다. 영아가 살아가기 위해서는 처음에는 누군가에게 모든 것을 의존하면서 성장 발달해 간다. 따라서 초기발달 과정에서는 가족과 같은 환경요인이 특히 중요하다.

(1) 신체적 성장

영아기의 특징은 성장과 발달이 연속하여 활발하게 일어나고 있다는 것이다. 영아는 성인을 축소시켜 놓은 형태가 아니라, 성장 발달의 단계에서 나름대로 독특한 특성을 갖고 있다. 신장, 체중뿐 아니라 체형의 비율도 크게 변화한다.

영아의 머리와 몸의 비율은 연령에 따라 달라진다. 출생 시에는 신장이 약 50센티미터이고 1년 후에는 약 75cm가 되어 출생 시의 약 1.5배가 된다. 2년이 되면 85cm 정도까지 자라 성인 키의 절반이 된다. 영아기의 성장속도는 일생 중 가장 빠르다가 유아기가 되면 속도는 다소 느려진다.

체중은 출생 시 약 3.2㎏ 정도이지만 생후 3~4개월에 출생체중의 2배가 되고, 약 1세에 3배가 된다. 2년이 되면 11~12㎏으로 성인의 1/5 내지 1/6이 된다. 출생 시의 머리 크기는 성인이 전체 키의 1/8 정도라면 신생아는 1/4의 비율 정도 된다. 그리고 머리둘레도 신생아기에는 가슴둘레보다 약간 큰데, 생후 6개월쯤 되면 머리둘레와 가슴둘레는 비슷해진다. 그 후 생후 1년 정도 되면 비로소 가슴둘레가 머리둘레보다 커진다. 얼굴도 처음에는 눈 윗부분이 눈 아래보다 크다가 점차 턱 부분이 발달되어 균형을 이루게 된다.

(2) 신경계의 발달

신경계는 생명 전체를 담당하고 있다. 성인의 뇌 중량은 약 1,300g 정도이지만, 탄생 시에는 400g밖에 되지 않는다. 그러나 생후 6개월이 되면 두 배가 되고, 3세경에는 3배, 5세가 되면 성인의 뇌 중량과 비슷한 정도까지 증가한다. 뇌의 민감기가 영유아기라고 말하는 것은 이런 이유 때문이다.

인간의 발달은 여러 가지 신경기능의 발달, 즉 신경세포의 발달과 밀접한 관계가 있다. 신경세포는 수상돌기와 축색돌기로 이루어져 있고, 그 수가 증가하여 다른 신경세포와 결합해 가면서 발달한다. 이것을 '뉴런의 네트워크 형성'이라 한다. 신경세포들의 결합부위를 '시냅스'라 하고, 시냅스의 연결을 통해 여러 가지 자극을 전달한다. 네트워크의 형성이 진행되면 신경활동도 발달하여 보다 고도의 활동이 가능하게 된다.

그리고 신경세포의 축색돌기의 주위에 '수초'라는 초가 형성되는 현상이 일어나는데, 이것을 '수초화'라 부른다. 이것에 의해 정보의 전달 속도가 가속화된다. 수초화는 유아의 발달과 일치하여 진행된다. 생후 9개월 이후가 되면 대뇌피질에까지 수초화가 진행되고, 이런 수초화는 지속적으로 이루어지지만 특히 유아기에 활발하게 이루어진다. 이와 같이 신경계의 발달이 유아의 발달과 깊은 관계가 있기 때문에, 3~5세까지의 신경계의 발달은 특히 중요한 것이란 점을 이해할 수 있다.

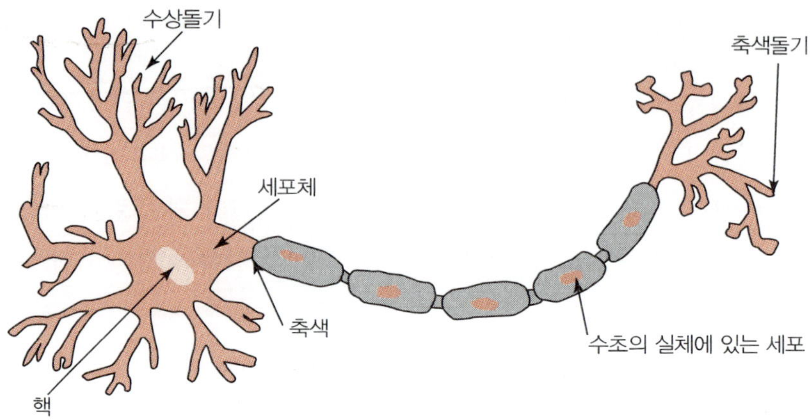

[그림 4-1] 일반적인 신경 세포의 구조

(3) 뇌의 기능과 발달

인간의 발달을 뇌의 구조적 차원에서 설명한다면 뇌는 외계의 자극을 받아들이는 입력과 외계에 반응을 내보내는 출력의 사이에서 통합 기능을 하는 기관으로 이해할 수 있다. 입력은 신체의 5가지 감각(시각, 청각, 촉각, 미각, 후각)을 통해 이루어지고, 출력은 근육을 사용하여 이루어진다. 뇌는 신체 각 부위의 근육에 명령을 보낸다. 입을 사용하여 말하고, 팔을 사용하여 글을 쓰고, 전신의 근육을 사용하여 운동하고, 안면근육을 사용하여 표정이 나타나게 된다.

입력에서부터 출력에 이르기까지의 뇌 내에서의 과정은 인지, 감정(정서), 기억, 사고, 행위라는 과정이 필요하다. 오감을 통해 외계를 인지함과 동시에 감정이 일어나고, 자신의 실제 체험에 기초하여 기억했던 것을 조명하여 사고하고, 행동으로서 외계에 반응한다. 그런 여러 과정을 맡은 뇌의 부위에 대해 최근에 놀라울 정도의 속도로 뇌과학

연구가 진행되어 많은 것들이 설명될 수 있게 되었다. 유아는 실제 체험이 풍부하지 못하고 자신의 기억도 제한되어 있으며, 인지기능, 정서 발달, 사고능력, 행동도 미숙하다.

뇌는 여러 기능이 수시로 이루어지는 출력에 해당하는 행동을 자신의 내부에 입력해둔다. 실제 체험했던 것은 일시적으로 단기간 뇌 안에 남아 있다가 시간이 경과하면 장기기억으로서 남겨진다. 기억능력, 운동능력, 사고능력, 인지능력 등은 개인차가 있지만, 실제 체험과 학습에 따라 개인적 특징으로서 자리 잡아가게 된다. 유아가 놀랄 정도의 기억력을 보여주는 것은 인지기능과 단기기억, 행동으로서 출력하는 뉴런의 발달이 미숙하여 그의 전달회로가 비교적 반응하기 쉽기 때문이라고 할 수 있다.

(4) 어머니-유아의 상호작용

아이가 태어난 이후 어머니와 아기는 다양한 애정적인 상호작용을 하면서 애정과 애착을 키워 간다. 어머니와 아기가 상호간의 행동에 반응하는 것을 '어머니-유아 상호작용(mother-infant interaction)'이라 부른다.

발달의 원칙에 따라 유아는 외부로부터 들어오는 자극에 대해 반응하면서 발달은 촉진된다. 특히 출생 후에는 어머니의 자극에 반응한다. 출생 이전부터 어머니 뱃속에서 반응하는 것을 배우고 있다가 태내에 있는 동안 친숙해진 자극으로부터 시작하여 다양한 반응을 하게 된다.

유아는 오감을 전부 사용하면서 상호작용하고 반응한다. 시각(눈)으로 어머니와 서로 눈 맞추기를 하고, 청각(귀)으로 어머니의 언어 자극을 파악하고, 어머니가 젖을 먹이면서 안아줄 때 촉각(피부)으로 어머니의 감촉을 느끼고, 모유를 먹으면서(미각) 어머니의 향기를 느낀다(후각). 그리고 이 모든 것에 대해 반응하는 것이다.

유아와 어머니의 수유 장면을 관찰해보면, 어머니는 유아를 부드럽게 안고 아기의 눈을 보면서 말을 걸고 있다. 유아는 영양이 풍부한 모유를 먹으면서 어머니의 시선을 느끼고, 소리를 듣고, 따뜻하게 안겨서 어머니의 향기를 온몸으로 느낀다. 이러한 부모자녀 간의 상호작용이 이루어지면서 아기는 건강하게 양육된다.

(5) 유아와 어머니의 관계에 대한 말러의 이론

태어난 지 얼마 안 되는 유아는 태내에서 10개월간 들었던 어머니의 심장 소리를 기억하고 있다. 최근 초음파를 통해 태아의 상황이 관찰 가능하게 되면서 태내에서도 소리나 빛에 대해 반응할 수 있는 것을 알 수 있게 되었다. 자궁 내에서 손가락을 움직인다든지, 격렬한 음악을 들으면 태아도 움직임이 격렬해진다는 것이 관찰되고 있다. 태교가 중요하다고 하는 근거는 바로 여기에 있다.

유아가 어머니 품에 안겨 젖을 먹고, 눈을 맞추고 소리를 내어 상호교류하는 것은 유아가 최초로 체험하는 인간관계이다. 어머니와 유아가 서로 바라볼 때 유아는 어머니의 모습에서 자신을 사랑하는 어머니의 이미지와 어머니를 행복하게 하는 자기 이미지를 발견한다. 그럼으로써 자기신뢰감과 자아존중감이 커 간다. 이런 관계가 주체적인 자기와 객관적 자기의 존재에 대한 인식을 형성해가는 원시적인 출발점이다.

여기서 말러(M. Mahler, 1897~1985)의 분리개별화 이론(separation-individuation theory of child development)을 살펴보기로 하자.

말러는 유아가 어머니와의 관계로부터 사회성을 키워 가는 과정을 분리개별화 이론으로 설명하고 있다(Mahler, 1981). 신생아기부터 자기와 타자, 세계와의 구별이 확립되기까지의 시기를 자폐기, 공생기, 분리개별화기라는 3기로 나누고, 그중 분리개별화기를 다시 부화기, 연습기, 재접근기로 구별했다.

첫째, 자폐기(Normal Autistic Phase)는 신생아기를 의미하고, 자신과 어머니와의 구별이 이루어지지 않는 시기이다. 어머니와 아기는 일체감을 유지하고, 어머니는 자신의 감정이나 생각을 아기에게 투사해 가면서 안거나 말을 걸고, 젖을 먹이면서 관계를 맺어 간다.

둘째, 공생기(Normal Symbiotic Phase)는 생후 5개월경까지를 일컫고, 유아가 자신의 욕구를 충족해가는 시기이다. 유아는 생명을 유지하기 위해 필요한 것을 어머니로부터 모두 공급받을 수 있다. 생명을 유지하는 데 방해가 되는 막연한 불안(공복이나 배설 불쾌)은 어머니에 의해 해소된다. 어머니는 일심동체라는 감각체험을 가지면서 유아를 양육한다. 한편 유아는 어머니의 미소나 언어에 반응하면서 자신과 타인과의 안정된 관계를 만들어 가는 시기이다. 어머니를 심리적·신체적 안전기지의 원천으로 삼고 이를 확인하는 시기다.

셋째, 분리개별화기(Separation-Individuation Phase)이다. 그중 부화기(hatchling)는 생후 10개월경까지의 시기이다. 신뢰하고 안심할 수 있는 어머니의 얼굴을 기억하고, 타인과의 구별이 가능하게 된다. 발달의 과정으로서 '사람 알아보기'가 시작된다. 신체적으로는 기어 다닐 수 있게 되고, 혼자 이동이 가능하다. 부모에 대한 의존도가 낮아지면서 여러 가지 일에 관심을 갖고, 유아의 세계가 넓어져 간다. '까꿍놀이' 등을 즐기고, 어머니와 사이에 약간의 거리가 생기고, 스스로 그런 거리를 만들 수 있게 된다.

그리고 분리개별화기 중 연습기(practicing)는 9~16개월경까지의 시기를 말한다. 보행이 가능하게 되고, 어머니에 대한 욕구보다는 주위 세계에 대한 탐구심이 증가한다. 어머니와 떨어져 있어도 혼자서 놀이하게 된다. 혼자 놀이를 통해 어머니로부터 분리되고 개별화해가는 연습 시기이다. 아직 자기와 타자와의 분화는 미숙하기 때문에 놀이하고 있는 장난감을 갖고 있는 것으로 만족하지 못하고 다른 장난감에도 관심을 기울이는 시기이다.

또한 분리개별화기 중 재접근기(reapproching)는 15~20개월경까지의 시기이다. 보행이 안정되고 자유롭게 혼자 걸을 수 있게 되기 때문에 주위 세계가 점점 더 넓어져 간다. 탐구심이 왕성해지고, 언어로 자신을 표현하는 것이 가능해지고, 자기주장을 한다든지 마음에 들지 않을 때에는 떼를 부리게 된다. 자아가 발달하는 것과 역으로 불안이라는 감정도 생겨 어머니에게 매달리는 행동을 자주 하게 된다. 아동은 자신의 존재가 서서히 개별화되어 가는 것을 자각하는 것과 함께 그때까지 의존하고 있던 어머니의 존재를 잃어버리지는 않을까 하는 위기감에 사로잡힌다. 그렇게 되면 어머니를 의존 대상으로 삼고 애정과 승인을 계속적으로 요구하는 강렬한 반응을 보인다.

이 시기는 어머니에 대한 '의존과 독립의 갈등시기'이다. 제멋대로 행동하는 것과 강렬한 애착행동을 함께 보여주기 때문에 어머니로서는 대응하기 어려운 시기이기도 하다. 친구에게 장난감을 양보하지 않고 짜증을 낸다든지, 분리불안으로 짜증을 부린다든지 한다. 어머니는 아동에게 포위되어 있다고 느껴지게 되는 시기다. 부모로서의 발달과정의 시련기이다. 어머니는 아동이 달라붙는 것을 받아 줘 가면서 스스로 아동과의 거리를 두어야 하고, 그럼으로써 상호간에 인간관계를 배워 가는 것이다. 접근하는 것도 아니고, 회피도 하지 않으면서 서로가 안정된 거리를 두게 된다면 그 후의 대인관계가 원활히 발달하고, 아동도 자연스럽게 부모로부터 떨어질 수 있게 된다.

표 4-1 말러의 분리-개별화 단계

단 계		연 령	내 용
자폐기		출생~2, 3개월경	아직 자신과 대상을 구별하지 못함. 어머니와 아기의 일체감.
공생기		2, 3개월~5개월경	자기와 대상을 인식하기 시작하나 완전한 분화아님. 미소가 나타나고 언어에 반응보임.
분리개별화기	부화기	5개월~10개월경	어머니와의 분화가 시작되고, 어머니와 타인을 구별 가능함. 애착과 낯가림이 나타남.
	연습기	9개월~16개월경	보행이 가능. 물리적 거리를 두고 혼자놀이를 통해 잠깐씩 어머니로부터 분리되고 개별화 연습.
	재접근기	15개월~20개월경	보행이 안정되고 어머니로부터 떨어지는 것이 가능하나 역으로 불안하여 이전의 유대관계로 돌아가려는 의존과 독립성이 같이 나타남.

말러의 분리개별화 이론은 사춘기의 아동이 부모로부터 심리적으로 분리 독립하고, 자기정체성을 획득하는 시기의 반응과정과도 유사하다고 해석할 수 있다.

(6) 영아기의 인지발달 세계

피아제(Piaget, 1896~1980)는 아동의 정신(지적) 발달은 아동의 정신과 외적 세계(환경)와의 상호작용에 따라 결정된다고 보았다. 발달이란 외부의 대상을 이미 가지고 있던 도식(스키마)에 '동화(assimilate)' 하는 작용과, 외부의 대상을 가지고 들어와 그것에 적합하게 내적 도식을 '조절(accommodate)'하는 작용으로 이루어지고, 그 두 과정을 통해 '동적 균형(equilibrium)'을 이루며, 단계를 따라 새로운 구조를 구축하는 것이라고 했다.

피아제가 밝혔던 인지발달의 단계는 다음과 같다.

표 4-2 피아제의 인지발달 단계

인지발달 단계		연령
감각운동 단계		0~2세
전조작적(자기중심적) 단계	상징적 사고단계	2~4세
	직관적 사고단계	4~7세, 8세
구체적 조작단계		7, 8세~11, 12세
형식적 조작단계		11, 12세~

※ 아동의 인지발달에는 개인차가 있으므로 위의 연령구분은 평균적인 경우를 제시한 것임.

피아제의 감각운동단계에 해당하는 영아기는 언어 이전 지능의 단계이다. 태어나자마자 아기는 생득적인 반사행동을 한다. 우연히 흔들어진 딸랑이가 소리를 내는 경험을 하면, 아기는 그런 기분 좋은 경험을 다시 만들어 내기 위해 딸랑이를 여러 방법으로 변화시켜 본다. 그리하여 '쥐었던 딸랑이를 흔들면 소리가 난다'고 하는 것을 감각으로 깨닫는다. 앉을 수 있는 유아는 손이 닿지 않는 장소에 있는 장난감을 막대기의 끝을 이용하여 끌어당길 수 있다는 것을 알기 시작한다. 이런 감각운동 단계의 마지막인 1세 6개월 즈음에는 교사가 "교실로 돌아가서 간식을 먹도록 해요. 이 모래놀이 세트를 저기 있는 유모차 안에 정리합시다." 등과 같이 부탁하면 말의 전부를 이해하지 못하더라도 잘 들어 두었다가 그렇게 행동하는 것이 가능하게 된다.

이 단계의 지적 발달의 또 하나의 중요한 지표로서 피아제 등이 제시한 것은 '대상의 영속성(permanence of object)'에 대한 인식이다.

앉을 수 있는 아기 앞에 좋아하는 장난감에 보자기를 씌워서 감추면 그 장난감에 흥미를 보이던 아기는 곧 보자기를 걷어치우고 장난감을 찾는다. 장난감이 눈앞에서 보이지 않게 되어도 장난감이 보자기 아래에 존재하고 있다는 것을 알고 있기 때문이다. 천으로 만들어진 작은 인형을 통 속에 집어넣었다가 아래에서부터 나오는 것을 보았던 1세아는 작은 인형을 통 속에 넣으면 곧 나왔던 아래 끝을 보면서 찾아내려고 한다. 장난감 기차가 터널에 들어가면, 그것을 보고 있던 1세아는 터널의 출구 방향으로 시선을 옮긴다. 이것은 기차가 그 출구로부터 나오는 것을 예측하고 있다는 것이다. 2세경에 이르면, 아동의 눈앞에서 두 개의 거꾸로 놓인 불투명한 컵의 하나에 장난감을 넣어 그것을 찾아내라고 주문하면, 컵을 여러 번 자리를 이동시켜도 아동은 장난감이 들었던 컵을 정확하게 알아맞히는 것이 가능하게 된다.

영아는 감각적 활동과 신체적 활동을 통해 주변 세계를 이해하기 때문에 부모가 다양한 감각적 경험이나 운동 기회를 제공하는 것은 영아의 인지발달을 위해 중요하다. 이와 관련하여 영아를 세상에 인도하는 매체라 할 수 있는 놀잇감(장난감)을 영아에게 제공하는 것은 의의가 있다. 영아가 생후 6개월이 되어 기어 다니기 시작하면 종소리 나는 팔찌를 준비하는 것이 좋다. 기어 다니기 위해 손을 앞으로 내밀 때마다 손목에 끼워 준 종에서 소리가 나기 때문에 기어 다니는 움직임이나 신체적 활동에 대한 영아의 흥미를 북돋울 수 있으며, 반복된 활동을 통해 일련의 규칙을 경험할 수 있는 기회가 되기 때문이다.

영아의 경우 생후 5개월까지 눈과 손의 협응이 잘 이루어지지 않아 물건을 손으로 잡는 것이 어려운데, 눈과 손의 협응을 발달시키는 놀이가 도움이 될 것이다. 전통놀이 중 한쪽 검지 손으로 다른 쪽 손바닥을 두드리는 곤지곤지가 눈과 손의 협응력을 발달시킬 수 있는 좋은 놀이라 할 수 있다.

(7) 아이의 개성–기질의 개인차

유아의 얼굴이나 형태가 제각기 다른 것 같이 개인의 생득적인 차이가 존재한다. 운동에 자신 있는 아동, 음악에 자신 있는 아동, 그림 그리기가 자신 있는 아동이 있는 것 같이 원래 가지고 태어난 개인의 차이가 있다. 영아기의 아이를 보더라도 우는 소리가 힘찬 경우와 소리 없이 우는 경우가 있고, 계속 칭얼거리면서 울음이 오래 지속되는 아기와 얼러 주면 금방 그치고 바로 진정하는 아기도 있다. 이처럼 아기에게도 개성이 있다.

토머스와 체스(Thomas & Chess, 1956)는 뉴욕종단연구에서 영아 141명을 대상으로 기질에 대한 연구를 실행했다. "인간의 조기에 나타나는 체질에 근거한 행동경향으로, 외부에 반응하는 일체의 행동 패턴"을 '기질'이라고 정의했다. 이러한 기질은 여러 가지로 다양하게 반응하는 아동과 부모의 적합성이나 아동과 부모와의 애착형성, 인간관계의 발달에도 관계가 있는 것으로 이해된다. 그뿐만 아니라 영아들은 각자의 특성에 맞는 나름대로의 양육을 요구한다고 한다.

기질을 결정짓는 카테고리는 아홉 가지 항목으로 나눌 수 있다. ① 활동성, ② 규칙성, ③ 접근/회피, ④ 적응성, ⑤ 반응의 강도, ⑥ 기분, ⑦ 지구력, ⑧ 주의산만성, ⑨ 반응의 역치(사람이 감각할 수 있는 자극의 최소량, 영아의 반응을 유발하는 데 필요한 자극의 최소량 등을 규정하는 수치)이다.

이러한 아홉 가지 항목에 의해 아동의 기질유형을 ① 순한 기질의 아동(길들여지기 쉬운 아이=양육자 기준으로 다루기 쉬운 아이), ② 까다로운 기질의 아동(길들여지기 어려운 아이=양육자 기준으로 다루기 어려운 아이), ③ 반응이 느린 기질의 아동(천천히 일으켜 세워지는 아이=양육자 기준으로 기다려 주지 않으면 안 되는 아이), ④ 기타 등으로 구분한다.

순한 기질	40%	잠을 잘 자고, 혼자 잘 놀며, 규칙적인 생물학적 시간에 따라 수유와 수면이 이루어진다. 낯선 사람에게도 미소를 보이며, 새로운 생활습관에 쉽게 적응하며, 좌절에 순응한다.
까다로운 기질	10%	잘 울고, 생물학적 기능이 불규칙하다. 불행해 보이고, 적대적이며, 조그만 좌절에도 강한 반응을 보이며, 새로운 사람이나 상황에 적응하는 데 시간이 많이 걸린다.
느린 기질	15%	수동적이고, 새로운 상황에 대해 움츠러드는 경향이 있다.
기타	35%	

일반적으로는 아동의 40%가 쉬운 기질의 아동이고, 까다로운 기질의 아동은 10%를 넘지 않으며, 반응이 느린 기질의 아동은 15%를 차

지한다고 한다. 부모가 아동의 기질을 알아두고 적절히 대응할 수 있다면, 아동과의 관계가 나빠지는 경우가 줄어들 수 있을 것이다. 특히 까다로운 기질의 아이들은 가족이나 양육자의 끊임없는 인내와 보호를 필요로 한다.

그러나 원래 까다로운 기질의 아동인 것을 인식하지 못한 경우에는 다루기 힘든 어려운 아동으로 이해하여 부정적인 감정을 갖게 되고, 부모는 스스로를 육아능력이 없는 것으로 느끼고 자신감을 잃을 수 있다. 따라서 아동의 기질을 인식하면서 대응하는 것은 아동과의 상호작용 형성에 매우 중요하다.

2) 이 시기 부모의 역할

(1) 부모로서의 자각

이 단계의 부모가 앞 단계와 명확히 다른 점은 실제로 아동이 태어나서 육아를 실행하고 있다는 점이다. 어머니는 아동을 돌보고 신체적으로 접촉하면서 아동과 함께 많은 시간을 보낸다. 출산이라는 커다란 과업을 넘겼기 때문에 자신감이 이전 단계와는 다르다. 아동을 갖게 된 책임감이나 내 아이를 지키겠다는 자각이 생긴다. 직장으로 복귀한다 해도 앞 단계와는 근본적으로 다른 생활을 보낸다.

아버지도 아동이 태어난 것에 대한 책임감이나 자각 등이 생긴다. 그러나 적어도 생후 1년 정도는 앞 단계와 비슷한 느낌을 가진다고 할 수 있다. 영아와 접하는 시간이 어머니보다 평균적으로 적고, 스스로 수유를 하는 것도 불가능하다. 자신은 아무것도 할 수 없고 아내와 영아를 물끄러미 지켜보고 있어야 하는 상황도 적지 않다. 때로는 무력감이나 소외감을 느낄 수 있으며, 아내와 아이를 질투하는 경우도 있을 수 있다.

그러나 아동의 연령이 높아지면 아버지가 참여할 기회가 증가해 간다. 즉, 아버지는 아버지 나름대로의 독자적 상호작용방법이 있다는 것이다. 예를 들어 신체를 사용한 놀이가 많은 것, 훈육을 할 때 권위에 호소하여 직접적으로 꾸짖는 경우가 많은 것 등이 관계의 특징이라고 할 수 있다.

그 밖에도 이 시기에 아버지가 참여 가능한 여지는 많이 있다. 어머니를 대신하여 우유병으로 모유를 수유해 준다든지 외출할 때 유모차를 밀어주는 것도 가능하다.

부모들은 이렇게 여러 가지 경험을 해가면서 두 사람만 지내 왔던 생활과는 다른 형태로 새로운 관계를 만들어 간다.

(2) 안정된 부모자녀의 애착

이 시기의 부모가 가장 기억하고 관심을 기울여야 할 점은 자녀와의 올바른 애착을 형성하는 결정적 시기라는 점이다. 이 시기에 아기가 어머니에게 특별하게 강한 애정을 보이고 친숙해지는 것에 주목하여 볼비(J. Bowlby, 1907~1990)는 이것을 '애착(attachment)'이라고 정의했다. 분명히 많은 아기들이 이 시기에 그 강약의 정도는 있어도 특정인에게 애착을 보이는 것이 관찰된다.

애착 이론에서는 애착의 안정성이 아동의 사회정서적 발달에 미치는 영향에 대해 연구해 왔다. 아기들은 자신에게 민감하고 반응을 지속적으로 잘해 주는 성인과 생후 6개월에서 2년 사이의 기간 동안 애착관계를 형성한다. 기어 다니거나 걸어 다니기 시작할 무렵부터 아기는 친숙한 애착 대상을 하나의 안전기지로 이용하기 시작하는데, 이 안전기지를 토대로 주변을 탐험했다가 돌아오는 과정을 반복한다. 부모의 반응이 이 시기 애착의 형태를 결정하는 데 영향을 미치고, 이 애착 형태는 아기의 지각, 감정 및 향후 관계에 대한 생각과 기대에도 영향을 미치게 된다. 그 가운데서도 부모의 민감성(sensitivity)은 부모자녀 간 애착의 안정성에 중요한 영향을 미치는 요인의 하나로서 중시되고 있다. 결국 식사나 놀이, 아동이 고통을 느끼고 있는 생활의 다양한 장면 등에서 아동이 보여주는 욕구를 정확하게 알아내고 그에 잘 반응해 주는 것이 유능한 부모의 자질이고, 이때 아동은 애착이 안정되게 형성될 수 있다. 또한 부모자녀의 안정된 애착관계는 그 후의 사회적 관계의 발달에도 영향을 준다고 한다. 예를 들어 1세의 시점에서 애착이 안정되어 있는 아동은 2세 시점에서는 부모의 요구에 잘 응하는 것을 보여주고, 처음 보는 성인과 대할 때도 협조적으로 대한다는 것이다(Londerville & Main, 1981).

(3) 기본적 신뢰감 형성

생후 6, 7개월경부터 아기는 자기를 돌봐 주는 성인(젖을 먹여 주고, 기저귀를 갈아 주고, 안아 주고, 얼러 주고, 따뜻한 물에 씻겨 주는 고마운 사람)에게 기본적인 신뢰감을 갖고 응석을 보여준다. 가까이하려 하고, 미소를 보여주고, 나가려고 하면 울고, 양손을 들어 안아 달라고 보챈다. 걷기 시작하면서 활발하게 주위를 탐색하게 되어도 자기가 신뢰하는 양육자를 안전기지로 삼고 활동하고 있다. 양육자의 입장에서는 눈과 손을 떼어놓을 수 없는 성가심은 있지만 아기가 제일 귀여운 때이기도 하다.

그뿐만 아니라 이 시기에 아기는 적지 않은 가까운 사람들과 기본적인 신뢰관계를 구축하고 있다는 것을 알 수 있다. 그럼으로써 스스로가 사랑받고 있는 것과 이 세계에서 수용받고 있는 것을 느끼는 것이다. 이 시기에 부모와 주변사람을 통해 형성된 신뢰감과 행복감은 아이가 성인이 되어도 마음 깊이 뿌리내려서 생애 내내 '살아가는 힘'이 된다.

CHAPTER 05

유아기 부모역할

학습목표

1. 유아기의 발달특성을 안다.
2. 유아기의 부모역할의 중요성을 설명할 수 있다.
3. 유아기의 부모역할의 구체적 내용을 설명할 수 있다.

01 유아기 발달의 특징

이 시기는 자녀가 초등학교에 입학하기 전까지 유아기 자녀의 부모로서 보내는 시기이다. 물론 초등학교 입학과 동시에 부모가 완전히 변하는 것은 아니다. 또한 여러 명의 아동을 가진 부모라면 동시에 전후의 몇 단계를 경험하고 있을 수도 있다.

유아는 이 시기에 발달심리학적으로 매우 중요한 단계를 거치고 있다. 영아기에 부모와의 애착을 경험하고 무조건적으로 신뢰 가능한 존재가 있는 것을 알게 된다. 인지적으로 영아기까지는 부모(특히 어머니)와 자신의 경계가 불분명한 시기였으나, 2, 3세경에는 자아가 발달하기 시작하면서 제1차 반항기가 온다. 어머니와 자신의 구별이 생기면서 자기주장이 가능하게 되고, 부모가 말하는 것에 이전처럼 순종하지 않고, 거부하는 것도 알게 된다. 일반적으로 발달심리학에서는 이와 같은 반항이나 주장은 부모로부터 분리하기 위한 필요한 과정이라고 설명하고 있다.

이러한 반항기를 넘기면 사회성을 보여주는 행동을 하게 된다. 또한 그 정도는 아직 미숙하지만, 다른 사람과의 협력을 조금씩 배워 간다.

이 단계의 유아의 발달적 특징과 부모의 역할을 구체적으로 설명하면 다음과 같다.

1) 유아의 몸과 마음의 발달

(1) 전조작적 단계의 직관적 사고

피아제의 인지발달 단계에서 전조작적 단계에 해당하는 유아기는 보통의 성인들의 사고와는 다른 방식으로 외부세계를 보고 있다. 유아의 사고는 유아 자신의 신체적 지각이나 활동에 제한되어 있다.

A, B 두 개의 컵에 같은 양의 물이 들어 있는 것을 유아에게 확인시킨다. 그런 뒤 유아의 눈앞에서 B의 물을 C의 컵에 이동시키고, "A의 물과 C의 물이 같은가? 둘 중에서 어떤 것이 많은가?"라고 물으면, 5, 6세의 유아는 "C의 물이 많다"고 대답한다. "왜 그렇게 생각하는가?" 하고 물으면, 유아는 "여기가 이것보다 높기 때문에"라고 C의 물의 수면을 가리키며 말하곤 한다. B의 물을 D의 컵에 옮기면, "여기가 낮기 때문에 작다"라든가 "넓기 때문에 많이 들어 있다"고 대답을 바꾼다. 유아는 수면이 높은가 낮은가와 같은 컵의 크기의 지각에 얽매여서 '물

은 들어가서 모양이 바뀔 뿐 양은 변화하지 않는다'라는 논리를 이해할 수 없다.

하얀 구슬 열 개와 그 아래 파란 구슬 열 개를 같은 간격으로 늘어놓고 유아가 같은 수인 것을 확인하게 한 후, 유아의 눈앞에서 파란 구슬의 간격을 넓혀 놓고 "구슬의 수가 같은가, 그렇지 않으면 어떤 쪽이 더 많은가?"를 질문한다. 그러면 5, 6세의 유아는 "파란 구슬이 많아요. 여기부터 여기까지 있으니까"라고 대답한다. 이번에는 파란 구슬을 뭉쳐서 둥글게 모아 놓고 어느 쪽이 더 많은지를 물어보면, "파란 쪽이 많아요. 왜냐하면 이렇게 가득 있으니까요"라고 대답하곤 한다. 이것은 '수를 증가시키거나 감소시키거나 하지 않으면 수는 변하지 않는다'는 논리가 공간을 점유하는 길이나 밀도의 직관에 의해 매몰되고 있는 것을 보여준다.

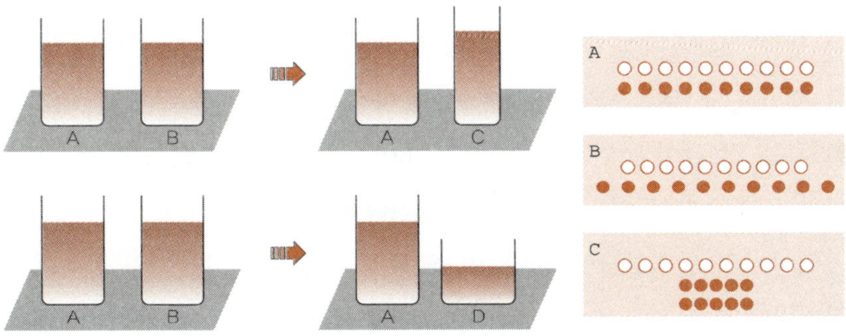

[그림 5-1] 양의 보존개념과 수의 보존개념의 예

피아제는 컵의 물의 예를 '양의 보존', 구슬의 예를 '수의 보존'이라는 논리구조로 이론화했다. 그리하여 이러한 단계의 유아는 보존의 개념 외에도 가역성, 이동성, 집합의 포괄관계, 계열화라 불리는 이론의 기본구조를 이해하는 것이 불가능하고, 비가역적으로 굳은 지각에 지배되고 있다고 했다. 전조작기에 붙여질 수 있는 이런 정신적 특성을 피아제는 '자기중심성(ego-centrism)'이라고 정의했다.

(2) 유아에게 나타나는 독특한 보는 방식과 생각하는 방식

피아제는 이외에도 길이·무게·부피의 보존개념, 공간·시간·속도의 개념, 생명관, 인과성, 도덕적 판단 등의 온갖 인식영역에 관해 유아에게 독특한 보는 방법, 사고하는 방법을 연구하여 이를 이론화했다. 태양과 나무와 꽃과 산도 자신과 같이 생명을 가지고 있다는 '애니미즘'의 생명관, '강이 사람을 태워서 배를 움직이기 위해 흘러가고 있다'고 생각하는 인과성 이해, '어머니를 괴롭히기 위해 일부러 접시 한 장을 깨뜨린 것보다 도와드리다가 접시 다섯 장을 깨뜨린 쪽이 나쁘다'라고 하는 것 같이 동기보다 결과에 의거해 판단하는 도덕 판단 등은 모두가 전조작기 유아의 독특한 사고이다.

영아기의 인지발달이 감각 및 운동을 통해 이루어졌다면 유아기의 인지발달은 전조작적 사고에 의해 이루어진다.

❶ 중심화(centration)

유아들의 사고는 전조작적이기 때문에 어떤 사물이나 현상을 인지할 때 그것의 한 가지 측면만 고려한다. 피아제(Piaget)는 이러한 유아의 사고 특성을 '중심화(centration)'라 명명했다.

중심화는 자신의 입장에서만 대상을 보고 다른 사람의 관점을 이해하지 못하는 자기중심성을 발달시킨다. 자기중심성 때문에 이 시기 유아는 다른 사람의 생각이나 관점 또는 감정을 충분히 이해하지 못하며, 다른 사람 역시 자기와 동일한 생각이나 관점 또는 감정을 갖는다고 가정한다. 이러한 유아의 자기중심적 사고 특성을 생각하면, 네 살 된 유아가 엄마에게 생일 선물을 하려고 자기가 좋아하는 장난감을 준비하는 것은 당연한 처사일 수 있을 것이다. 이런 시기의 유아에게 부모가 동생에 대한 배려를 요구하며 간식을 나누어 먹도록 지도하는 것은 유아의 인지 능력을 고려하지 않은 양육태도일 수 있다.

❷ 물활론적 인과관계

인과관계란 두 가지 이상의 과정이나 사건, 변인들 간에 어떤 현상이 다른 현상을 일으키는 원인이 되는 관계이다. 어떤 사건이나 변인이 다른 것의 원인이 되려면 시간적으로 앞서야 할 뿐 아니라 다른 것이 일어나는 데 필요충분조건이 되어야 한다. 그러나 유아들은 이러한 일반적 인과성 개념이 아니라 독특한 물활론적 인과관계와 같은 제한된 인과성 개념을 갖고 있다(김정희·김현주·정인숙, 2001).

즉 모든 사물은 생명이 있기 때문에 유아들처럼 감정이 있고 생각할 수 있으며, 목적을 갖고 움직인다고 생각한다. 따라서 이 시기 유아는 물활론적 인과성에 따라 바람은 불고 싶어서 부는 것이며, 태양은 잠자기 위해 산 아래로 지는 것이며, 비는 꽃에게 물을 주기 위해 내리는 것이라 생각한다. 유아는 물활론적 인과관계를 갖고 있으므로 유아가 "엄마, 달이 나를 자꾸 쫓아와" 하고 말할 때 지구의 자전과 달의 공전 등 과학적 개념으로 설명해줄 것이 아니라 단지 "달님이 너랑 친구하고 싶어서 그러는 거야"라고 말해 주는 것이 좋다.

❸ 상징적 사고

생후 1년 6개월에서 2세 무렵이 되면 영아도 비로소 내적인 표상을 하기 시작한다. 내적인 표상을 명확히 정의하기는 어려우나 "어떤 대상이나 상황을 정신적으로 나타내는 방식"이라고 할 수 있다(Bjorklund, 2000). 이러한 표상은 상징적 사고를 활발하게 만드는 것으로, 눈으로 보는 세계에서 벗어나 눈으로 보지는 못하지만 머릿속에 떠올린 관념의 세계까지 사고할 수 있게 만든다.

영아기에 나타나는 지연모방(deferred imitation)은 영아가 내적인 표상을 하고 있음을 의미하는 대표적 예라 할 수 있다. 이러한 영아기의 내적 표상은 유아기에 더욱 발전하여 상징 놀이, 그림 그리기, 낙서 또는 언어활동의 양상으로 나타난다. 이는 상징적 기능, 즉 사물과 경험을 표상하기 위해 심상이나 단어 같은 상징을 사용하는 능력이 유아기에 들어서서 발달하기 때문이다.

유아기에 활발히 나타나는 소꿉놀이는 상징놀이의 예로서, 유아의 내적 표상에 의한 상징적 사고를 반영한다고 볼 수 있다. 일상생활에서 보이는 엄마의 역할, 아기의 역할 등에 대한 내적인 표상을 통해 소꿉놀이가 이루어지기 때문이다. 소꿉놀이를 통해 유아는 엄마인 척, 아픈 척, 또는 무엇을 엎지른 척 행동한다(Harris, Kavanugh & Mermdith, 1994). '누구인 척' 가장할 수 있는 것은 가장하는 대상의 실제 행동을 정신적으로 표상하기 때문에 가능한 것이다. 상징놀이 외에 유아의 그림이나 낙서 또한 유아의 상징적 사고를 나타낸다. 유아는 그림이나 낙서를 통해 자신의 내적 표상을 표출하기 때문이다. 그뿐만 아니라 구체적 사물이나 경험을 언어로 표시하는 것 역시 상징적 사고를 하고 있음을 나타낸다. 언어의 표시는 언어라는 기호로서 상징을 사용할 수 있음을 의미하기 때문이다. 언어발달에 의한 언어 표시는 유아의 문제해결능력을 빠른 속도로 발달하게 할 뿐 아니라 다른 사람들과의 언어적 상호작용은 새로운 것을 배우는 토대가 된다(이성진·유효순, 1998).

2) 언어발달

유아는 가정에서 부모를 시작으로 자기와 가까운 사람과 상호교류를 통해 언어를 몸에 익혀 가기 때문에 가정에서의 '언어 환경'이 무엇보다도 중요하다. '유아 언어'에 맞추어 친절하게 반응하는 부모는 유아와의 '언어적 상호작용'을 잘하고 있는 것이다. 실제로 그와 같은 '언어 환경'이 전혀 없는 가정은 없겠지만, 그 풍부함은 가정에 따라 매우 다르다.

1세 6개월경부터 유아는 짧은 그림책에 흥미를 갖게 되고, 그 이후에는 자기 전에 들려주는 이야기나 그림책 읽어 주기를 즐기게 된다. 이것도 '언어 환경'의 중요한 한 요소이다.

유아가 일상적인 활동 속에서 사용하고 있는 '말하기 언어'와 유아를 둘러싸고 있는 환경 가운데 있는 '쓰인 문자 혹은 기호'의 '의미'가 어느 순간 결부되어 의식되면서 자발적으로 읽기나 쓰기를 시작하게 된다. 이것을 '발생적 문식성(emergent literacy)'이라고 말한다.

최근 영어권에서는 유아기에 중요한 읽기, 쓰기 학습의 과정으로 문식성의 개념에 주목하고 있다. 언어체계가 다른 한국어에서도 같은 과정을 이해할 수 있을 것이다. 유아는 계통적으로 가르치기 전에 자발적으로 문자나 그림으로 표현하려고 한다.

특히 가정에서 유아에게 책을 읽어 주는 활동이 문식성의 발달에 중요하게 기여한다고 한다(윤혜경, 1999). 유아에게 소리 내어 읽어 주는 것은 유아로 하여금 문어의 형태에 노출하게 하고, 문식자(literate)로 나아가게 하는 촉진적인 역할을 하는 것이다. 특히 읽는 동안에 일어나는 상호작용의 질을 향상시키려는 부모나 교사의 노력은 초기 문식성 발달에 중요한 영향을 준다고 했다. 또한 옷 갈아입는 때, 산책할 때, 낮잠 잘 때 등의 시간에 유아와 함께 눈 맞추고 말을 거는 것, 재미있는 이야기를 만들면서 함께 소리 내어 웃는 것 등이 모두 유아의 '언어 환경'을 풍부하게 만들어주는 것이다.

3) 유아의 사회적 관계의 확장

유아는 3세경이 되면 유치원이나 어린이집 또는 놀이집단 등을 통해 친구를 사귀게 된다. 유아의 친구관계는 사이좋게 놀고 있다고 생각하면 금방 싸움이 시작되거나 울음이 터지는 등 성인에게는 이해할 수 없는 일이 빈번히 일어난다. 유아는 처음으로 또래와의 관계를 체험하고 인간관계를 배우기 시작하고 있는 것이다. 친구관계에서 갈등이나 좌절을 체험하고 자기의 뜻대로 되지 않으면 유아는 자신이 절대적으로 신뢰하고 있는 부모라는 안전기지로 돌아온다. 부모는 또래들 간의 다툼에 대해 내 아이가 인간관계를 배우고 있는 과정이라 생각하고 참고 지켜봐주는 것이 중요하다.

02 이 시기의 부모의 역할

1) 개별적 존재로서의 유아

이 단계에서는 특히 유아에게 애정을 쏟는 것이 필요하다. 부모에게는 모든 것이 즐거운 경험이 되지 않을 수도 있으나 근본적으로는 유아 유아 애정을 갖고 접촉하는 것이 필요하다.

자녀가 제1차 반항기를 맞이하게 되면서 부모도 지금까지의 태도를 자녀의 성장에 맞추어 변화시킬 필요가 있다. 예를 들어 자녀를 '자신의 분신'이 아니라 '한 사람의 다른 인간'으로서 취급할 필요가 있다. 심리적 거리를 두면서 부모가 먼저 유아를 다른 개인으로 인정하는 관계를 수립해 간다. 또한 보호만 해주었던 것에서 조금 벗어나 부모의 손을 떠나 할 수 있는 것을 인정해야 한다. 또한 유아는 유아 나름의 개성이나 의사가 있기 때문에 부모로서도 조정이나 개입이 불가능한 면이 있다는 것을 인정해야 한다. 유아의 반항이나 자기주장이 이해되지 않는 때가 많을 수도 있다. 그럴 때는 부모가 인내심을 가지고 대응하여 반항기를 잘 넘겨야 한다.

또한 조금 자라서 어린이집이나 유치원 등을 다니게 된다면 다른 가정의 유아들과 접촉할 기회가 많아진다. 이때 우리 집 아이의 모습이나 행동이 다른 집 아이들과 다르다는 차이에 부모는 주의하게 된다. 유아는 가족 밖에서 친구를 만들게 된다든지 어린이집이나 유치원의 교사들과 관계를 맺게 된다. 유아의 발달을 위해 그러한 것들을 조망하면서 지켜보는 것도 부모의 중요한 역할이다. '우리 아이가 다른 사람과의 관계 속에서 성장해 간다'는 것을 실감하게 된다.

2) 가정의 생활습관, 기본적 생활습관 길러 주기, 예의범절에 대한 교육

배변, 식사 등의 기본적 생활습관을 몸에 익히게 하는 것은 가정에서 아이에게 심어주어야 할 양육의 중요한 영역이다. 이유기부터 영양의 균형이 맞는 규칙적인 식사를 주고, 식후의 이 닦기 등의 습관을 갖게 하는 것은 부모의 책임이다.

최근에는 기저귀의 질이 좋아져서 기저귀를 떼는 시기가 늦어지는 경향이 있다. 교사들은 3, 4세 유아 중에 기저귀를 차고 유치원에 오는 아이도 있다고 말한다. 따라서 적어도 유치원에 입학할 즈음에는 기저귀를 빼고 유아용 배변기를 스스로 사용할 수 있게 되도록 해야 할 것이다.

먹는 것과 배설하는 것과 자는 것은 3세 말까지의 유아의 생활의 기본이고, 이를 훈육하는 것은 가정에서 부모가 해야 하는 양육의 중심이라는 것을 다시금 인식할 필요가 있다.

유아가 3세 이상이 되면 옷 입고 벗기, 식사, 정리정돈 등 신변생활의 자립이 대체로 가능해진다. 그러나 최근에는 이런 것들이 심하게 늦어지거나, 편식이 심하거나, 젓가락을 바르게 사용하지 못하는 등의 문제가 지적되는 경우가 많다. 식생활이나 배설의 습관은 유아기에 있어서 매우 중요하다.

한편 유아를 가족의 일원으로 취급하고 가사의 일부분을 담당할 수 있게 하는 것이 바람직하다. 가족의 구성원으로서 가정생활에 참가하여 가사에 관여하고, 유아도 유아 나름대로 할 수 있는 것을 하는 것이 당연하다고 생각해야 한다. 유아가 '정리정돈'이나 '동식물 돌보기' 같은 것을 꾸준하게 했을 때는 그것을 인정하고 칭찬해주는 것이 중요하다. 유아는 스스로 이루어 낸 것에 대해 자신감을 갖고, 가정 속에서 작은 시민으로서 살아가는 방법을 몸에 익히게 되는 것이다.

이처럼 서로가 할 수 있는 것을 하면서 서로 돕고 서로 인정해주면 가족관계는 유아가 성장하여 독립할 때까지 훨씬 바람직한 것이 될 것이다.

3) 초등학교 입학을 위한 준비

읽기, 쓰기, 셈하기의 학습은 초등학교에 입학할 때부터 본격적으로 시작된다. 유치원이나 어린이집에서는 놀이를 통해 수량 인식이나 읽기, 쓰기의 기초가 키워지고 있다.

유아와 함께 쇼핑을 하거나 산책을 나가 보면 주변에 많은 문자정보가 넘쳐 나고 있는 것을 알 수 있다. 간판의 이름, 사물에 적혀 있는 이름, 한글뿐 아니라 영어의 간판이나 표지도 눈에 들어온다. 유아는 환경 속에 널려 있는 문자나 기호에 관심을 갖게 되고, 자발적으로 읽고 해석하면서 간단한 글씨로 상품이름을 쓰는 등 문자와 친숙해지고 문자를 활용하게 된다. 5세 후반이 되어도 유아가 문자에 전혀 관심을 보이지 않는다고 걱정하는 부모가 있다. 이런 경우 유아에게 억지로 문자 학습에 몰두하게 하기보다는 유아 자신이 자발적으로 흥미를 갖고 그림이나 문자로 표현하도록 격려하는 것이 더 중요하다. 가정에 그림책이나 사물 이름 책이 있는가, 가족 간의 메모나 편지쓰기 같은 문어환경에 얼마나 노출되는가가 유아의 흥미에 영향을 주는 요인이라 할 수 있다.

또한 최근에는 우리 집 아이가 정신적으로 건강하게 잘 자라고 있는지를 고민하는 부모도 늘고 있다. 초등학교 입학 준비와 학교 적응 등 유아의 여러 가지 문제로 고민하는 가정도 적지 않다. 오늘날 양육의 문제는 작은 가정 안에서만의 문제가 아니라 보다 큰 사회적 차원에서 해결해야 될 문제가 되고 있다. 우선 가정 내에서 부모나 조부모가 유아를 중심으로 차분하게 서로 대화하는 것이 중요하다. 그런 다음 고민이나 문제를 지역사회의 네트워크나 유치원, 보육기관에서 상담하고 함께 해결해가는 노력이 매우 중요하다.

CHAPTER 06

학령기, 청년기 및 성인기 부모역할

학습 목표

1. 학령기 자녀의 발달특성을 이해한다.
2. 학령기 자녀의 발달에 적합한 부모의 양육방법을 안다.
3. 청년기 자녀의 발달에 맞는 부모역할 변화를 이해한다.
4. 빈 둥지기 부모의 삶을 이해하고 그것을 준비하는 방법을 안다.

01 학령기

이 단계는 아동이 초등학교에 입학해서부터 반항기(제2차 반항기) 전까지의 시기이다. 이 단계에서는 아동에게 사회성이 보다 많이 요구될 뿐만 아니라 근면성도 요구된다. 집단생활, 경쟁, 협력 등 가족 밖에서의 인간관계 속에서 아동은 성장해 간다.

아동은 이 시기를 통해 자기주장만으로 살아가는 것이 불가능하다는 것을 알게 된다. 또한 타자로부터 정당한 평가를 받고 싶어 하고, 가족 외의 사람들에게 인정받는 것을 기쁘게 느낀다. 또래의 중요성도 더 커져 간다. 우리가 속한 사회에는 규범이 있다는 것을 알게 되고 그것을 지킬 수 있게 된다. 학교의 규칙이나 교통법규, 또래 내에서의 비형식적 규범 등이 그 예이다. 스포츠의 규범도 중요하게 지켜야 하는 규범이 된다. 다양한 규범 속에서 타자와 관계 맺으며, 다양한 사물에 대해 근면성을 갖고 임하는 것을 배우게 된다.

1) 학령기의 인지발달

취학 전 유아의 인지적 특성이 전조작적 사고 특성에 의해 논리적 사고가 부족하다면, 학령기 아동의 인지적 특성은 체계적이고 논리적인 사고를 할 수 있는 것이다. 그러나 현재 관찰될 수 있는 구체적 사물에 한해 체계적이고 논리적인 사고를 적용할 수 있다. 따라서 가설적이고 추상적인 또는 언어적인 문제를 다루거나 해결하는 데는 체계적이고 논리적으로 사고하기 어렵다. 이러한 인지적 특성을 고려하여 피아제(Piaget)는 학령기 아동의 논리적 사고를 '구체적 조작기'라고 명명했다.

구체적 조작기의 인지적 특성은 탈중심화, 논리적 조작 등에서 나타난다.

(1) 탈중심화

전조작기의 사고 특성은 중심화이다. 이러한 중심화는 직관적 사고를 발달시켜 한 자극이 지니는 여러 가지 특성을 동시에 고려하는 것을 방해한다. 그러나 유아기의 중심화적 사고는 사회적 상호작용과 경험이 증가함에 따라 감소된다. 사회적 상호작용 과정에서 아동은 자신의 사고가 모순되었거나 한 차원만 보고 다른 차원은 고려하지 못했다는 것을 알게 된다. 또 다른 사람의 생각이나 감정 또는 정서는 자신의 생각이나 감정 또는 정서와 다를 수 있다는 것도 깨닫게 된다. 다른 사람 및 주변 환경과의 상호작용을 통한 사회적 경험은 아동의 중심화를 감소시킴으로써 체계적이고 논리적으로 사고할 수 있도록 한다.

(2) 논리적 조작

피아제는 구체적 조작기의 학령기에 이르면 논리적 사고의 조작이 가능해지기 시작한다고 보았다. 논리적 조작에서는 특히 가역성(reversibility)을 강조한다(Siegler, 1991).

가역성이란 일단 변형된 상태를 역으로 돌리면 다시 원래 상태로 되돌아갈 수 있는 성질을 의미한다. 전조작기에 보존 개념을 형성하지 못하는 것은 가역성과 같은 논리적 조작을 할 수 없기 때문이다. 전조작기 유아는 같은 거리로 늘어놓은 같은 수의 구슬 두 묶음 가운데 한쪽 구슬 묶음을 좁은 간격으로 재배열하고 다른 쪽 구슬 묶음을 넓은 간격으로 재배열하면 후자의 구슬이 전자의 구슬보다 많다고 대답한다. 가역적 사고에 따라 재배열된 구슬을 원상태로 배열하지 못한 채 시각적 단서에 근거해 직관적으로 문제를 해결하기 때문이다.

그러나 구체적 조작기의 학령기 아동은 가역적 사고를 토대로 어떠한 현상을 거꾸로 상상할 수 있으며, 상황을 본래의 상황으로 변환시킬 수 있다. 따라서 구체적 조작기의 학령기 아동은 눈에 보이는 지각적 특성에 의해서가 아니라 논리적 조작에 근거하여 문제를 해결할 수 있다. 예를 들어 모양이 변했더라도 변화하기 이전과 같은 대상이기 때문에 그 속성은 변화하지 않는다거나 한 차원, 즉 높이나 넓이로 인해 잃어버린 것은 다른 차원에 의해 보상될 수 있다는 것을 인식하게 된다. 즉, 직관적 사고로 인해 유아기에 획득하지 못했던 보존개념(외형은 변화해도 대상이나 물질의 특성은 변화하지 않는다는 것을 아는 것)이 논리적 사고의 발달로 인해 이 시기에 나타나기 시작한다.

2) 학령기의 행동 특성과 부모역할

부모는 학령기 아동의 특징을 이해하는 것이 필요하다. 아동은 가족 밖에서 중요한 인맥을 쌓아 가고 있다. 예를 들어 친구나 학교의 교사, 학원 선생님들, 많은 사람들과 관계를 갖게 된다. 그 가운데서 집단행동을 체험해가며, 사람들과 관계 맺는 규칙이나 선악의 판단을 배워 간다. 부모는 그것을 지지하는 것이 필요하다.

아동은 스스로 앞 단계까지와는 다른 기준을 가지게 된다. 이전에는 부모가 말하는 것을 지키고 좋은 아이가 되는 것이 행동의 기준이었다. 그러나 그런 기준만이 전부가 아니라는 것을 알게 된다. 그리고 자신을 지도하거나 교육하는 것이 부모만이 아니라는 것을 알게 된다. 과업을 달성할 때 칭찬을 받는 것도, 규칙에 어긋나는 행동을 했을 때 야단을 맞는 것도 부모만이 아니라는 것을 알게 된다.

여기서 부모는 자신만이 훈육의 주체가 아니라는 것을 인식하고, 부모가 말한 행동을 지키는 것만이 아동의 살아가는 전부가 아니라는 것을 알 필요가 있다. 부모가 보는 앞에서 달성한 것이 아니더라도 어딘가에서 과제를 달성했을 때에는 부모도 충분히 칭찬해주는 것이 좋다. 마찬가지로 어디선가 아동이 나쁜 일을 해서 야단을 맞을 때도 그저 보아 넘기지 말고 선악의 판단을 확실히 깨닫도록 해주는 것이 좋다.

그러나 외부 사람들의 비중이 아무리 중요해지더라도 부모는 여전히 가장 중요한 존재이다. 그런 사실은 이 단계에서도 흔들리지 않는다. 아동은 '부모가 최우선'이라고(무의식으로) 생각하고 있다. 부모의 평가 따위에 관계없이 자신만의 기준으로 행동하는 강한 자아는 아직 확립되어 있지 않다. 다시 말하면 부모 이외의 존재가 어느 정도 중요하다고 해도 그들이 부모를 대체할 수 없고, 아직 부모에 의해 많은 지도가 이루어져야 한다는 것이다.

이 단계의 부모는 미묘한 위치에 있다. 단 하나의 답이나 누구에게나 통용할 수 있는 정답은 존재하지 않는다. 자신들이 처한 상황이나 아동의 개성 등에 맞추어서 그 답을 모색해가야 하고, 무엇보다 부모가 의연한 자세를 갖는 것이 이 단계에서 중요하다.

02 청년기

1) 청년기의 특징

자녀가 사춘기와 청년의 시기, 즉 제2 반항기를 맞이하는 시기이다. 많은 아동은 초등학교 시절이 끝날 즈음부터 중학교 입학할 시기에 제2 반항기를 맞이하고 모습이 점차 변화해 간다. 키가 어른만큼 자라고, 체모가 발달하고, 목소리가 변화하고, 성차가 현저해진다.

아동의 입장에서 보면 분명히 지금까지의 자신과는 다른 모습들이 되어 간다. 하루하루 자신의 모습이 변화해가는 것을 받아들이고 외모에 신경을 쓰게 된다. 주변의 친구를 보면서 개인차가 매우 크다는 것을 느낀다. 성장이 빠른 아이가 있는가 하면 느린 아이도 있다. 친구와 자신의 다른 점에도 민감해진다.

동시에 지금까지의 자신에 대해 의심하게 된다. 진정한 자신은 무엇인가, 지금을 어떻게 보내야 하는가, 불안이나 의문, 혼란에 가득 찬 기분으로 하루하루를 보내게 된다.

이 시기에 아동들은 부모와 관계 맺는 방법을 확연히 전환시킨다. 함께 외출하는 것을 피하고, 친구에게는 말해도 부모에게는 말하지 않는 비밀을 갖기도 한다. 부모의 살아가는 방식이나 매일의 생활 방식에 의문을 갖기도 하고, 부모가 자신을 지도하는 것에 의심을 하게 된다. 초등학교 고학년부터 고등학생까지의 시기는 아동의 연령이 증가하면서 부모자녀관계의 유대가 약화되는 시기라고 볼 수 있다.

발달심리학자 에릭슨은 이 시기의 아동 행동을 '아이덴티티의 획득'이라고 하는 개념으로 설명했다. 아이덴티티란 '자신은 무엇인가?'라고 하는 것에 대한 이해이다. 즉, 자아탐구가 이 시기에 한창 이루어진다. 자신은 어떤 것이 좋고, 어떤 것을 싫어하고, 어떤 때 어떻게 느끼는지, 어떤 개성을 가지고 있는지, 어떤 생활을 보내고 있고 어떤 사람들과 관계를 맺고 있는지 등을 통해 자기 자신을 이해한다.

자신을 찾기 위해 지금까지 살아왔던 인생을 되돌아보고 때로는 부정하면서 '자아'를 재구축해간다. 부모가 말하는 대로 살아왔던 것을 부정적으로 해석하고 부모에게 반항하기도 한다.

그러나 에릭슨에 의하면 이것들은 성인이 되기 위한 필수적인 작업이다. 부모에 대한 불복종이나 반항은 성장을 위해 '필요한 것'이라고 해석된다. 이러한 반항의 시기가 없으면 영원히 혼자 서지 못하고, 부모의 보호로부터 떨어져 나갈 수 없게 된다.

정신분석가 프로이트는 이 시기 청년의 부모에 대한 반항을 '상징적 부모살해'라고 불렀다. 진실로 부모를 죽이는 것이 아니라 자신의 의식 가운데서 부모를 뛰어넘는 것을 의미한다. 그리하여 '상징적'으로 부모를 살해하고 부모가 없어도 자신이 살아갈 수 있는 독립성을 확립할 수 있게 되는 것이다.

2) 제2차 반항기의 부모의 역할

오늘날의 발달심리학은 "반항기에는 아동이 부모에게 반항하는 것이 어떤 의미에서 당연하다"는 것을 전제로 하고 있다. 오히려 '반항하지 않는 것이 문제'라고 생각할 수 있다. 반항기에 부모는 당황하지 말고, 나아가 아동의 독립성을 쇠퇴시켜서는 안 된다.

또한 아동에게 '착한 아이'를 요구하는 단계는 이미 아니다. "우리 아이는 반항하지 않는다"고 칭찬할 필요도 없다. 반항기가 없는 것이 좋은 부모자녀관계라고 할 수는 없기 때문이다. 이 시기에 확실하게 부모 떠나기를 하지 못하면 아동은 건전한 발달에 지장을 받을 뿐 아니라 부모 자신도 아동 떠나기를 할 수 없게 된다. 언제까지나 아동에게 간섭하고 작은 아이 그대로의 접근 방식을 계속하게 된다.

아동이 반항하지 않는 '착한 아이'로 보인다 해도 아동 자신은 본심에서 그것을 바라고 있지 않을 수도 있다. 스스로를 억압하고 규제하고 있을 뿐일 수도 있는 것이다. 그것은 매우 위험한 것으로 모르는 사이에 안 좋은 행동으로 발전할 수도 있다. 아동은 이미 이전 단계와 같이 부모를 따라가는 소년소녀가 아니다. 성인기를 눈앞에 두고 충분한 힘이나 능력을 가지고 생각을 가지기 시작한 존재인 것이다.

그러나 '아동이 반항하는 것은 당연한 일이다'라고 생각하고 반항을 전부 긍정하는 것은 어떠한가? 그러면 규범에 벗어나는 행동을 할 수 있고, 범죄나 폭력 등의 반사회적 행동을 보일 수 있다. 이 모든 것을 침묵하고 바라보며 방임하는 것이 부모의 최선의 선택은 아니다.

이 시기의 부모는 '유연한 태도'가 요구된다. 부모도 인간으로서 성장하면서 자신을 굳게 세울 필요가 있다. 스스로 현재의 생활을 잘 보내고 있는가, 인생을 잘 보내온 것인가 질문하는 것도 필요할 것이다. 자신의 모습을 유연하게 바라보고 아동이 손을 내밀 때 아동과 정면에서 마주한다. 아동의 이후의 성장을 믿고 선악의 판단이나 사회의 규범을 제대로 전달한다.

아동은 '아이덴티티의 획득'을 통해 성장하려고 하고 있다. 또한 반항하고 방황만 하고 있는 것은 아니다. 이 시기 부모는 자녀에게 계속 믿음을 보내 주어야 한다.

03 빈 둥지기

마지막 단계는 아동이 제2 반항기를 보내고 성인이 되는 시기이다.

기존의 양육정보의 대부분은 이전의 단계에 끝이 난다. 또한 부모자녀관계에 대한 많은 관심이 아동의 어린 시절에 집중되어 있어 성인이 된 자녀와 부모의 관계에 대한 연구는 거의 없다.

그러나 부모로서의 발달은 아동이 성인이 되어서도 계속된다는 것을 잊어서는 안 된다. 다만 새로운 형태를 만들어 가고 있기 때문에 이전 단계와는 다른 관계를 수립할 필요가 있다.

제2차 반항기를 마치고 아동이 건전하게 성장해가고 있다면 아이덴티티를 확립하고 성인으로서의 인생을 걸어가기 시작하고 있다. 이 시기에 자녀는 부모로부터 심리적으로 독립하고 있다. 자신의 행동윤리를 가지고 부모의 손을 빌리지 않고 사회를 살아가기 시작하고 있다. 학생으로 지낸다 해도 경제적 활동이 가능한 연령이 되어 부모에게 모든 것을 의존하지는 않게 된다. 경우에 따라서는 자녀가 생가로부터 독립하게 된다. 만일 생가를 떠나지 않았다 해도 심리적·경제적·사회적으로 자립하는 예도 있다. 문자 그대로 자녀의 '둥지 세우기'를 경험하는 것이 이 시기의 일반적인 특징이다.

1) 자녀의 결혼, 손자의 출현

자녀가 결혼하는 것도 이 시기에 일어나는 큰 변화이다. 자녀 측에서 보면 제2의 가족을 만드는 것이다. 부모 측에서 보면 자신들의 제1 가족으로부터 자녀가 벗어나는 것인 동시에 새로운 사람(자녀의 배우자)을 밖으로부터 맞이하여 들이는 것이다. 부모와의 동거 여부와 관계없이 친자식은 아니지만 새롭게 부모자녀관계를 갖게 된다.

이 시기에는 자녀가 자신의 아동을 만들 가능성이 있다. 결국 손자가 탄생할 가능성이 있다. 부모들은 지금까지의 '자녀와의 관계'뿐 아니라 또 하나의 '손자와의 관계'를 만들어 가게 된다. 복수의 부모자녀관계가 생기는 것이다.

손자의 양육방법에 대해 자녀에게 조언이나 지도할 가능성도 생긴다. 지금까지 가르쳐보지 않았던 양육방법을 자녀에게 가르치게 될 수도 있다.

2) 이 시기의 부모의 역할

자녀가 생가로부터 둥지를 만들어 나갈 경우 그에 따라 '빈 둥지 증후군'(empty net syndrome) 증상을 가질 수 있는 시기이다. 지금까지 양육에 고군분투해 왔던 부모가 상실감과 허탈감을 느끼고 삶에 대한 의욕을 잃어버리는 증상을 말한다.

이러한 증상에 빠지지 않기 위해 부모들은 아동이 언젠가는 집을 떠나가는 존재라는 것을 인식해 두는 것이 필요하다. 또한 양육 이외의 활동이나 활력을 발견할 수 있는 일을 만들어 두어 일상을 영위해가는 것이 필요하다. 평균수명이 늘어남에 따라 자녀가 둥지 만들기를 경험하고 부모가 사망하기까지의 세월은 이전보다 훨씬 길어졌다. 자녀가 독립한 뒤에 활기차게 살아가기 위해 미리 준비하고 살아가야 하는 시대가 되었다.

또한 이 시기는 가족의 재편성도 경험한다. 자녀가 독립하는 경우에는 신혼처럼 다시 배우자와의 둘만의 생활로 돌아가게 된다. 그리고 자녀의 배우자가 새로운 가족이 되고 손자도 태어난다. 자신의 부모가 죽게 되는 일도 경험할 것이다. 요약하면 가족의 인원이 더하거나 빠지는 등 변화가 심해지고 가족으로서의 경계가 유동적이 되는 시기이므로 유연하게 대응할 필요성이 있다.

손자와의 관계를 살펴본다면, 손자 입장에서 조부모는 부모보다 여유를 갖고 접촉할 수 있는 존재이고, 부모처럼 세심하게 훈육하거나 지도하는 존재가 아니다. 조부모의 입장에서도 아동을 양육했던 경험을 통해 포용력을 갖고 손자를 대할 수 있다. 이런 것이 손자들로 하여금 조부모를 편하고 수용적인 존재로 인식하게 만들어서 조부모를 좋아하는 이유가 된다.

그러나 이 시기 자녀가 새로운 가정을 가졌음에도 불구하고 아직 이전의 부모자녀관계를 계속 가지려는 예도 있다. 조부모가 되어서도 이것저것 자녀의 양육 문제에 간섭하는 부모가 있을 수 있다는 것이다. 자녀와 지속적으로 좋은 관계를 유지하고자 한다면 이러한 자세는 피해야 할 것이다.

이 시기의 부모는 긴 안목으로 부모자녀관계를 바라보면서 자녀를 오랫동안 함께 가는 인생의 좋은 동반자로 생각하는 것이 필요하다.

PART III

부모교육 프로그램

모든 동물은 자기 보존에 필요한 만큼만 능력을 가지고 있다. 인간만이 여분의 능력을 가지고 있다. 이 여분의 능력이 인간을 불행하게 만드는 도구가 되다니 실로 기묘한 일이 아닌가.

우리는 좀 더 행복해지려고 끊임없이 자신의 마음을 괴롭힘으로써 행복을 불행으로 바꾸어 버린다. 스스로 만족하며 사는 사람은 누구든 행복하게 살 수 있으리라. 그리고 그 사람은 선량한 사람으로서 살 것이다.

—루소의 『에밀』 중에서

CHAPTER 07

부모교육 프로그램 I

학습 목표

1. 민주적 부모교육 프로그램의 이론적 배경을 알 수 있다.
2. 민주적 부모교육 프로그램의 전략 및 내용을 설명할 수 있다.
3. 부모 효율성 프로그램의 이론적 배경을 알 수 있다.
4. 부모 효율성 프로그램의 전략 및 내용을 설명할 수 있다.
5. 프로그램들 간의 차이를 알고 적절한 사용을 위한 방법을 알 수 있다.

20세기 후반부터 정신분석 및 심리학의 이론을 바탕으로 정서장애나 문제를 가진 자녀를 둔 부모들을 위한 치료 방법을 일반인에게도 전달해야 한다는 분위기가 조성되었다. 정상아를 둔 부모들도 자녀양육에서 어려움을 겪는다는 것을 알았고 그리하여 정상적인 아동과 부모들을 대상으로 하는 부모교육이론들이 소개되었다. 이러한 이론들은 프로이트, 아들러, 왓슨 등의 이론을 정통으로 전수하기보다는 각 이론의 장점들을 종합하여 실생활에서 부모자녀관계에 적용할 수 있게 하였다. 따라서 부모교육 이론은 각 이론의 절대성 및 정통성을 강조하기보다는 그것들을 종합적으로 살펴보아야 한다.

1960년대 후반부터 지금에 이르기까지 많은 부모들에게 영향을 준 이론들로는 드라이커스(Dreikurs)의 이론, 기노트(Ginott)의 이론, 고든(Gordon)의 이론, 번(Berne)의 이론, 행동주의 이론, STEP 이론 등을 들 수 있다. 다음에서 각 이론의 이론적 배경, 자녀양육의 원리, 그리고 부모교육의 방법을 살펴보고자 한다.

01 아들러의 심리학 해설

1) '개인심리학' 개요

아들러는 '개인심리학'이라는 용어에서 개인을 '유일하고 분리할 수 없는 개체로서의 인간-통일체'라는 심리학적 개념으로 표현하였다. 아들러에 의하면 사람은 누구든지 어떤 목표를 향해 노력하고 있다. 일반적으로 어떤 사람의 목표를 알게 되면 그를 이해하기가 한결 쉬어진다.

인간에게는 태어나서 최초의 4, 5년이 가장 결정적인데, 이때 자신에 대한 인상과 삶에 대한 기본적인 태도를 형성한다고 한다. 그러나 이때 인간의 발달은 사실에 영향을 받기보다는 이 사실에 대해 갖게 되는 의견에 더 큰 영향을 받는다. 따라서 인생의 초기에 형성되는 의견의 스타일이 인생을 결정하는 매우 중요한 요소가 되는 것이다.

생애 초기 부모의 영향은 매우 강력한 것인데, 부모 특히 어머니는 자녀에게 사회적 관심을 각성시키고 그것을 발달시키거나 억제하는 일을 할 수 있다. 어머니가 아이를 기르는 방법과 아이에게 미치는 영향은 아이의 장래 생활에 있어서 매우 중요하다고 강조하였다. 그리고 이러한 부분에서의 부족함을 보완하고 다른 사람에 대한 아이의 관심을 각성시키는 일은 학교 즉 교사의 임무가 된다.

인간이 출발점에서부터 올바로 양육된다는 것은 그 인간의 전 발달 과정에서 무척 중대한 사실이다. 어른들은 그들 자신의 눈으로 자녀를 보기 때문에 '어른'과 '세계'에 대한 자녀의 경험을 이해하지 못하는 것이다. 그런 사고방식은 자녀에게 존재하지 않는 것을 주입시키게 되는 커다란 위험을 초래하기도 한다.

'개인심리학'은 전혀 다른 방법으로 자녀를 관찰한다. 그것은 자녀의 삶의 방식을 발견해 내고 그 목적을 찾아내고자 노력한다. 아들러는 문제아를 대면한 후에는 늘, 만약 자신이 그 아이의 입장에 있고 그 아이와 같은 그릇된 인생관을 가지고 있었더라면 아마 자신도 그와 같은 행동을 했을 것이라고 말하곤 했다.

우리는 가능한 한 자녀가 인생에 대해 적대적 감정을 품게 되는 일을 막아야 한다. 그런 태도는 언제나 그 자녀의 열등감을 심화시키는 결과가 되기 때문이다. 자녀의 결점을 고치기 위하여 굳이 야단칠 필요까지는 없다. 자녀의 감정을 상하게 하는 말보다는 그 문제에 대해 간접적으로 시사함으로써 스스로 잘못을 인정하도록 하는 편이 낫다고 강조하였다.

2) 열등감과 우월감

자기가 타인에 대해서 우월한 것처럼 행동하는 모든 사람의 배후에는 숨겨야 하는 특별한 노력을 요구하는 열등감이 존재한다. 열등감이란 것은 어느 정도는 우리들 모두에게 공통적으로 존재하고 있다. 왜냐하면 우리는 모두 항상 좀 더 나아지고 싶다고 생각하기 때문이다.

열등감은 항상 긴장을 일으키는 것이기 때문에 항상 우월감을 향해 나아가는 보조적 운동이라고 한다. 그러나 그것은 항상 문제를 해결하는 방향으로 향하는 것은 아니다. 때로 우월을 향한 운동은 인생의 무익한 측면으로 향하게 되기도 한다.

만약 우리가 "왜 그렇게 불완전한 것을 두려워하는가?"라고 묻는다면 우월감이라는 목표가 곧 떠오른다. 가능한 유일한 대답은 그 사람이 자기 자신에게 너무나 높은 목표를 설정했기 때문이라는 것이다.

어떤 개인도 우월이라는 자기의 궁극 목표나, 환경을 완전히 지배하려는 목표에 도달하는 위치까지 다다를 수는 없다. 우월이라는 목표는 개개인에게 있어서 매우 개인적이며, 독창적인 것이다. 그것은 그 사람이 인생에 부여한 의미에 의존한다. 그것은 그 사람의 독특한 인생 스타일 속에서 만들어지는 것이고, 그의 인생을 관통한다. 만약 자신의 구체적 목표를 선택하는 데 있어서 잘못되어 있었다는 사실을 납득하게 된다면, 그때는 행동도 변화될 것이다. 방법의 선택에 있어서는 어떤 것이라도 잘못된 것은 아니다. 방법은 비판의 영역 밖의 문제이다. 우리가 고치려고 하는 것은 그의 구체적인 목표뿐이다. 목표가 변화되면 정신적인 습관이나 태도도 변할 것이다.

우월로 향하는 길을 잘못 선택한 사람들에게 우리는 어떻게 도움을 줄 수 있을까? 문제는 그들의 노력이 인생의 무익한 측면에서 행해지고 있다는 점을 알게 하는 것이다.

3) 개인심리학 기반의 부모교육 프로그램

프로이트와 달리 자유의지를 강조한 아들러의 우월감은 자신의 한계를 극복하고 잠재력을 발휘하고자 하는 자아실현의 개념으로 이해될 수 있다. 이러한 아들러의 관점은 교육에 관심을 가지게 되었고, 특히 부모교육의 중요성을 강조하였다. 아들러의 개인심리학의 이론을 바탕으로 구성된 부모교육 프로그램은 다양한데, 드라이커스의 '민주적 부모교육이론', 개인심리학과 드라이커스의 민주적양육이론을 근거로 다른 이론들을 절충하여 만든 딩크메이어와 멕케이의 'STEP (Systemic Training for Effective Parenting)이론', 고든의 'PET(Parent Effectiveness Training)' 등이다. 'APT(Active Parenting Training)' 또한 아들러와 드라이커스의 이론을 중심으로 다른 이론들을 절충하여 Popkin(1995)에 의해 개발되었다.

02 드라이커스(Dreikurs)의 민주적 부모교육 이론

1) 이론적 배경

드라이커스는 아들러(Alfred Adler, 1870~1937)의 개인 심리학 이론을 부모교육에 적용함으로써 부모들에게 민주적 양육의 원칙을 소개하려고 노력하였다. 과거 서구의 자녀양육 방법은 빅토리아 시대의 유럽으로부터 영향을 받았기 때문에 권위적이며 엄격한 경향이 있었다.

부모는 자녀들에게 권위자로서 설명하고 말하고 가르치는 입장이었고 자녀들은 위계질서에 따라 수동적으로 듣고 복종하는 태도를 취해야 했으며, 잘 따라 할 때는 보상을 받고 그렇지 못할 때는 벌을 받아야 했다.

드라이커스는 자녀들이 어리지만 인간으로서의 가치 면에서는 성인과 동등하기 때문에 부모와 자녀가 상호 존중하는 태도를 보여야 한다고 생각하였다. 그러나 인간으로서의 동등한 권리를 부여한다는 것은 지나친 허용을 의미하는 것은 아니다. 부모의 자녀양육은 모든 사람이 평등하다는 인식 위에서 출발하여 자녀와 동등한 관계를 유지하는 한편, 질서 있는 자유를 허용하여야 한다.

드라이커스는 가정, 학교, 사회 등 사람들이 함께 살며 상호작용 해야 하는 곳에서는 반드시 갈등이 일어나게 마련이며 이 갈등은 민주적 방식에 의해서 해결되어야 한다고 믿었다. 가정을 중요한 사회단위로 보았던 아들러의 이론대로 드라이커스는 아동의 사회화 기능을 수행하는 가정생활을 중요하게 보았다. 부모의 좋은 생활양식은 자녀에게 좋은 영향을 미치며, 자녀들은 주어진 한계 내에서 자유를 경험해 볼 수 있도록 가정에서 민주적 태도로 양육되어야 한다고 믿었다.

드라이커스의 부모교육이론은 그의 저서 『자녀 : 도전(Children : The Challenge)』에 잘 나타나 있으며, 부모들로 하여금 자녀들을 이해하고 격려하며, 자녀들 스스로 행동할 수 있도록 동기유발을 해주는 민주적 양육태도를 가지는 것을 강조한다.

2) 자녀양육의 원리

드라이커스에 의하면 자녀들은 부모와 생활하는 동안에 삶의 형태를 형성시키기 때문에 부모들은 자녀들이 잘못된 목표를 형성하지 않도록 해야 한다. 혹시 자녀들의 목표가 삐뚤어졌을 때에는 바로 잡도록 도와줌으로써 부모자녀관계를 민주적 관계로 유지하도록 해야 한다고 하였다.

(1) 잘못된 행동의 목표

우리가 알지 못한다 해도 모든 행동의 뒷면에는 숨겨진 목표가 있다. 자녀들이 행동목표를 잘못 설정하여 문제행동을 일으키게 될 때에는 그 행동들이 설정한 행동 목표는 무엇이며, 그러한 행동에 부모로서 어떻게 반응해야 하는가를 파악하는 것이 바람직하다.

자녀들의 잘못된 행동목표는 다음의 네 가지가 있다.

❶ 관심 끌기

모든 자녀는 관심을 끌고 싶어 한다. 자녀는 좋은 방법으로 주의를 모으려 하지만, 만일 그러한 방법으로 관심을 얻지 못할 때는 나쁜 방법으로라도 관심을 끌려고 한다. 자녀는 자신이 관심을 얻을 때에만 소속될 수 있다고 생각하기 때문에 무시되기보다는 부정적인 행동을 해서라도 관심을 얻으려고 한다. 자신이 가정에 심리적으로 소속되지 못하고 의미 있는 공헌도 못한다고 결정한 자녀들은 다른 사람으로부터 주의집중이나 서비스를 받아야만 안전한 위치를 차지할 수 있다고 결론짓는다.

이러한 잘못된 해석으로 인해 자녀들은 부모로부터 끊임없는 주의집중을 받거나 서비스를 받으려고 부단히 애쓰게 된다. 능동적 태도로, 때로는 수동적 태도로 노력하며, 효과 있는 방법을 쓸 때도 있고 효과 없는 방법을 쓰기도 하며, 다른 사람들이 자신을 위해 바쁘게 행동해 주도록 만들기 위해 방해를 하기도 한다. 자녀들은 부모 또는 타인의 주의집중을 받기 위해 대개는 좋은 방법을 쓰려고 하지만, 결과가 나쁘더라도 나쁜 방법을 써야만 주의집중을 받을 수 있다고 생각하면 다른 사람의 기분을 상하게 하거나, 손해를 보더라도 그 방법을 채택하고 사용한다.

❷ 힘 행사하기

자녀는 항상 우세한 입장에 있기를 원하기 때문에 자신이 우두머리가 되었을 때에만 스스로 가치 있다고 느낀다.

자녀가 끊임없이 주의집중을 받으려고 간청하거나 요구할 때 어른들이 들어주지 않거나 자녀 스스로 알아서 행동하도록 내버려두면 자녀는 다시 두 번째 단계의 행동목표를 설정하게 된다. 이 두 번째 단계의 행동 목표는 자기가 하고 싶은 대로 해 버리는 것이다. 즉, 자신의 힘을 최대로 활용하거나 반항하는 것이다. 자녀는 이렇게 해야만 자신의 위치를 유지할 수 있다고 잘못 판단하기 때문에 무엇을 하라고 하면 안하고, 하지 말라고 하면 해 버리는 행동들을 하게 된다. 그러한 행동의 내면에는 "나는 절대 항복 안 할 거야. 나에게 이래라 저래라 하지 말아요. 내가 내 마음의 주인이야", "나는 내가 원하는 것은 무엇이든 다 할 수 있어. 그래도 날 막지 못할 걸" 하는 뜻이 포함되어 있다. 이것을 '거절증'의 표현으로 보기도 한다.

대부분의 어른들은 자녀들과의 힘 대결에 어떻게 반응해야 하는지를 모르는 게 보통이다. 대개는 자녀들의 고집을 꺾으려고 안간힘을 쓰기 때문에 갈등이 더 심화될 수 있다. 자녀가 부모의 말에 순종하지 않을 때 부모는 흥분하고 화를 낸다. 그러나 힘 행사하기를 하려는 자녀를 다룰 때 부모는 결코 화내지 말아야 한다. 또한 주도권을 누가 잡느냐에도 초연해야 한다. 만일 이에 대항하여 억누르려고 한다면 자녀로 하여금 힘의 가치를 실감하게 하여 더욱더 힘 행사하기를 하게 만든다.

❸ 앙갚음

앙갚음하려는 자녀는 자신이 사랑스럽지 못하다고 생각하고 또 실제로 그렇게 믿는다. 즉, 자신도 상처를 받았으므로 또 그만큼 다른 사람도 상처를 줄 수 있다고 생각한다.

이런 자녀는 잔인하고 밉게 행동함으로써 자신의 위치를 찾으려 한다. 주의집중 받는 일이 잘 안되고 힘을 행사하는 목표도 성취되지 않으면 자녀들은 복수하려는 목표를 세우게 된다. 다른 사람들에 의해 심리적 상처를 받은 만큼 상처를 주어야 자신이 집단에 속하게 되고 중요한 인물로 인정받을 수 있다고 잘못 판단하여 세우는 목표이다.

이 행동 목표는 네 종류의 잘못된 행동목표 중 제일 심술궂은 목표이다. 복수 또는 보복의 행동은 다른 사람들의 마음을 아프게 하기 때문에 미움을 사게 된다. 복수심을 가진 자녀를 도우려면 부모는 보복하지 말아야 한다. 그리고 부모들은 선의를 보여 주면서 침착하게 부모자녀 관계를 개선해야 한다.

❹ 무능함 보이기

무력하게 행동하는 자녀는 극도로 좌절된 자녀다.

앞서 말한 세 가지 행동 목표가 제대로 효과를 거두지 못하게 되면 자녀들은 실제로 또는 가상적으로 무능력을 보이게 된다. 실망하며 쉽게 포기하고, 사회적 상호관계나 책임을 피해 퇴행함으로써 자신의 위치를 확보하려고 한다. 자녀는 성공하려는 희망을 갖기는커녕 아예 포기하기 때문에 다른 사람이 자기에게 기대하지 못하게 한다. 이처럼 스스로의 무능함이나 부적절함을 느끼고 있는 자녀는 자신이 해낼 수 없는 것 이상으로 모든 것을 포기한다. 이런 자녀를 돕기 위해서는 우선 비난하지 말아야 한다. 대신 자녀의 특기나 장점에 관심을 집중시켜야 하고 나아지려고 노력할 때 많은 격려를 해준다.

드라이커스에 의하면 어려서부터 자신이 가치 있고 가정에서 중요한 위치를 차지하고 있다는 확신을 가지고 있는 자녀들은 위와 같은 잘못된 행동목표를 설정하고 애써 자신의 위치를 찾으려고 노력하지 않는다고 한다. 가정이라는 집단 속에서 소속감, 안정감, 수용된다는 느낌을 받는 한 자녀들은 상황이 요구하는 데 따라 자연스럽게 행동을 하게 마련이다. 그러나 주위사람의 태도에 실망하고 자신의 위치가 불안하다고 느끼며, 자신이 해낼 능력이 모자란다고 생각하면 위의 네 가지 행동목표 중 두 가지 이상의 전략을 사용하게 된다. 자녀들이 문제행동을 일으킬 때는, 게으르고 공격적이고 성숙하지 못하다는 등의 설명을 붙이며 단정 지을 것이 아니라 그 행동의 목적은 무엇이며, 네 가지 전략 중 어떤 형태를 쓰고 있는가를 파악하여 도와주어야 한다.

부정적 행동을 하는 자녀를 둔 가정은 자녀들도 힘들지만 부모들도 매우 힘들어 한다. 이런 가정에서는 부모자녀 모두 자신의 존재를 인식시키려 애쓰고 소속감, 안정감, 자기존중감을 획득하려고 서로 투쟁한다. 이러한 악순환적 상호관계를 변화시키려면 부모자녀 모두의 행동에 변화가 와야 한다. 그러나 자녀의 행동이 먼저 변화하기를 기다리기보다는 부모가 솔선하여 먼저 변화를 시도하는 것이 더욱 효과적이다.

(2) 자연적·논리적 귀결

그릇된 행동의 목표를 변경시킬 수 있는 한 방법은 자기 행동에 대한 자연적·논리적 귀결을 경험하게 하는 것이다. 드라이커스의 접근 방식은 민주적 평등주의 원칙에 근거한 것이기 때문에 가족 구성원 모두에게 동등성이 부여되어야 한다는 것을 강조한다. 아버지, 어머니, 자녀들이 모두 동등한 권리를 행사하려면 가족 구성원들의 행동을 주관하는 규칙을 개개인이 이해하고 따라야 한다.

아동의 행위의 결말이 자연의 법칙에 따라 아동에게 영향을 주는 것을 '자연적 귀결'이라고 말한다.

예를 들어 '비에 젖으면 몸이 차가워져서 감기에 걸릴지 모른다' '게임을 장시간 하면 눈이 부담이 되서 아플 수 있다'라고 말하는 것이다. 부모는 아이보다 먼저 '좋지 않은' 결말을 예측하기 때문에 아동이 고통 받지 않도록 아동의 문제에 개입하여 말하게 된다. 그러나 아무리 '좋은 것'도 아동이 직접 체험을 하고, 그 체험을 기초로 스스로 생각하고 배우는 것이 필요하다. 그러면 시행착오 끝에 결국 자기관리가 가능해지는 것이다.

논리적 귀결은 자녀로 하여금 사회적 질서로부터 현실을 배우게 하는 것이다. 즉, 자녀는 자기의 잘못된 행동에 대해 논리적으로 따라오는 결과가 있다는 것을 알게 된다. 결국 자기 행동에 대한 논리적 타당성에 따라오는 당연한 결과라는 것을 아는 것이다.

예를 들어 저녁식사를 여러 번 차려야 하는 일은 어머니에게는 매우 불공평한 일이다. 만일 자녀가 저녁시간에 떼를 쓰고 먹지 않았다면 가정의 민주적 규칙을 어긴 것이므로 그날 저녁은 자연히 못 먹게 되는 당연한 결과를 경험하게 되는 것이다. 또는 자신의 빨래를 빨래통에 넣지 않고 아무 곳에나 두었다면 가정의 규칙을 어겼기 때문에 빨래를 스스로 해야 하는 결과를 감수해야 한다.

자녀의 행동에 대해 부모가 소리지르거나 야단치는 일없이 논리적 귀결을 경험하게 해주면 자녀들은 자신의 행동을 조절할 수 있고 행동에 대해 책임을 지는 것을 빨리 배울 수 있게 된다.

자녀를 훈육할 때 논리적 귀결은 보상이나 벌로 다루지 못하는 것을 포함하는 장점을 갖는다. 즉, 자녀 스스로가 어떤 행동이 적절한가를 결정하기 때문에 부모가 아닌 자녀가 자신의 행동에 책임을 지게 되고, 부모의 바람에 따르도록 강요 당하는 대신 자연적, 사회적 사건의 질서로부터 스스로 배우게 되는 것이다.

(3) 논리적 귀결과 벌의 차이

논리적 귀결과 벌은 둘 다 훈육의 방법이면서 중요한 차이가 있다.

첫째, 벌은 부모의 권위적 힘의 표현이다. 그러나 논리적 귀결은 상호 권리와 존중을 인정하는 것이다.

둘째, 벌은 임의적이며 상황에 대한 논리와는 거의 무관하다. 그러나 논리적 귀결은 자녀의 행동과 논리적 연관이 있다.

셋째, 벌은 개인적인 것이며 또한 도덕적 판단이 내포되어 있다. 반면 논리적 귀결은 일반적이고 어떤 개인적 도덕 판단이 개입되지 않는다.

넷째, 벌은 과거의 행동에 관심을 두지만 논리적 귀결은 현재와 미래의 행동에 관심을 둔다.

다섯째, 벌은 상대방을 경멸하고 사랑의 유대관계를 위협하며 인격을 하락시키는 것이다. 그러나 논리적 결과는 부드럽고 친절하며 선의를 보인다.

여섯째, 벌은 순종을 강요하고 논리적 결과는 선택의 여지가 없다.

이상과 같이 벌주는 태도는 자녀 스스로 내린 잘못된 결정에 대해서 논리적 귀결을 경험할 수 있는 기회를 방해하게 되는 것이다.

3) 부모교육의 방법

드라이커스의 부모교육 이론은 부모연구회 및 가정상담소에서의 경험에 근거하여 전개되었다. 아들러 학파는 아들러 이론에 근거한 아동 양육개념을 부모들이 모여 연구, 토의하는 부모연구회(Parent Study Groups)와 부모, 아동, 교사들을 위한 상담을 통해 부모교육을 실시하였다. 그러나 이는 일반인을 대상으로 한 것이 아니라 연구모임과 같은 비공식적인 것이었다. 그러다가 1939년 시카고의 아브라함 링컨센터에 처음으로 부모 상담소를 공식적으로 설치하여 부모교육 발전에 크게 공헌하였을 뿐 아니라 가정상담, 교육, 정신요법 등의 발전에도 크게 공헌하였다.

드라이커스의 부모교육은 부모연구회를 통해 이루어졌는데, 부모연구회는 8~12명으로 구성되었고 부부가 함께 참여하는 것을 이상적으로 보았다. 보통 8~12주간 매주 1회 2시간씩 실시되며 개인의 문제를 토의하고 드라이커스의 양육원칙을 다루기도 한다. 부모연구회의 인도자는 전문가로서 역할보다는 중개자, 촉진자, 안내자의 기능을 한다.

03 고든(Gordon)의 부모효율성훈련(PET) 이론

1) 이론적 배경

PET(Parent Effectiveness Training)는 부모로서의 역할을 효과적으로 수행하기 위한 훈련이라는 뜻으로 고든에 의해 개발된 이론이다. 그는 시카고 대학의 임상심리학과 교수로 재직하다가 고향인 캘리포니아 파사데나 시에서 부모집단을 조직하여 부모효율성 훈련을 실시하였다. 처음에는 부모자녀 사이에 이미 문제가 일어난 부모를 대상으로 훈련 프로그램을 만들고 수강생을 모았다. 그는 정서적, 지적으로 문제가 있는 아이들을 치료하면서 자신이 배운 의학적 지식만으로 해결되지 않는 문제가 많다는 것을 깨닫게 되었다. 특히 아이들의 정서적 문제는 부모자녀 간의 인간관계에서 비롯된 것으로 부모자녀관계를 개선하지 않고서는 자녀의 문제를 근본적으로 치료할 수 없다는 생각을 하게 되었다. 부모와 자녀의 관계가 애정과 존경에 바탕을 둔 따뜻하고 절친한 관계가 되어야 하는데, 이는 원만한 의사소통 수준에 따라 가능할 수도 있고 아닐 수도 있다. 대개 효율적 의사소통이 가능해지면 부모자녀관계의 갈등은 상당부분 해소될 수 있다고 생각하였다. 그리하여 부모에게 부모자녀관계를 개선시킬 수 있는 방법을 교육하여야 한다는 생각에서 부모 효율성 훈련을 개발했다. 그러던 것이 몇 년 후에는 미국 18개 주 200개 지역에서 강좌가 열릴 정도로 확장되었고 수십만의 부모가 이 훈련을 받게 되었다.

고든의 부모교육이론은 특정한 이론을 따른 것이라기보다는 정신분석, 아동심리 및 발달에 관한 여러 이론들을 종합한 후 실제 모든 인간관계에 적용할 수 있도록 일반화시킨 것이다.

PET 프로그램은 전국적인 조직을 갖고 체계적으로 보급되었기 때문에 그 파급효과가 다른 프로그램보다 컸다. 일간지 『뉴욕타임스』(1998, Nov.)에서는 이것을 '전국적인 운동'이라고 평가할 만큼 전국적인 조직을 갖고 많은 부모들이 프로그램에 참가하였다.

2) 자녀양육의 원리

(1) 부모역할에도 훈련이 필요하다

자녀들이 일으키는 사회문제나 잘못을 부모의 탓으로 생각하면서도 실제로 부모들은 아무런 도움 없이 부모역할을 수행하는 경우가 많다. 부모들도 도움이 필요하고 훈련 받을 필요가 있다.

부모는 세 가지로 분류할 수 있다. 승자형, 패자형, 동요형이 그것이다. 그러나 무승부법이라고 하는 것이 있는데, 이 방법을 부모들이 효과적으로 사용할 수 있도록 하는 것이 PET 교육의 주요 목표 중 하나이다.

(2) 부모도 감정을 가진 사람이다

자신도 인간이라는 사실을 망각하는 것이 부모가 된 사람들이 저지르는 첫 번째 실수이다.

부모가 자녀를 수용하는 문제에서 수용과 불용을 나누는 경계는 고정된 것이 아니라 유동적인 것이다. 상황에 따라서 부모가 수용하는 정도가 달라질 수 있다. 겉으로만 행동을 받아들이는 거짓 수용이 더 심각하다. 부모가 거짓으로 수용할 때에 아이에게 미칠 수 있는 영향은 무엇일까? 엄마가 실제로는 수용하지 않으면서 수용하는 것처럼 행동한다면 무슨 문제가 있을 수 있을까? 아이는 행동이나 말에서 오는 메시지를 함께 받아들이기 때문에 혼란에 빠질 수밖에 없다.

아이들이 가장 대하기 어려워하는 부모는 늘 말을 부드럽게 하고 너그럽고 잔소리를 하지 않지만 실제로는 수용하지 않는다는 것을 은연중에 드러내면서 수용하는 듯이 행동하는 부모다.

부모와 자식의 관계처럼 친밀하고 오래 지속되는 관계에서 진짜 감정을 숨기기란 어려운 일이다. 실제 감정과 태도 이상으로 수용의 범위를 넓혀서는 안 된다는 것을 명심해야 한다. 마음에 들지 않을 때에는 그것을 받아들이고, 안 그런 척 가장하지 않아야 한다.

너는 좋지만 너의 행동은 싫다는 말을 아이가 이해할까? 부모가 받아들일 수 있거나 없다고 느끼는 아이는 바로 그 행동을 하는 실제 아이이지, 그냥 아이라는 어떤 추상적 존재가 아닌 것이다. 아이는 자기가 하는 행동 중 얼마나 많은 것이 받아들여지느냐에 따라 자기가 좋게 받아들여지고 있는지 아닌지를 파악할 것이다. 아이에게 "너는 좋지만 네가 지금 하는 행동은 싫다"라고 말한다 하더라도 부모가 행사하는 권위에 대한 아이의 반응이 달라질 것이라고 기대할 수는 없다.

자기감정에 따라 솔직하고 분명한 메시지를 보내야 한다. 부모는 신이 아니라 사람이다. 무조건적으로 받아들이는 척할 필요도 없고 굳이 일관성을 유지할 필요도 없다. 부모가 자기감정에 따른 솔직하고 분명한 메시지를 보낸다면 부모가 못마땅해 할 때에 대처하는 방법을 익힐 수 있게 된다.

부모가 해결해야 할 문제인가, 아이가 해결해야 할 문제인가? PET 모델의 핵심 개념은 누가 문제를 해결할 것인가 하는 원칙이다. 중요한 것은 아이와의 관계에서 각각의 상황을 구분하여 적극적으로 아이의 말을 들을 것인지 아니면 대면하여 해결할 것인지를 결정하는 것이다.

(3) 부모와 자녀 사이에도 대화의 법칙이 있다

아이들은 부모랑 얘기하는 것이 아무런 도움도 되지 않을 뿐 아니라 자기에게 피해만 준다고 생각한다. 결과적으로 부모는 아이가 살아가면서 직면하는 많은 문제를 해결하는 데 도움을 줄 기회를 놓치게 된다.

자녀에게 도움을 줄 수 있는 대화의 기법을 살펴보면 다음과 같다.

❶ 수용화법

상대방을 진정으로 받아들인다는 느낌을 전달할 수 있는 사람은 상대에게 도움이 될 수 있는 능력을 가진 사람이다. 다른 사람을 받아들인다는 것은 작은 씨앗 안에 깃들어 있는 예쁜 꽃을 피워 낼 수 있게 해주는 토양과도 같은 것이다. 토양은 단지 씨앗이 꽃이 되도록 촉매 역할만을 해준다.

사람들을 개선시키고 변화시키는 '성공비결'이란, 모든 것을 받아들이고 수용한다는 것이 진신으로 느껴질 수 있도록 전달하는 능력이라고 할 수 있다. 이러한 효과들 중에서도 가장 중요한 것은 아이가 사랑받고 있다는 느낌을 갖게 만드는 것이다. 이러한 느낌은 정신과 육체의 성장을 북돋우며, 심리적·육체적 상처를 치유하는 데에 있어서도 가장 강력한 치료 효과를 발휘한다.

전문 심리 상담가나 심리 치료사가 환자의 병을 치료할 수 있는 것은, 환자가 자신이 받아들여지고 있다는 것을 느낄 수 있게 표현하는 기술을 가지고 있기 때문이다.

❷ 의사를 전달하는 방법

㉮ 불간섭

아이가 무언가에 몰두해 있을 때 내버려 두는 것은 수용과 인정을 표현하는 비언어적 방법의 하나이다. 이는 부모가 아이의 행동을 수용한다는 것을 강력하게 전달할 수 있다. 부모들은 이런 '내버려두기'를 잘하지 못하는 경우가 많다.

ⓝ 아이와 교감을 이루는 적극적 듣기

말문을 여는 대화로 아이가 이야기를 하게 할 수는 있지만 열린 문을 계속 유지하기에는 역부족일 수 있다. 여기에서 부모의 역할이 필요하다.

적극적 듣기란 결국 청자가 화자의 감정이나 화자가 하는 말의 의미를 이해하려고 애쓰는 것을 말한다. 청자는 평가, 의견, 충고, 논증, 분석, 질문 등과 같은 자기 자신의 메시지는 전달하지 않는다. 단지 자기가 받아들인 화자의 말이 무슨 의미인지만을 말하는 것이다. 그 이상도 그 이하도 아니다.

적극적 듣기를 통해 감정 해소를 유도할 수 있다. 적극적 듣기는 부정적 감정에 대해 죄책감을 갖지 않게 해준다. 부모의 반응을 통해 감정은 나쁘거나 좋은 것이 아니라 그저 나의 일부일 뿐이라는 것을 알게 된다. 다른 사람과 공감한다는 것은 그 사람을 하나의 독립된 사람으로 보면서 그 사람과 함께 하고자 하는 것이다. 다시 말해 인생의 행로에서 짧은 기간이나마 길동무가 되어 주는 것이다.

적극적 듣기로 아이의 문제에 대응하다 보면 아이들 스스로 생각을 하기 시작하는 것을 볼 수 있다. 아이는 자기 문제를 분석하고 결국 어떤 발전적 결론에 도달한다. 따라서 적극적 듣기는 자발적이고 책임감 있고, 독립적인 아이로 길러 내는 효과적인 방법 중 하나이다.

아이가 고민에 빠졌을 때 부모는 아이와 '함께' 있어야지 아이와 '하나'가 되어서는 안 된다.

㉰ 적극적 듣기를 할 때 주의사항

정확한 이해가 반드시 필요하다. 아이가 의미하는 바를 정확하게 이해하려면, 아이의 의미체계, 아이의 세계 안으로 들어가 아이의 입장이 되어야 한다.

적극적 듣기를 할 때 듣는 사람에게도 변화가 일어난다. 그 사람의 입장이 되고 그 사람의 관점으로 세상을 보면서 청자는 자기 자신의 의견과 태도가 바뀌는 경험을 하게 되는 것이다. 다른 사람의 경험을 열린 마음으로 받아들이면, 결국 자기 자신의 경험의 의미도 달라지는 결과를 낳을 수 있다.

그러나 이러한 효율적인 의사소통은 방해되고 부모자녀 간 갈등을 초래하게 되는데, 자녀를 양육할 때 부모들이 주로 사용하는 장애 요인적 언어표현을 보면 다음과 같다.

㉱ 12가지 장애요인적 언어표현

〈명령, 지시, 요구하기〉

부모는 모든 일을 자기 통제 하에 둔다. 자녀에게 부정적인 감정을 즉시 제거하고 아무렇지도 않은 척하라고 요구한다. "너는 반드시~", "너는 꼭 해야 한다" 등의 대화 속에서 자녀에게 공포감, 반항적인 행동, 말대꾸를 유발시킨다.

〈경고, 권고, 협박하기〉

만약에 어떤 행동을 하면 그 결과 어떻게 될 것인가를 말하여 자녀로 하여금 두려움으로 인하여 겉으로는 순종하는 것처럼 행동하게 한다. 그러나 저항, 거부, 분노 등을 유발시킨다. "네가 그 일을 하지 않으면 혼날 줄 알아", "만일 ~하지 않으면 그때는 가만 안 있을 테다"와 같은 표현이다. 이런 표현은 자녀로 하여금 위협받고 있는 결과를 시험해 보게 만든다.

〈훈계하기 , 설교하기〉

"~하는 것이 너의 책임이야", "너는 그래서는 못써", "너는 그것을 해서는 안 돼", "대신 이것을 해야 한다"는 식이다. 자녀에게 무엇인가를 했으면 하고, 원하고, 또 해야 한다고 강조하며 자녀의 책임감을 믿지 못한다는 것을 전달한다. 이들은 도덕주의자로서 금지하는 사람이다. 자녀는 의무감이나 죄책감을 갖게 되며 자기 입장을 고집하고 방어하게 될 수 있다.

〈충고하기, 해결책 주기, 제안하기〉

이런 부모는 자신이 오랫동안 인생역정을 거쳐 왔고 인생 문제에 대해 축적된 지식이 있는 인물이라는 것을 자녀에게 보여 주려고 한다. 이들은 설교하고, 조언을 하며, 자녀의 이성에 호소하고 자신들이 자녀들보다 얼마나 위대한가를 보여 주려고 한다. "내가 너라면~", "~하는 것이 어떻겠니?", "네게 충고 하나 하겠는데~" 하고 말한다. 자녀로 하여금 스스로 문제를 해결하는 노력을 포기하고 반항심, 의존성이나 저항을 유발하게 할 수 있다.

〈강의하기, 가르침주기, 논리적인 설득〉

부모는 자신의 견해나 정보, 논리적인 것, 반론 등을 실제적으로 자녀에게 영향을 미치기 위해 말한다. "네가 왜 잘못되었나 하면", "그것의 문제점은~", "그래, 그렇지만 이것은~"이라고 말한다. 이런 대화는 부모의 말을 무시하거나 듣기를 거부하게 만들 수 있고 자녀로 하여금 방어 자세와 반론, 열등감, 무력감을 갖게 할 수 있다.

〈판단하기, 비판하기, 탓하기〉

이런 부모는 아무런 재판도 없이 자녀가 이미 죄를 지었다고 선고한다. 부모는 항상 자신은 옳고 자녀는 그르다는 것을 입증하는 데 관심이 있다. "너는 지금 아주 잘못하고 있어", "네 생각은 논리적이지 않아" 등 자녀가 신중하지 못하고 게으르고 어리석고 부적절하다는 암시를 주고 있으므로 대화가 단절되고, 자녀는 반항적 말대꾸를 하게 되고 자신을 스스로 낮게 평가한다.

〈칭찬하기, 동조하기, 찬성하기〉

자녀가 명령에 따르는지를 부모가 감시할 뿐 아니라 매우 기대하고 있다는 것을 암시한다. "너는 잘할 수 있는 능력이 있는 아이야", "나는 네가 항상 옳다고 생각해", "너는 참 착하구나"라고 추켜세운다. 부모는 선심이나 바라는 행동을 조장하는 것같이 보이며 자녀는 칭찬받지 못할까 불안을 느낀다.

〈비웃기, 별명 부르기〉

부모는 자녀가 바보로 느끼고 수치심을 갖도록 한다. "너는 깡패처럼 행동하는구나", "이 울보야", "너는 그렇게 다 망치기만 하니?"라고 하여 자녀는 자신이 가치 없고 사랑받지 못하고 있다는 부정적인 자아개념을 가지게 된다. 이러한 표현은 자녀의 자아상에 파괴적인 영향을 끼칠 수 있다.

〈해석, 분석, 진단하기〉

"네가 정말 말하려 하는 것은 그게 아니야", "너는 네 노력이 수포로 돌아갈까 봐 두렵구나", "너는 지금 형을 질투하고 있구나", "너는 그렇게 말은 하지만 내 말을 믿지 않고 있구나" 등 부모는 마치 심리학자가 된 듯이 자녀에게 어떤 일에 대하여 동기가 무엇이었는지를 말해주고 왜 그랬나를 분석한다. 의사소통이란 분석하고 진단하는 것이라고 생각한다. 그러나 자녀는 궁지에 몰리거나 자신의 모든 것이 노출되었고 불신 당했다는 생각을 할 수 있다. 또한 대화하기를 꺼릴 수 있다.

〈안심시키기, 동정, 위로, 지지하기〉

"걱정하지 말아라", "네 느낌이 어떤지 알아, 시간이 지나면 괜찮아질 거야", "너는 아주 훌륭한 학생이 될 수 있어" 등 부모는 자녀가 나쁜 감정에서 벗어나도록 애쓰며 좋은 감정이 되도록 한다. 그러나 자녀들은 이해받지 못하고 있다고 느낄 수 있고 반발심을 갖게 될 수도 있다.

〈심문하기, 반문하기, 철저히 조사하기〉

이런 부모는 "교육을 받지 않으면 뭘 하겠다는 거냐?", "너는 왜 학교가 싫어졌다고 생각하니?", "대학을 가지 않으면 무얼 할 작정이냐?" 등 '누가, 무엇을, 왜, 어떻게'라고 따진다. 자녀는 부모가 왜 그런 질문을 하는지 혼란스럽고 불안해하며 부모의 말에 대충 대답하거나 거짓말을 하게 된다.

〈주의 돌리기, 화제 바꾸기, 유머, 빈정거림〉

부모 자신이 문제를 철회하고 주의를 바꾸어 문제의 핵심에서 벗어나게 함으로써 자녀가 해결해야 할 문제로부터 멀어지게 한다.

"저녁식사 시간에는 그런 말 하지 말자", "이제 그 일은 잊어버려라", "오늘 뉴스에 무엇이 나왔지?" 등으로 부모는 자리를 뜨거나 화제를 바꾼다. 이런 대화는 어려운 문제에 대해 부딪혀 해결하기보다는 회피하도록 암시하고 자녀의 문제가 중요하지 않고 쓸데없는 것이라고 생각하게 한다. 따라서 자녀는 어려움을 겪을 때 마음을 열지 않게 된다.

이상은 자녀가 문제를 가질 때, 부모들이 시도하는 가장 흔한 열두 가지의 도움을 주려는 노력들이다. 그러나 이런 노력들은 가끔씩 그 반대로 작용하며 걸림돌이 되어 결국은 자녀의 고민을 제거하는 데 실패하게 된다. 그러나 이러한 열두 가지 유형의 대화는 자녀의 행동이 문제영역에 속할 때만 걸림돌이 된다는 것을 명심해야 한다. 즉, 자녀와의 관계가 문제없는 영역에 속한다면 질문이나 농담, 설명 같은 방법은 오히려 적절하고 생산적인 것이 되기도 한다. 그러나 욕설과 빈정거림은 도움이 되지 않을 뿐 아니라 적절하지도 않다.

(4) 부모의 수용성 수준 파악하기

부모와 자녀의 관계는 상호작용에 의해 결정되는 것이기 때문에 자녀양육도 양면적으로 이해해야 한다. 부모는 그때그때마다 자녀에 대하여 두 가지의 다른 감정을 가지는데, 수용하는 감정과 비수용 감정이 그것이다.

자녀에 대해 어느 정도 수용적인가는 그 부모 자신이 어떤 사람인가와 어느 정도 관계가 있다. 부모 가운데는 자녀에 대하여 매우 수용적인 사람이 있는가 하면 반면에 전혀 수용적이지 않은 사람도 있다. 여기에는 부모의 정서적 안정성, 허용수준, 부모의 자아존중감, 자신의 감정이 주위에 의해 좌우되지 않는 것 등 인성적 특징이 있다.

타인의 행동을 수용하는 정도에 영향을 주는 요인을 정리하면 다음의 세 가지로 요약할 수 있다.

첫째, 자신의 요소이다. 현재의 행동, 기분, 그리고 욕구는 다른 사람의 행동을 수용하는 느낌에 영향을 준다. 예를 들어 평소에는 수용할 수 있었던 자녀들의 장난이 몸이 아플 때는 수용하기 어려운 경우이다.

둘째, 환경이다. 자녀의 행동이 일어나는 시간과 장소에 따라 영향을 줄 수 있다. 예를 들어 마당에서 소리치고 노는 것은 수용이 되나 거실에서는 그런 행위가 수용되지 않는 경우이다.

셋째, 자녀의 특성이다. 자녀의 특성이나 연령이 수용 정도에 영향을 준다. 유아가 길에서 자전거를 타는 것은 수용되지 않으나 고등학생 자녀가 타는 것은 수용하는 것이다.

이상에서 자녀의 행동을 보는 부모의 견해에는 차이가 있다. 같은 종류의 행동도 어떤 부모는 문제로 보고 어떤 부모는 정상적 행동으로 여긴다. 또한 자녀 행동을 수용하는 수준은 부모의 기분, 집안 사정, 주위사정, 사회분위기에 따라 항상 변화하게 마련이며 자녀의 출생순위와도 관계가 있다. 자녀양육을 할 때 먼저 부모는 자신의 수용성 수준이 어느 정도인가를 파악할 필요가 있다.

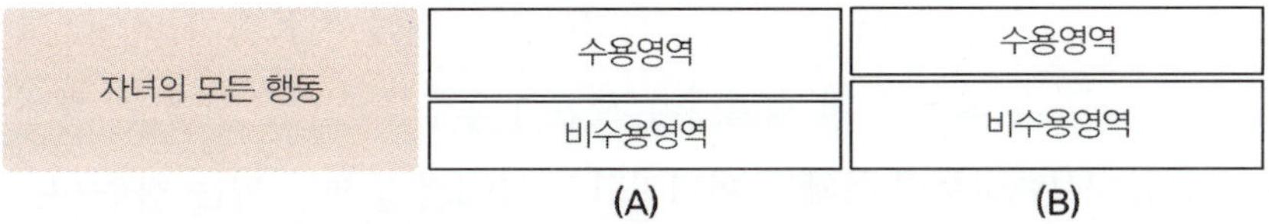

[그림 7-1] 수용영역과 비수용영역

사각형의 어느 부분에 선을 그을 것인가는 부모에 따라 달라진다. 그림처럼 자녀의 행동 중에서 수용할 수 없는 것이 적고 애정으로 많은 것을 받아 주는 부모(A)도 있다. 한편 그림처럼 받아들이는 것이 적고 많은 행동을 받아들이지 않는 부모(B)도 있을 것이다.

(5) 문제의 소유자 파악하기

부모의 수용성 수준이 어느 정도인가를 파악한 뒤 문제의 소유자가 누구인가를 파악한다. 자녀에게는 아무런 문제가 되지 않으나 자녀의 행동의 결과로 부모가 문제를 느끼는 경우도 있고, 또한 부모의 생활태도와 관계없이 자녀들이 느끼고 부딪히는 문제가 있는가를 파악한다. 따라서 문제 해결의 방법을 찾기 위해서 먼저 문제를 누가 가지고 있는가를 알아보아야 한다.

❶ 부모가 문제를 소유하는 경우

자녀는 욕구를 충족시키고 있으나 그의 행동이 부모에게 문제가 된다. 왜냐하면 자녀의 행동이 부모의 욕구 충족을 분명히 방해하고 있기 때문이다. 이런 경우 부모가 문제를 갖는다.

부모가 자녀의 어떤 행동에 대해 거부 감정(비수용 영역)을 느끼는 경우가 있다. 예를 들어 거실에서 시끄러운 소리를 지르며 뛰어다닌다든지, 전화를 받고 있는데 칭얼대며 자신의 요구를 한다든지 하는 행위는 자녀로서는 아무런 문제가 아니지만 부모에게 문제가 되는 경우이다.

❷ 자녀가 문제를 소유하는 경우

자녀가 욕구 충족을 방해 받음으로써 문제를 갖는다. 그러나 자녀의 행동은 부모의 욕구를 충족시키는 데 구체적으로 장애가 되지 않아서 부모에게는 문제가 없고 자녀가 문제를 갖는다.

예를 들어 '어떤 친구에게도 사랑을 받지 못해서 슬프다', '학교에서 축구팀에 들어가지 못해서 속상하다', '어떤 선생님이 싫어서 그 과목의 성적이 좋지 않다' 등의 경우로, 이러한 문제는 자녀가 그들의 인생을 살아가는 데 반드시 겪게 되는 문제이다.

부모는 자녀의 행동을 수용할 수 있지만 자녀 자신이 문제를 갖고 있기 때문에 좌절과 갈등을 느낀다. 이런 경우는 자녀가 스스로 문제를 해결하게 하는 것이 가장 좋다. 자녀를 양육하는 부모들이 어려움을 더 많이 느끼는 것은 그들의 문제까지 부모의 문제로 받아들여 모두 해결하고자 하기 때문이다. 자녀는 어른이 생각하는 것보다 자신의 문제를 현명하게 처리할 능력이 있고 또 장래에 부딪힐 문제에 대비하여 어려서부터 자신의 문제해결을 경험해야 한다.

❸ 문제없는 영역

마지막으로 부모가 수용할 수 있으면서 자녀들도 문제를 느끼고 있지 않다면 '문제없는 영역'에 속한다. 자녀는 자신의 욕구를 만족시키고 있으며 그의 행동은 부모 자신의 욕구에 방해가 되는 것도 아니다.

따라서 부모와 자녀 양쪽에 모두 문제가 없다. 예를 들어 자녀가 숙제를 다 한 후에 조용히 자신의 방에서 책을 읽고 있는 경우 자녀나 부모 모두에게 아무런 문제가 없는 경우이다.

표 7-1 문제 소유와 수용영역

수용 영역	자녀의 문제	부모가 수용할 수 있는 행동이나 자녀에게 문제가 되는 것들
	문제없는 영역	부모가 수용할 수 있는 행동이면서 동시에 자녀에게도 문제가 되지 않는 것
비수용 영역	부모의 문제	부모가 수용할 수 없는 자녀의 행동들

고든의 PET의 목적은 부모들이 효과적으로 자녀들과의 관계에서 문제없는 영역을 증대시키도록 해주는 것이다.

자녀들이 문제를 가졌을 때와 부모들이 문제를 가졌을 경우 다루는 방법에는 차이가 있다. 따라서 일단 문제의 소유자가 누군가를 파악한 뒤에는 다음과 같은 방법을 사용한다.

(6) 상호성장을 돕는 경청기술들

자녀에게 문제가 있을 경우 돕는 방법이다. 일상생활에서 자녀들이 여러 가지 문제에 부딪혔을 때 자녀를 도울 수 있는 기술이 필요한데, 부모가 자녀의 문제를 도울 수 있는 최선의 방법은 자녀들의 말을 잘 들어주는 것이다.

고든은 잘 듣는다는 것을 다음과 같은 네 가지의 기본적인 경청기술로 설명한다.

❶ 소극적인 경청, 혹은 침묵(passive listening or silence)

말없이 자녀의 말을 잘 들어주는 것이다. 부모가 계속 말을 많이 하게 되면 자녀는 자신의 문제를 이야기할 기회를 갖지 못한다. 말없이 들어주는 태도는 "네 느낌이 어떤지 안다", "이건 네 문제니 네가 책임지고 결정할 수 있을 걸로 믿는다"라는 메시지를 전달하게 된다.

❷ 인식반응 보이기(acknowledgement or responses)

자녀들은 시종일관 듣기만 하는 부모에게는 자신의 행동이나 문제가 수용되지 않는다고 이해한다. 열심히 듣고 있다는 것을 알리는 언어적, 비언어적 신호를 보내서 표현할 필요가 있다. 고개를 끄덕인다든지, 앞으로 몸을 구부려 수그리고 듣는다든지, 미소를 짓거나, 얼굴을 찡그리면서 듣는 등 몸으로 표현하는 것은 비언어적이며, "아아", "음", "그래서 어땠는데" 등은 언어적 표현이다. 이러한 인식 반응을 보이면 자녀는 부모가 자신의 문제를 진지하게 듣고 있다는 생각을 하게 된다.

❸ 계속 말하게 격려하기(door openers or invitation)

자녀들은 때때로 자신의 감정과 문제를 부모에게 말할 때 격려 받을 필요가 있다. 즉, 계속해서 더 말하게끔 격려를 해주어야 한다. "그것에 대해 좀 더 듣고 싶구나", "그것에 대해 뭔가 느끼고 있는 것 같다", "그 문제에 대한 네 생각이 참 흥미롭구나"와 같은 말은 계속해서 말하도록 격려한다. 판단하고 비판하지 않으면서 문제를 자녀와 함께 걱정하고 싶다는 뜻만을 전달해야 한다.

❹ 반영적 경청(active listening or reflective listening)

자녀가 문제를 소유했을 경우에 부모가 도울 수 있는 최선의 방법은 부모들이 나서서 해결해 주려 하지 말고 잘 들어주는 것이다. 자녀들은 자신의 문제를 말로 표현하는 동안 나름대로 건설적인 방법을 터득하게 될 것이다.

자녀의 이야기를 들은 후 부모는 자녀로 하여금 자기가 이야기 한 것과 이야기하지 않은 이면에 숨은 감정을 다 안다는 것을 주지시켜야 한다. 부모는 반영적으로 들어줌으로써 자녀가 당황하고 있는 문제에 대해 이해하고, 이를 통해 생각하도록 도와줄 수 있다. 즉, 부모는 자녀가 문제를 해결하도록 돕기 위하여 그들의 감정을 정리하게 해줄 수 있다. 예를 들어 "우리 선생님이 너무 불공평했어. 이제 나는 선생님한테 인정받기는 글렀어"라고 말한다면 "너는 화가 나고 실망해서 포기했구나"라고 자녀의 마음을 반영해 준다.

이와 같이 반영적 경청은 자녀가 느끼고 의미하는 것을 파악하는 것이다. 부모가 숨은 의미를 짚어 줌으로써 자녀로 하여금 이해되고 수용되고 있다는 것을 느끼게 한다. 부모는 자녀가 보낸 메시지의 의미를 새로운 표현으로 되돌려 보냄으로써 자녀로 하여금 자신을 좀 더 분명하게 볼 수 있게 하는 일종의 거울역할을 해주는 것이다.

예를 들어 배고픈 자녀가 메시지를 보낸다. 즉, 자신의 메시지를 "저녁밥은 언제 먹어요?"라고 기호화하여 어머니에게 보낸다. 이 신호를 받는 어머니는 그 메시지를 해독하여 그 의미(자녀의 내부에 무엇이 일어나고 있는지)를 이해한다. 어머니가 정확히 기호를 해독했다면 자녀가 배가 고프다는 것을 알게 된다. 그러나 어머니가 잘못 해석하여 '빨리 저녁밥을 먹고 자기 전에 밖에 나가려나 보다'라고 해석했다면 오해가 생기게 된다.

반영적 경청이란 메시지를 받는 쪽(부모)이 보내는 쪽(자녀)의 메시지만을 주의 깊게 들음으로써 자신의 생각이나 감정을 잠시 중단할 것을 요구한다. 즉, 보내는 메시지를 뜻하는 대로 바르게 이해하기 위해서는 자녀의 입장(자녀의 현실 세계)에 자기를 놔 보지 않으면 안 되고 그렇게 함으로써 보내는 쪽이 의도하는 메시지의 뜻을 이해할 수 있게 된다.

이러한 반영적 경청을 사용할 경우, 상대방의 사고방식과 느낌을 정확히 이해함으로써 일시적으로 상대방의 입장이 되어 생각할 수 있다. 그리고 타인의 경험에 대하여 마음을 열고, 자기 자신의 경험을 고칠 가능성을 갖게 되는 결실을 얻는다.

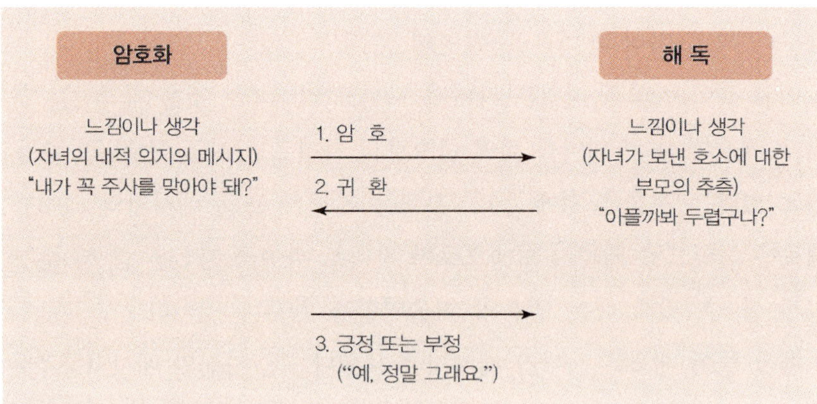

[그림 7-2] 반영적 경청의 과정

⑤ 폐쇄적 반응과 개방적 반응

한편 인간의 의사소통은 폐쇄적 반응과 개방적 반응의 관점에서 기술될 수 있다. 폐쇄적 반응이란 듣는 이가 잘 듣지 않고 들은 말에 대해서 이해도 못하는 것을 의미한다. 이는 의사소통을 단절시키는 경향이 있다. 반대로 개방적 반응이란 듣는 이가 다른 사람이 말한 것을 잘 듣고, 단어 뒤에 숨은 감정을 분명히 지적함으로써 말하는 이의 말에 반응하는 것을 말한다.

〈예〉

"나는 다시는 그 애와 놀지 않을 거야."
"잊어버려. 그 애는 그런 뜻으로 한 말이 아닐 거야."(폐쇄적 반응)
"너는 그 애에게 정말 화가 났구나."(개방적 반응)

"나는 오늘 학교 가기 싫어."
"누구나 학교에 가야 한단다. 그래야 하는 법이야"(폐쇄적 반응)
"민수가 너를 괴롭힐까 봐 두려워하고 있구나"(개방적 반응)

"오늘은 저녁이 먹기 싫어요"
"왜 그래, 네 나이에는 하루에 세 끼는 먹어야 해"(폐쇄적 반응)
"그렇구나, 좀 긴장해 있는 것 같구나"(개방적 반응)

반영적 경청은 자녀의 감정과 의미를 반영하는 개방적인 반응을 의미한다. 여기에는 다양한 감정에 대응하는 민감성과 그것을 표현하는 능력이 요구된다. 이것은 옳고 그름을 평가하지 않는 것이다.

(7) 부모 입장 알리기(I-message)

자녀의 행동이 마음에 안 들거나 또는 자녀의 행동을 쳐다볼 때 불쾌감을 갖게 된다면 곧 문제의 소유자가 부모자신인 것이다. 예를 들어 컵의 우유를 카펫에 쏟으려고 한다든지, 친구와의 대화를 막고 집에 가자고 손을 잡아끈다든지, 거실에 장난감을 어지럽게 늘어놓는 등의 자녀의 행동은 부모의 정당한 욕구를 방해하는 행위들이다.

부모가 이와 같이 문제를 소유할 때 대개 다음과 같이 해결하려고 접근한다. 즉, 자녀에게 해결책을 제시하려 하거나 충고, 제안 또는 명령하고 비난하는 의미를 전달하게 된다. 그러나 이와 같은 방법은 자녀를 믿지 않고 변명하게 하고 화나게 할 뿐 오히려 관계를 악화시키는 결과를 가져온다.

자녀의 행동으로 인하여 부모가 좌절, 갈등을 느끼면 부모가 문제를 소유하게 되는데, 이를 효과적으로 자녀에게 전달할 필요가 있다. 자녀에게 영향을 미치려면 부모는 자녀에게 부모의 느낌, 의사 및 의도가 이해되도록 의견을 교환할 수 있어야 한다.

자녀에게 이야기 할 때 '너 메시지(You-message)'와 '나 메시지(I-message)'에 대해 생각해 볼 필요가 있다. '너 메시지'란 자녀를 탓하고 비난하는 것이다. 또한 자녀에게 잘못이 있다고 말하는 것이며, 말로 공격하는 것이다. "너는 왜 그렇게 행동하니?", "너는 조용히 못하겠니?" 등의 '너'로 시작하는 비효과적인 메시지를 말한다.

반면에 '나 메시지'는 단순히 자녀의 행동에 대한 부모의 느낌을 말하는 것이다. 여기서는 부모 자신이 중심이 된다. 부모의 느낌을 말하는 것이며 자녀를 탓하지 않는다. 예를 들어 "네가 너무 떠들면 엄마는 전화소리가 잘 안 들려서 엄마 친구와 대화를 할 수 없구나" 같은 것이다.

이와 같이 '나 메시지'는 부모가 자녀를 양육하는 과정에서 자녀의 행동이 부모에게 문제가 될 때 부모가 느끼는 감정과 경험을 표현하는 부모자신의 의사소통 방법이다. 이 방법을 활용하게 되면 부모 자신이 스스로를 더 잘 이해하게 되고 자녀에게 부모를 더 잘 알릴 수 있도록 도와주며, 결국은 자녀에게 부모의 마음을 개방할 수 있게 한다. 자녀를 비난하지 않고 부모의 솔직한 마음과 감정을 나타내므로 자녀들은 방어적이지 않고 스스로 책임감을 가지게 된다.

그림 7-3을 보면 '나 메시지'와 '너 메시지'의 차이를 이해할 수 있다. 자녀의 행동이 부모의 즐거움이나 욕구충족을 방해하여 부모에게 수용되지 않을 경우 문제를 소유하는 쪽은 부모이다. 그래서 자기가 무엇을 생각하고 있는지를 자녀에게 알리기 위해 적절한 기호를 선택해야 한다. 피곤해서 자녀에게 책을 읽어 줄 수 없는 엄마의 경우 그림과 같이 '너 메시지'를 사용할 경우 "네가 귀찮다"라는 메시지를 주고 자녀는 자신이 나쁜 아이라고 생각하게 된다. 그러나 '나 메시지'를 사용할 경우 "지금은 읽어 줄 형편이 아니다", "쉬고 싶다"라는 감정이 전달된다. 그러나 '너 메시지'의 경우는 부모의 그러한 감정이 전달되지 않는다. 자녀의 입장에서 '너 메시지'는 사실의 진술이 아닌 평가라고 해석하고 비난받았다고 느낄 수 있는 것이다.

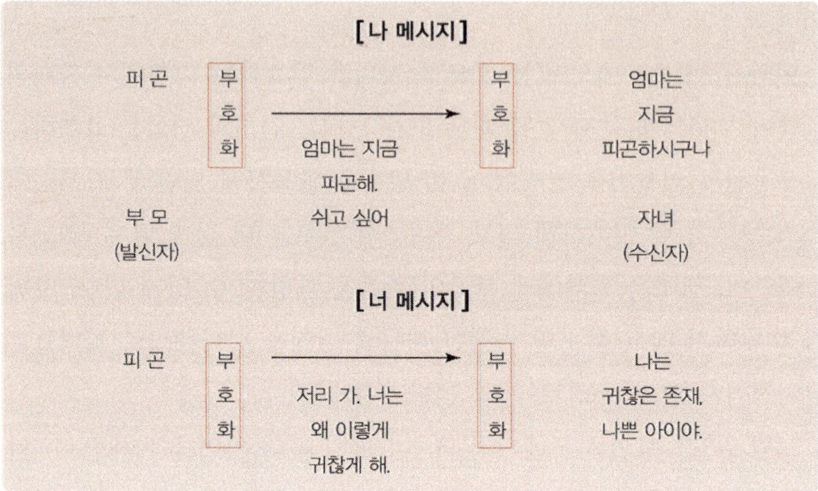

[그림 7-3] 나 메시지와 너 메시지

행동 그 자체보다는 행동의 결과에 중심을 두고 있는 '나 메시지'는 일반적으로 다음의 세 부분으로 나뉜다.

❶ 행동

수용할 수 없는 행동에 대해 비난이나 비평 없는 설명을 한다. 부모에게 방해가 되는 행동을 말한다. "네가 …… 하면(행동서술)"으로 표현한다.

"네가 학교가 끝나고 전화도 없이 안 돌아오면……" "네가 차 안에서 장난을 치면……"과 같은 것이다. 수용할 수 없는 자녀의 행동에 대하여 비난이나 비평도 하지 않으며, 화를 내지 않고 단순히 행동 상황을 서술한다.

❷ 느낌

행동의 결과 때문에 생긴 부모의 느낌을 간단히 서술한다. "나는 ~라고 느낀다"로 표현한다.

"너에게 무슨 일이 생겼나 걱정이 된다", "나는 정신이 없고 운전에 집중이 안 되서 두려워진다"와 같은 것이다. 자녀의 행동이 부모의 느낌에 어떤 영향을 끼치고 있는가를 구체적이고 간결하게 서술한다.

❸ 구체적 영향(결과)

행동이 미치는 구체적 영향에 대해 설명한다. 결과에 대해 어떻게 느끼고 있는가를 말한다. "왜냐하면~(결과 서술)", "나는 네가 어디 있는지 알 수 없기 때문이다.", "왜냐하면 꼭 사고가 날 것 같기 때문이다."라고 표현한다. 자녀의 행동이나 그 행동이 미칠 구체적인 영향에 대해 부모의 감정이나 느낌이 어떤가를 서술한다.

이와 같이 말할 때 '왜냐하면'을 강조한다. 그러면 자녀는 '부모의 느낌은 행동 자체가 아니고 행동으로 인한 결과와 관계있다'는 것을 알게 된다. 이러한 '나 메시지'는 부모의 있는 그대로의 모습으로 자녀가 부모를 이해하며, 자녀도 있는 그대로의 모습을 부모에게 보이는 것을 촉진한다. 이러한 관계는 서로 소외당하는 대신 보다 부모다워지고 자녀다워지는 관계를 만들 수 있다.

위에서 살펴보았듯이 자녀들이 문제를 가졌을 때와 부모들이 문제를 가졌을 경우 다루는 방법에서 차이가 있다. 부모자녀 간의 문제가 있을 때 문제해결을 위해서는 문제의 소유자가 누군가를 파악한 뒤 그에 따른 적절한 방법을 사용하여야 한다. PET의 목적은 그림과 같이 부모들이 효과적으로 자녀들과의 관계에서 문제없는 영역을 증대시키도록 해주는 것이다.

수용 영역	자녀의 문제	반영적 경청
	↑ ↑	↑ ↑
	문제없는 영역	
	↓ ↓	↓ ↓
비수용 영역	부모의 문제	나 메시지(자녀 수정) 환경 재구성, 자기 수정

[그림 7-4] 문제에 따른 해결방법

(8) 무승부법(no-lose method)

위에서 말한 '나 메시지'를 사용해서도 자녀가 자신의 문제를 수정하지 않는 경우 부모자녀간의 갈등은 계속 남게 되고 이때 부모는 다음의 세 가지 방법을 쓰게 된다.

제1의 방법은, 권위적인 방법으로 부모가 자신의 권위를 사용하여 위협하고 경고함으로써 자녀를 복종하게 하는 것이다. 그러나 이러한 방법은 자녀가 해결책을 실행하려는 자발적인 동기부여가 전혀 없기 때문에 부모에 대한 반발심이 일어나서 부모가 그 해결책을 실행하려 해도 잘되지 않는다. 또한 자녀 자신이 자기규제를 발달시킬 기회를 상실하고 만다.

제2의 방법은, 부모가 자녀에게 무기력하게 되어 자녀가 원하는 대로 끌려가는 것으로 지나치게 허용적인 부모들이 많이 경험하는 사례이다. 이러한 방법으로 자란 자녀는 부모의 희생 위에 자신의 권력행사를 신장하는 것이 되므로, 부모를 자기 생각대로 만들기 위해 억지와 울부짖음을 사용하고 때로는 꾀를 쓰기도 한다. 자기의 욕구가 다른 어떤 사람의 욕구보다 중요하다고 생각하고 자기 행동에 대한 내적 규제가 결여되어 있다. 이기적이고 자기중심적이며 유아독존적인 자녀가 된다.

위의 두 가지 방법은 모두가 바람직하지 못하기 때문에 고든은 다음의 세 번째 방법을 제안하였다. 이것은 부모자녀가 서로의 욕구를 만족시킬 수 있으며, 어느 쪽도 지는 사람이 없이 양쪽 모두 이기게 되는 무패의 방법이다. 즉, 부모와 자녀가 앉아서 객관적인 태도로 사실, 문제들을 토의하면서 문제해결을 해 나가는 방법이다. 이러한 민주적 방법은 양자의 힘이 동등할 때 행사될 수 있는 것으로 부모가 자녀의 인격을 존중할 때 사용될 수 있다. 이렇게 비권위적인 방법을 사용하여 문제해결을 하게 되면 자녀는 자신이 한 결정에 대해 책임을 질 수 있게 된다.

제3의 방법인 무승부법에는 6단계가 있다.

❶ 제1단계 : 문제 정의하기

이 단계는 매우 중요한 단계이다. 자녀의 주의를 끌고 다음의 문제해결로 들어가기 전에 문제에 대한 자녀의 생각을 분명하게 해야 하기 때문이다. 문제에 대해 부모가 진술할 때 이것이 비난이나 판단을 전하려는 것이 아님을 분명히 한 후에 자녀의 욕구에 대해서 들어본다. 문제해결을 위해서는 정확한 갈등의 규정을 위해 서로가 상대방의 욕구를 이해하고 감정으로부터 자유로워질 필요가 있다. 그리고 문제 정의가 같은 의미로 받아들여졌는가를 확인하고, 아무도 패자가 되지 않고 모두의 욕구를 충족시킬 수 있는 해결책을 찾아보겠다는 부모의 성의를 자녀가 믿게 해야 한다.

❷ 제2단계 : 가능한 해결책 제시하기

이 단계의 열쇠는 가능한 여러 가지 해결책을 내는 일이다. 가능하면 자녀가 먼저 해결책을 끌어내게 유도한다. 그러나 그에 대해 평가하거나 헐뜯어서는 절대 안 된다. 더 이상 제안이 나오지 않을 때까지 "또 다른 해결안은 없을까?"라고 물으면서 더 좋은 안이 나오도록 만든다.

❸ 제3단계 : 해결책 평가하기

이 단계에서는 내놓은 해결책을 평가해도 좋다. 부모와 자녀, 어느 한쪽이라도 받아들일 수 없는 안이 있다면 하나씩 제거시켜 간다. 그러면 양쪽 모두에게 좋다고 생각되는 안이 한두 개만 남게 된다. 이 단계에서는 부모가 자신의 감정을 솔직하게 말하는 것을 잊으면 안 된다. '가능한 해결책에 결함은 없나?', '해결책이 실천 가능하지 않은 이유는 무엇인가?', '모두에게 공평한가?' 등의 부분을 신중하게 검토한다.

❹ 제4단계 : 수용 가능한 해결책 정리하기

앞 단계에서 의견이나 생각의 교환이 개방적이고 정직하게 진행되었다면 분명히 좋은 해결책이 나올 수 있다. 자녀에게 해결책을 강요하거나 설득하려 해서는 안 된다. 자녀가 수용할 수 있는 해결책을 자유롭게 선택하지 못한다면, 그것을 실천에 옮기지 않을 가능성이 크다.

❺ 제5단계 : 해결책 실행하기

결정을 내린 후 그것을 어떻게 실행할 것인지를 확실하고 세밀하게 결정할 필요가 있다. 누가, 언제, 무엇을 행동하는가 등이다. 만일 자녀가 합의된 사항을 이행하지 못한다면 '나 메시지'로 말하거나 기억을 되살릴 수 있다. 그러나 매번 자녀에게 과제를 수행할 것을 상기시키는 실수를 범해서는 안 된다. 단지 의존성과 원한이 생길 뿐이다. 자녀가 합의내용을 수행하지 않는 것을 결코 용납하지 않을 거라는 생각을 자녀가 이해할 때까지 많은 대립을 겪을 각오를 할 필요가 있다.

❻ 실헹 결과에 대해 평가하기

때로는 문제해결 방법이 최선이 아닐 수도 있다. 그리고 잘못된 점을 발견할 경우 더 좋은 방안을 위해 수정할 수도 있다. 부모나 자녀는 양자 간에 수용할 수 있는 선에서 결정 사항이 바뀌고 언제든지 수정이 가능하다는 것을 안다. 수정에 대해 개방적일 필요가 있다.

(9) 환경을 재구성하기

가정환경을 바꾸어 주는 것은 말을 배우기 이전의 유아의 수용할 수 없는 행동을 수정하는 데 특히 유용하다. 자녀의 수용할 수 없는 행동을 바꾸기 위해 가정환경을 바꾸는 주된 방법들은 다음과 같다.

❶ 환경에 더해 주기(풍요롭게 하기, 확대하기)

- 자녀의 관심이나 흥미를 끌 수 있는 활동이나 소재를 도입한다.
- 자녀의 행동을 촉진하도록 움직이고 놀 수 있는 영역을 넓혀 준다.

❷ 환경을 정돈해 주기(축소하기, 제한하기)

- 바람직하지 못한 행동을 일으키는 자극이나 물리적 요소들을 줄여 준다.
- 자녀의 위험한 행동을 제한하기 위하여 마음대로 움직이거나 노는 범위를 규제한다.

❸ 환경을 바꿔 주기(단순화하기, 체계화하기, 재배열하기)

- 자녀가 효과적이고 독자적으로 활동할 수 있도록 집안 구조를 편리하게 만든다.
- 일상생활에 필요한 기본원칙과 규칙을 자녀와 서로 동의해서 만든다.
- 자녀의 바람직하지 못한 행동이나, 혹은 권하고 싶은 행동을 위해 가정의 여러 가구를 재진열하거나 치우는 등 재배치한다.

❹ 주어진 환경을 계획하기(시간표 작성하기, 정보교환하기)

- 부모와 자녀의 욕구가 충족되는 시간을 서로가 나누어서 정한다.
- 앞으로의 일을 자녀가 대비할 수 있도록 미리 귀뜸해 준다.

3) 부모교육의 방법

PET 프로그램은 고든이 조직한 협회에서 운영하고 있으며, 교육은 강사교육과 부모를 대상으로 하는 일반교육으로 나뉜다.

강사는 목회자, 학교 상담자, 가정문제 전문가, 학교 심리학자, 영유아교육기관의 교사, 부모교육 전문가, 청소년 전문가 등 인간관계를 다루는 분야의 전공자와 그 외 프로그램에 관심 있는 사람들이 참여하여 훈련을 받은 후 강사자격증을 취득하는 과정을 밟는다.

부모를 대리하는 일을 맡아 보는 많은 사람들도 이 부모훈련 강좌에 참가하였다. 즉, 교사훈련(Teacher Effectiveness Training), 카운슬러 훈련(Counselor Effectiveness Training), 지도자 훈련(Leader Effectiveness Training)과 같은 별도의 응용 프로그램이 그것이다.

훈련 받은 강사는 자신의 지역사회에서 모임을 조직하여 PET 프로그램을 실시한다. 교육 자료는 고든의 저서 'PET'를 사용하고 한 학급은 열 명 정도로 강사가 제시하는 시범에 따라 역할놀이를 하면서 자녀양육의 기술을 익힌다. 부모들은 프로그램을 통하여 실제적인 기술을 익히고, 가정에서 자신감을 갖고 적용해 보면서 당면하는 문제들을 해결하는 방법을 훈련 받게 된다.

CHAPTER 08

부모교육 프로그램 II

학습목표

1. STEP 프로그램의 이론적 배경을 알 수 있다.
2. STEP 프로그램의 활용과 적용방법을 알 수 있다.
3. 인본주의 부모교육 프로그램의 이론적 배경을 알 수 있다.
4. 인본주의 부모교육 프로그램의 전략 및 내용을 설명할 수 있다.
5. 프로그램들 간의 차이를 알고 적절한 사용을 위한 방법을 알 수 있다.

01 효율적인 부모역할 수행을 위한 체계적 훈련 : STEP 프로그램

1) 이론적 배경

'STEP(Systematic Training for Effective Parenting) 프로그램'은 딩크메이어와 멕케이(Dinkmeyer & Mackay, 1976)가 개발한 것으로, 드라이커스(Dreikurs)의 '민주적 양육 이론'과 고든(Gordon)의 '부모효율성 훈련 이론' 중 장점만을 골라서 체계화하여 훌륭한 부모가 되고자 하는 성인을 위해 고안된 프로그램이다. 이것은 주 교재를 한 주에 한 장(chapter)씩 읽으며 9주 동안 자녀양육 문제를 토의하고 경험담을 나눌 수 있게 꾸며져 있다.

딩크메이어와 멕케이에 의하면 우리 사회가 전통적 사회로 지속되었다면 오늘날처럼 부모자녀 사이에 갈등이란 존재하지 않고 아내는 남편에게, 자녀는 부모에게 순종하는 위계질서가 잘 지켜졌을 것이라고 한다. 그러나 사회는 끊임없이 변하기 때문에 부모자녀관계에 갈등이 생긴다. 민주사회의 발달은 사람들 사이의 민주적 관계를 강조하기에 이르렀으며, 특히 여성과 자녀에게 부여된 동등권은 자기 권리를 주장하는 의식을 심어 주게 되었다.

변화하는 사회는 전통적 사회와는 다른 자녀 훈육방법을 필요로 한다. 그것은 곧 민주사회의 움직임에 적합한 민주적 자녀 훈육방법이다. STEP에서는 자녀의 행동에 대한 제한을 좀 더 줄이는 방법을 추천하고 있다. 즉, 부모와 자녀는 사회적으로 평등하다는 것이다. 이때의 평등이란 인간의 가치와 존엄성에 있어서의 평등을 말한다. 민주사회는 사회가 정한 규범 안에서 모든 사람이 존중되고 스스로 결정할 자격이 있는 사회이다.

2) 자녀양육의 원리

(1) 부모와 자녀는 사회적으로 평등한 관계이다

민주사회는 모든 개인에게 책임 있는 행동을 요구한다. 따라서 책임 있는 성인을 키워 내기 위해서는 가정에서 먼저 책임 있는 자녀로 자라야 한다. 민주적 자녀양육이란 평등과 상호존중이 바탕이 되어야 한다. 자녀의 선택과 결정이 상과 벌에 우선하도록 하고, 자녀가 스스로의 선택과 결정의 결과에 대해 책임지는 훈련을 한다.

(2) 자녀의 행동을 이해한다

성인들은 자녀의 행동에 대한 이해가 부족하다. 부모는 자녀의 잘못된 행동이 어떤 연령이나 단계 때문이 아니라 모든 행동에는 사회적인 목적이 있다는 것을 이해해야 한다.

(3) 자녀의 잘못된 행동에는 그 이유(목표)가 있다

자녀들이 잘못된 행동을 통해 어떤 것을 성취하려고 하는지, 즉 그 행동의 목표가 무엇인지를 알아야 한다. 따라서 자녀의 행동 자체보다는 잘못된 행동의 결과를 관찰하도록 부모가 자기 훈련을 하라는 것이다.

(4) 부모자녀를 위한 긍정적 관계의 기본 요소를 알아야 한다

1. 상호존중의 태도를 유지한다. 즉, 부모는 자녀를 존중하는 태도를 보이고 부정적인 말을 삼간다. 그리고 말을 할 때는 친숙한 분위기에서 이야기를 나눈다.
2. 즐거운 시간을 갖는다. 매일 잠깐이라도 부모도 즐기고 아이도 즐길 수 있는 시간을 갖는다. 잠자리에 들기 전 시간은 함께 즐기기 위한 좋은 시간이다.
3. 자녀를 격려한다. 자녀가 스스로를 '능력 있다'라고 느끼도록 끊임없이 격려한다.
4. 자녀에게 사랑을 표시한다. 말로만이 아니라 실제 행동을 통해

안아주고 쓰다듬어 주고 토닥거려 주는 등의 표현을 해주어야 안정감을 느끼고 사랑받고 있음을 느낄 수 있다.

3) 부모교육의 내용

이 프로그램은 아홉 개의 주제로 이루어져 있는데, 9주간의 주요 교육내용을 살펴보면 ① 자녀행동의 이해, ② 자녀 이해와 부모 자신의 이해, ③ 자신감과 자아존중감 길러 주기, ④ 의사소통 : 반영적 경청, ⑤ 의소사통 : 대안 찾기, 나 메시지, ⑥ 책임감 훈육을 위한 자연적·논리적 귀결의 사용, ⑦ 자연적·논리적 결과의 활용, ⑧ 가족모임, ⑨ 자신감 신장 및 잠재력 신장 등이다.

프로그램에서 소개된 구체적 내용을 살펴보면 다음과 같다.

(1) 자녀 행동의 이해

자녀를 통제하고 지배하던 과거와 달리 부모는 자녀의 일반적인 행동, 잘못된 행동, 그리고 느낌을 이해하는 방법을 배워야 함을 강조한다. 자녀의 행동을 이해하기 위해서는 자녀의 잘못된 행동을 주의 깊게 관찰하고, 그 행동의 이면에 숨은 잘못된 행동 목표를 발견해야 한다. 그 목표를 이해한다면 좀 더 유능한 부모가 될 수 있다고 했다. 자녀가 좋은 방법으로 사회에 소속될 수 없다고 생각하면 잘못된 행동목표를 갖고 그러한 방법으로라도 소속되기를 원한다. 잘못된 행동목표로는 관심 끌기, 힘 행사하기, 앙갚음, 무능함 보이기가 있다. 이러한 잘못된 행동목표를 갖는 것은 자녀의 좌절로부터 비롯된다. 즉, 자녀는 자기의 위치를 위협받지 않는다면 잘못된 행동을 하지 않을 것이다.

부모는 자녀의 좌절을 이해하고 자녀와 긍정적 관계를 형성하는 데 힘을 기울여야 한다. 긍정적 관계를 맺기 위한 기본적인 요소는 상호존중, 즐거운 시간 갖기, 격려, 사랑의 표시 등이다.

표 8-1 완벽한 부모와 책임있는 부모

완벽한 부모	책임 있는 부모
〈부모의 신념〉 • 나는 자녀를 통제해야 한다. • 나는 우월하다. • 나는 완전해야 한다. • 다른 사람이 나보다 더 중요하다.	**〈부모의 신념〉** • 자녀가 스스로 결정할 수 있다고 믿는다. • 나는 상호존중을 믿는다. • 나는 인간이다. 내가 불완전한 것이 당연하다. • 나 자신을 포함한 모든 사람이 중요하다고 믿는다.
〈부모의 행동〉 • 복종을 요구한다. • 보상과 벌을 준다. • 이기려고 한다. • 부모가 옳고 자녀는 틀리다고 주장한다. • 자녀를 동정한다. • 책임을 진다. • 과잉보호를 한다. • 독선적이다. • 자녀에게 창피를 준다. • 모든 것에 완벽을 요구하고 결점을 찾는다. • 다른 사람의 생각에 지나친 관심을 갖는다. • 지나치게 자녀에게 몰두한다. • 시중든다. • 자녀의 요구를 들어주고 양보한다. • 안 된다고 하는 것에 죄의식을 느낀다.	**〈부모의 행동〉** • 선택하게 한다. • 격려한다. • 자녀를 믿고 존중한다. • 독립심을 격려한다. • 선택과 책임감을 갖게 한다. • 자녀가 공헌하기를 기대한다. • 평등성을 증진한다. • 상호존중을 격려한다. • 현실적인 기준을 제시한다. • 자신의 이미지에 관심이 없다. • 인내심이 있다. • 상호존중과 공헌하도록 격려한다. • 시중들지 않는다. • 안 된다고 할 때를 안다.
〈자녀에게 나타나는 결과〉 • 반항한다. • 이기거나 옳아야 한다. • 분노를 느낀다. • 포기하고 회피한다. • 자율성이 결여된다.	**〈자녀에게 나타나는 결과〉** • 자신감을 느낀다. • 무엇이든 하려고 한다. • 문제를 해결한다. • 유능하다. • 자립심과 책임감을 발달시킨다.

완벽한 부모	책임 있는 부모
• 자신을 연민하고 다른 사람을 비난한다. • 무력감을 느낀다. • 다른 사람을 믿지 않는다. • 이용당한다고 느낀다. • 다른 사람을 이용하려 한다. • 완벽주의자가 된다. • 좌절을 느낀다. • 받기를 기대한다. • 사회적 관계를 잘 형성하지 못한다. • 다른 사람의 권리를 존중하지 않는다. • 이기적이다.	• 결정하는 것을 배운다. • 자신과 타인을 존중한다. • 다른 사람을 신뢰한다. • 자기 평가보다 닥친 일에 집중한다. • 실수하면 다시 도전한다. • 새로운 경험을 하려는 용기를 가지고 있다. • 다른 사람에 대해서도 인내한다. • 훌륭한 사회적 관계를 가진다. • 다른 사람의 권리를 존중한다. • 신사적이다.

(2) 자녀 이해와 부모 자신의 이해

사람은 나름대로 자기의 신념을 가지고 살아가는데, 바로 그러한 신념이 우리의 생활방식을 결정한다. 만일 우리가 잘못된 신념을 갖는다면 이는 어릴 적 경험에 대한 타당하지 않은 해석을 하기 때문이다. 부모는 자녀의 생활방식을 형성하고 있는 요소를 이해하는 것이 필요하다. 자녀의 생활방식을 결정하는 네 가지 주요 요소는 가정 분위기와 가치관, 성역할, 가족 간의 위치, 부모의 훈육방법이 그것이다.

또한 완벽한 부모가 되는 대신 책임 있는 부모가 될 것을 말하고 있다. 완벽한 부모란 자녀가 경험을 통해 스스로 배우도록 자녀를 존중해주는 대신 자녀의 시중을 완벽하게 들어주고자 하고 간섭하며, 자녀를 위해 모든 일을 하려 드는 부모이다. 따라서 완벽한 부모는 자녀를 연약하게 만들고 결국 스스로 배울 기회를 박탈한다. 반면 책임 있는 부모는 자녀가 책임감과 자신감을 갖도록 하고, 자녀에게 선택의 여지를 주고, 자녀의 결정에 대한 결과를 스스로 경험하도록 기회를 제공한다.

(3) 자신감과 자아존중감 길러 주기

격려는 자녀의 장점과 한 일에 대해 초점을 둠으로써 자녀에게 자신감과 자아존중감을 갖게 할 수 있다. 그러나 부모들이 흔히 가지고 있는 잘못된 태도나 행동에는 부정적인 기대, 비합리적인 높은 기준, 형제간에 경쟁시키기, 과욕, 이중기준 등이 있다. 격려하는 태도란 자녀를 있는 그대로 수용하는 것, 고자질을 무시하는 것, 긍정적인 태도를 보이는 것, 자녀를 믿음으로써 자녀로 하여금 자신감을 갖게 하는 것, 장점을 말하는 것, 공헌한 것에 관심을 보이는 것, 노력과 성취를 인정하는 것이다.

특히 칭찬과 격려를 구분하여 말하고 있는데, 칭찬은 사회적 통제의 한 방법으로서 자녀는 다시 칭찬받지 못할까 두려워하게 된다. 따라서 부모는 격려의 개념을 확실히 이해하고 칭찬과 무엇이 다른가를 잘 파악해야 한다. 격려하는 말은 가치 판단의 어휘를 사용하지 않고 대신 내직 평가와 공헌에 관심을 둔다. 자녀 스스로 자신을 갖게 하고 공헌을 통해 자신이 쓸모 있는 사람이라는 것을 느끼게 한다.

표 8-2 칭찬과 격려의 차이점

칭찬	격려
〈외적 통제〉 "너는 내 말을 들을 때만 가치 있다." "너는 믿을 수 없고 믿어서도 안 된다."	**〈건설적으로 살아가는 자녀의 능력〉** "나는 네가 책임이 있고 독립적이라는 것을 믿는다."
〈외적 평가〉 "가치 있게 되려거든 날 만족시켜야 한다." "날 만족시켜라. 그렇지 않으면 없어져라."	**〈내적 평가〉** "자신과 자신의 노력에 대해 어떻게 느끼느냐가 가장 중요하다."

칭찬	격려
〈잘 완성된 과제에 대해 보상〉 "네가 내 기준을 잘 따를 때만 너는 가치 있다." **〈자기평가와 개인적 이익〉** "너는 최고다. 항상 너는 남보다 우위에 있어야 가치 있다."	**〈노력과 향상〉** "너는 완전할 필요가 없다." "노력과 향상이 중요하다." **〈장점, 공헌, 가치 인정〉** "너의 공헌은 가치 있다." "우리는 네가 한 일의 가치를 인정한다."
〈가능한 자녀의 결과〉 • 순종함으로 자신의 가치를 측정할 수 있다. • 혹은 반항한다. • 다른 사람을 기쁘게 할 때 가치 있다고 느낀다. • 반대하는 데 대한 두려움을 갖는다. • 실패를 두려워한다. • 비현실적 기준을 갖는다. • 과다 경쟁한다. • 최고일 때에만 가치 있다고 느낀다.	**〈가능한 자녀의 결과〉** • 불완전하게 되는 것에 용기를 갖고 시도하려는 용기를 갖는다. • 자신의 진보를 스스로 평가하고 결정할 줄 안다. • 자신과 타인의 노력을 인정한다. • 한 과제를 꾸준히 추진시킨다. • 개인적 이익뿐 아니라 모든 선을 위해 노력하고 자기의 재능을 사용할 줄 안다. • 자신의 성공뿐 아니라 타인의 성공도 기뻐할 줄 안다.

(4) 의사소통 : 반영적 경청

자녀가 감정을 표현할 때 부모는 흔히 비난하거나 평가하고, 질문하고, 훈계하고, 조언하는 명령자, 전지전능자, 비판자나 심판자의 역할을 하기 쉽다. 그러나 이와 같은 부모의 태도는 좋은 의도에서 하더라도 의사소통을 단절하는 결과를 가져오기 쉽다. 자녀는 누군가가 귀 기울여 들어주고, 자신의 감정을 받아들여 주고, 이해해주길 원한다.

효과적인 경청이란 서로가 솔직하게 자신의 감정을 표현할 수 있는 것이다. 즉, 부모가 자녀의 의견에 동의하지 않을 때에도 자녀의 감정은 받아들일 수 있다는 태도를 보여주는 것이다. 이러한 효과적인 경청의 방법으로 반영적 경청을 추천한다.

반영적 경청이란 자녀의 이야기를 들은 후 부모가 자녀의 숨은 감정을 다 알고 있다는 것을 알게 하는 것이다. 부모는 자녀가 문제에 대해 이야기할 때 그들의 감정을 정리하고 반영하여 준다. 즉, 자녀가 느끼고 의미하고 있는 것을 파악하는 일이다. 그럼으로써 자녀로 하여금 자신을 좀 더 분명하게 볼 수 있는 거울 역할을 해준다.

또한 인간의 의사소통은 폐쇄적 반응과 개방적 반응이 있다. 그 표현의 예들은 표와 같다. 부모가 자녀와 대화할 때 개방적인 반응을 보이면 자녀는 계속하여 대화하고자 하는 마음을 갖게 되나, 폐쇄적 반응으로 대응하면 더 이상 대화의 진전을 보기 어렵고 말문을 닫게 된다.

표 8-3 폐쇄적 반응과 개방적 반응

자녀의 말	폐쇄적 반응	개방적 반응
"다시는 그 애와 안 놀아."	"다 잊어버려라. 아마 그런 뜻으로 한 말이 아닐 거다."	"너는 그 애한테 정말로 화가 났구나."
"난 오늘 학교 가기 싫어. 영희는 못된 애야."	"누구나 학교에 가는 거란다. 그건 법이야."	"영희가 너를 괴롭힐까 봐 두려운 거구나."
"엄마는 나빠요, 미워요."	"다신 그런 말하면 못쓴다."	"네가 엄마 때문에 화가 많이 났구나."
"내가 만든 이 자동차를 보세요."	"그래 좋구나. 이제 가 봐라."	"네가 그것을 만들다니 자랑스럽구나."
"난 못해요."	"그런 말이 어디 있니? 이제 금방 시작해 놓고."	"그 일이 정말 어려운가 보구나."
"나도 가고 싶은데……. 형은 아무데나 데려 가면서."	"그런 말하면 못쓴다. 형은 너보다 나이가 많잖아."	"그것이 너에게 불공평하게 느껴지는구나."

(5) 의사소통 : 대안 찾기, 나 메시지

일단 부모와 자녀 간에 의사소통이 원활해지면 문제에 대한 대안을 찾는 일이 쉬워진다. 대안 찾기의 단계는 다음과 같다.

❶ 자녀의 감정을 이해하기 위해 반영적 경청방법을 사용한다.

❷ 브레인스토밍을 하면서 가능한 대안들을 열거한다.

❸ 자녀로 하여금 해결책을 선택하도록 한다. 여러 가지 가능성에 대해 자녀로 하여금 참가하고 선택하도록 돕는다.

❹ 예상되는 결과를 논의한다.

❺ 결정을 한다.

❻ 평가한다.

그리고 부모에게 문제가 있을 경우에는 자녀에게 부모의 느낌, 의사, 의도가 이해되도록 해야 한다. '나 메시지'는 상대를 평가하지 않으면서 자녀의 행동에 대한 부모의 느낌을 단순히 설명하는 것이다. 대개 부모는 자녀의 행동의 결과에 의해 좌절한다. 따라서 부모의 느낌은 자녀의 행동 자체가 아니라 그러한 행동으로 인한 결과와 관계가 있다는 것을 알게 된다. 여기에는 행동, 느낌, 결과의 세 가지 요소가 들어간다. 즉, "네가 ~하면(행동서술), 나는 ~라고 느낀다(느낌 서술). 왜냐하면(결과 서술) ~."라고 기술하는 것이다. 이러한 의사소통방법은 자녀를 존중하면서 허심탄회하게 대안을 찾을 수 있는 여건을 만들어 준다.

표 8-4 효과적인 대화를 위한 의사결정

상황	문제의 소유자	반영적 경청	나 메시지
집에 늦은 시간까지 연락도 없이 돌아오지 않는다.	부모		"네가 늦도록 전화도 없이 안 돌아오면 걱정이 된단다. 왜냐하면 어디 있는지 몰랐기 때문이다."
자녀가 면접 전날 잠을 못 잔다.	자녀	"면접 때문에 걱정하고 있구나. 자신이 없구나."	
전화를 받고 있는데 자녀가 계속 떠든다.	부모		"전화 받는데 네가 방해를 하면 전화소리를 들을 수 없어."
자녀가 달리기에 져서 실망했다.	자녀	"너는 달리기에 져서 실망하고 있구나."	
자녀가 자기 방 청소를 약속한 대로 이행하지 않는다.	부모		"네가 약속을 지키지 않아서 나는 참 속상하다. 왜냐하면 혼자 그 일을 해야 하니까."
자녀가 친구가 전학 가서 슬퍼한다.	자녀	"너의 친한 친구가 전학을 가서 슬퍼하고 있구나."	

(6) 책임감을 위한 자연적·논리적 귀결의 사용

자녀에게 상벌을 사용하여 훈육하는 대신 보다 효과적인 방법이 있다. 상벌을 사용할 경우 자녀가 스스로 결정 내릴 기회를 제한하므로 자녀가 아닌 부모가 행동에 책임을 지게 된다. 자녀를 강제로 순응하게 함으로써 반항심을 유발할 수도 있다. 그러나 자연적·논리적 결과의 방법을 사용할 경우 당연히 일어날 결과를 경험하게 하고, 복종을 강요하지 않고서 자녀에게 책임 있는 결정을 하도록 격려할 수 있다. 결과를 통해 배우게 되는 것이고, 그 결정이 좋은 결과를 가져오건 나쁜 결과를 가져오건 자기의 결정에 책임질 수 있게 된다.

자연적·논리적 결과를 사용하는 데는 다음의 몇 가지 원칙이 있다.

1. 먼저 자녀의 목표와 행동, 정서를 이해한다. 자연적 결과는 자녀가 어떤 행동목표를 가지고 있건 효과적이지만, 논리적 결과의 경우는 자녀가 앙갚음이나 힘 행사하기를 하고 있는 경우는 논리적 결과를 부모의 벌로 생각할 수 있다. 따라서 부모는 먼저 자녀를 존중하고 격려하며 자녀의 감정을 이해해주는 것이 선행되어야 한다.
2. 엄격하고 단호하면서도 친절하게 한다.
3. 일관성 있는 행동을 해야 한다. 부모가 일관성 있게 행동함으로써 자녀는 자신의 행동이 어떤 결과를 가져올지를 예측할 수 있다.
4. 말을 줄이고 행동으로 보여준다. 행동이 뒤따르는 말은 가능한 한 줄이는 것이 좋다.
5. 자녀가 책임지도록 한다. 문제를 어떻게 처리할지를 자녀가 결정하게 하고 그에 대해 결과를 책임지게 한다.
6. 완벽한 부모가 되려고 애쓰지 않는다. 완벽한 부모보다는 책임 있는 부모가 되려고 노력한다.
7. 독립심을 길러 준다. 부모는 절대로 자녀가 스스로 할 수 있는 일을 대신 해주어서는 안 된다. 자녀가 스스로 독립적일수록 자녀는 자신을 유능하다고 느낀다.
8. 동정심을 남용하지 않는다. 동정심은 자녀의 감정을 공감하는 것과 다르다. 자칫 자녀를 과잉보호하게 되고 자녀를 약하게 만들

수 있다.

⑨ 행위자와 행위를 분리시킨다.

⑩ 문제의 소유자가 누구인지를 파악한다.

⑪ 다른 사람의 생각에 지나치게 관심을 두지 않는다.

한편 논리적 귀결을 사용할 때 주의할 점은 자칫 벌로 받아들일 수 있기 때문에 담담하고 친근한 목소리와 태도로 자녀의 결정을 받아들여야 한다는 점이다. 만일 위압적이고 격한 목소리로 자녀를 대하면 이는 벌을 주는 것이 된다. 시간이 걸리더라도 자녀의 선형적인 반응을 변화시키기 위해 인내하고 노력해야 한다.

표 8-5 벌과 논리적 귀결의 차이점

구 분	벌	논리적 귀결
특징	• 권위의 강조 • 행동과 논리적으로 무관, 임의적 • 도덕적 판단 • 과거 행동의 강조 • 공공연한 무관심, 위협 • 순종 강요	• 사회적 질서의 강조 • 잘못된 행동에 대한 논리적 설명 • 인권 존중, 행위와 행위자를 분리 • 현재와 미래의 행동에 관심 • 선택권 부여
자녀에게 예상되는 결과	• 반항, 앙갚음에 대한 욕구, 자제력 결핍 • 분노, 공포, 혼란, 반항 • 상처받음, 죄의식 • 인정받지 못한다는 느낌 • 두려움, 죄의식 • 반항적 순종	• 협동, 존경, 자율, 신뢰 • 경험으로부터 학습 • 잘못된 행동은 했으나 자신은 수용 느낌 • 자기평가, 자율적 • 부모의 사랑과 도움에 대한 확신 • 책임 있는 결정, 더욱 유능해짐

(7) 자연적·논리적 귀결의 활용

부모자녀관계에 대한 문제의 효과적인 세 가지 접근법은 반영적 경청과 대안 찾기, 나 메시지, 그리고 자연적·논리적 귀결이다. 부모가 어떠한 접근법을 선택할 것인가는 주로 그 문제의 소유자가 누구인가에 의해 결정된다. 흔히 부모들이 대처해야 하는 도전 상황에서 어떤 접근법을 사용하건 중요한 것은 자녀를 수용하고 자녀의 문제해결 능력을 신뢰하며, 자녀의 인격을 존중한다는 점이다.

(8) 가족모임

일반적으로 부모들은 규칙적인 가족모임의 필요성에 대해 회의적이다. 그러나 가족모임이란 가족이 함께 즐거운 시간을 가지면서 서로 의견을 교환하고, 긍정적인 감정을 표현하고, 격려하고, 때로는 불만을 표현할 수도 있는 자리이다. 또한 가족 간의 일을 분할하는 기회도 된다. 그러나 중요한 점은 모든 성원이 동참하여 의사결정에 참여하게 하는 것이다. 가족모임을 위해서 필요한 지침은 다음과 같다.

❶ 정해진 시간에 규칙적으로 만나도록 한다.
❷ 돌아가면서 사회자를 해본다.
❸ 서기를 정하고 모임의 결정사항을 기록하게 한다. 서기 역할은 돌아가면서 해본다.
❹ 모임의 시간을 정하여 너무 오래 끌지 않도록 한다. 30분 내외로 하되 한 시간을 넘기지 않는다.
❺ 모임에서 결정된 사항은 부모와 자녀가 모두 지켜야 한다. 그리고 불평이 있더라도 다음 모임까지 결정사항을 준수하고 다음 모임

에서 다시 논의한다.

6. 가족 성원 모두가 문제를 제기할 기회를 가질 수 있어야 한다.
7. 논의가 끝난 뒤에는 가족이 함께할 수 있는 레크리에이션 시간을 갖는 것이 좋다.
8. 가족모임은 문제 해결과 집안일의 분담, 불평 털어놓기의 시간만이 아니라 서로를 격려하고 좋은 일을 알리는 시간이기도 하다.

그러나 좋은 뜻으로 시작한 가족모임도 시간을 지키지 않는다든지, 부모나 한두 명에 의해 모임이 지배된다든지, 불평과 비난을 강조하는 것에 초점을 둔다면 즐거운 모임으로 지속되기 어렵다. 또한 결의한 것을 지키지 않는다면 모임이 지속되기 어렵다.

표 8-6 가족모임의 필수요건

가족모임을 위한 지침	삼가야 할 사항
• 약속된 시간에 정규적으로 모인다. • 모든 사람을 동등하게 대한다. • 가족원을 격려하고 느낌과 신념을 정확히 표현한다. • 현실적이고 중요한 문제를 다룬다. • 가족원에게 일어난 좋은 일을 알리고 격려한다. • 레크리에이션을 준비한다. • 모임의 정해진 지속 시간을 잘 지킨다. • 계획이나 결정 사항을 기록한다.	• 일이 생길 때만 모인다. 시간을 변경하거나 건너뛴다. • 누군가 한 사람에 의해 모임이 지배된다. • 서로 경청하지 않으며 용기를 주지 않는다. • 행동의 목적보다는 말다툼, 싸움, 불평만 한다. • 불만과 비난에 초점을 둔다. • 일의 분담과 훈련에만 시간을 쏟는다. • 모임의 정해진 지속 시간을 무시한다. • 동의한 사항을 실행하지 않는다.

(9) 자신감 개발 및 잠재력 신장

STEP의 중요한 원리는 가족 간의 동등성을 인정하고 이를 실천에 옮기는 일이다. 부모는 부모로서의 권리를 되찾고, 자녀는 자녀로서의 권리를 갖게 된다. 이는 자녀로 하여금 책임감을 갖게 하는 방법이기도 하다.

또 한 가지는 부모가 스스로 다른 사람을 변화시키고 그럼으로써 보다 유능한 부모가 되어야 한다. 부모가 다른 사람을 변화시키고자 한다면 스스로 자신의 행동에 대해 책임을 져야 하고 한편으로는 다른 사람을 수용할 준비가 되어 있어야 한다. 부모는 자신의 행동을 변화시킴으로써 자녀의 행동을 변화시킬 수 있다. 자녀를 믿고 그들을 인정하면서 자녀의 노력을 인정하고 격려한다면 자녀는 스스로에게 자존감을 갖고 책임의식을 증진시킬 것이다.

한편 부모자녀관계의 개선을 위해 새로운 방법을 배우고 받아들일 자세가 되어 있어야 한다. 누구도 완벽한 부모일 수는 없다. 그리고 완벽한 부모가 되고자 해서도 안 된다. 중요한 것은 부모자녀가 문제를 극복할 수 있다는 긍정적 사고를 갖는 일이다. 서로를 존중하고 문제에 직면한다면 난관은 얼마든지 이겨낼 수 있다.

4) 부모교육의 방법

STEP 프로그램은 영유아교육기관이나 부모회에서 9주 동안 체계적으로 진행된다. 9주 동안 각 장을 끝내고 그 장에 대한 내용, 문제, 질문사항을 실천하도록 제시한다. 그리고 자녀양육문제에 대해 토의하거나 각 장에서 추천하는 내용을 실천한 후 이것에 대해 경험담을 나누어

보도록 하고 있다. 이 프로그램에서 훈련받은 부모는 '훈련된 부모교사'가 되어 원한다면 다른 부모집단을 훈련할 수 있다는 특징이 있다.

STEP 모임은 부모들에게 자신감을 주고 생활을 변화시키는 용기와 신념을 주는 프로그램으로서 영유아교육기관이나 학교, 지역사회의 기관, 교회에서 실시할 수 있고 평생교육 프로그램으로서 상담자, 심리학자, 사회사업가 등이 실시할 수 있나. 프로그램에 참가한 부모들은 지침서에 의거하여 전문가의 지도 아래 토의와 역할연습을 통해 훈련받는다.

STEP 모임에서 한 집단은 10~12명으로 구성되고, 아홉 개의 장을 한 주에 한 장씩 학습해가면 9주 만에 과정이 끝난다. 모임은 대개 약 두 시간가량 지속되고, 둥글게 앉아서 편안한 분위기 가운데 토의하고 역할연습을 한다. STEP 프로그램에 참여한 부모들은 대개 만족했고, 자녀뿐 아니라 자신에게도 긍정적인 변화가 있었다고 말한다. 모임에 참여한 많은 부모들이 다른 부모에게 이 과정을 추천했다고 한다.

02 기노트(Ginott)의 인본주의적 부모교육 이론

1) 이론적 배경

기노트는 정신의학이론과 부모교육이론을 연결시켜 부모와 자녀 간의 의사소통 기술을 증진시키려고 노력한 사람 중의 하나이다.

기노트는 이스라엘에서 초등학교 교사로 근무했던 그의 경험을 바탕으로 『부모와 자녀 사이』, 『부모와 십대 사이』, 『교사와 아동 사이』 등의 저서를 집필하면서 부모교육에 관심을 가지게 되었다. 그 후 교직을 떠난 뒤 컬럼비아 대학에서 액슬린(Virginia Axline, 1911~1988)의 조교로 지내면서 놀이치료를 배우게 되었다. 기노트는 유아가 성장하는 데는 성인의 관심과 공감적 반응, 정서적 경험 등이 중요한 영향을 끼친다는 것을 알게 되었고, 그것은 유아만이 아니라 성인에게도 적용될 수 있다는 것을 깨닫게 되었다. 그는 인본주의 심리학을 부모교육에 적용하여 부모와 자녀간의 의사소통을 증진하는 데 중점을 두었다.

기노트는 문제아의 부모들은 그들 자신이 정서장애가 있거나 문제가 있어서가 아니라 자녀 양육에 대한 경험이 부족하고, 정보부족, 좋지 않은 양육태도를 가진 모델만을 보아 왔기 때문이라고 보았다. 이처럼 정서 장애아가 아닌 정상아를 둔 부모들도 자녀양육 상 어려움을 겪는 것을 관찰한 기노트는 심리학의 이론을 일반인들에게 전달하는 일이 중요함을 깨닫게 되었다. 즉, 부모와 자녀 사이의 몰이해에서 오는 갈등을 피하고 좀 더 뜻있는 그리고 명랑한 부모와 자녀 관계를 갖게 하려고 하였다.

기노트에 의하면 부모는 자녀를 있는 그대로 받아들여야 한다. 자녀들이 하는 이야기를 잘 들어주어 그들의 느낌을 부모에게 표현하고 싶은 마음이 일어나도록 해주어야 한다. 이처럼 자녀들의 느낌에 대해 대화를 나누려면 부모는 상담자, 치료자의 기술을 익힐 필요가 있다.

부모는 자녀를 대할 때 되도록 아동 중심적으로 사고할 필요가 있다. 자녀의 입장에 서면 자녀들의 문제를 더 잘 이해할 수 있기 때문이다. 그리고 문제가 있을 때는 그 문제에 감정적으로 반응하지 않고 객관적으로 문제를 처리할 수 있는 습관을 가질 때 부모자녀 관계는 원만해진다.

2) 자녀양육의 원리

(1) 대화는 기술이 필요하다

아이들과의 대화는 하나의 예술과 같아서 그 뜻하는 것과 법칙이 특이하다. 그들의 말을 이해하는 데는 암호를 해독할 때와 같은 기술이 필요하다. 예를 들어 어머니의 손을 잡고 처음으로 유치원에 온 자녀가 유치원 벽에 붙은 그림을 보고 "누가 이렇게 보기 싫게 그림을 그렸어?"라고 소리를 쳤다. 어머니는 부끄러워서 얼굴을 붉히며 "예쁜 그림을 밉다고 하면 못써요"라고 꾸중하였다. 이를 보고 있던 선생님이 아이가 물어 본 말의 뜻을 이해하고 웃으며 "여기서는 그림을 예쁘게만 그리지 않아도 괜찮아요. 자기가 그리고 싶은 대로 그리는 거야"라고 하자 자녀는 비로소 자기가 알고 싶었던 대답을 얻고 만족할 수 있었다. 또 다른 예는 12세 된 여자 아이가 좋아하는 사촌 언니가 여름 방학 동안 집에 와 있다가 떠나게 되자 눈물을 흘리며 어쩔 줄 몰랐다. 어머니는 "다른 친구를 사귀면 될 게 아니니? 곧 괜찮아질 테니 걱정 마라. 다 큰 애가 울기는"라고 말하자 소녀는 절망적인 눈초리로 어머니를 흘겨보고는 제 방으로 뛰어 들어가 문을 닫아 버렸다. 이와 같이 일상생활에서 수없이 일어나는 대화들은 어머니가 조금만 이해했더라면 얼마든지 즐겁게 끝맺을 수 있다. 비록 벌어진 사건 자체는 심각한 것이 아니더라도 어린 아이가 느끼는 감정을 진지하게 받아들여야 한다.

자녀들은 부모와의 대화를 피하려고 하는 때가 많다. 왜냐하면 거의 모든 아이들은 부모로부터 설교 듣는 것을 싫어하고 일방적 이야기나 비난 받는 것을 싫어하기 때문이다. 이러한 대화는 부모가 사랑이 부족해서가 아니라 하나의 인격으로서의 존경이 부족한 탓이며, 지식이 부족해서가 아니라 아이를 다루는 기술이 부족하기 때문이다.

❶ 새로운 대화의 방법

아이들과 대화를 나누는 새로운 방법에 있어서 그 바탕이 되는 요소는 존경과 기술이다. 우선 어른 자신이 자존심을 갖는 것처럼 아이들의 자존심도 존중해 주어야 한다. 또한 자녀들이 거슬리는 행동을 할 때는 그 행동을 중심으로 이야기해야지 자녀의 인성이나 성격 등을 비난해서 인신공격을 하면 안 된다. 예를 들어 "성격이 못됐어", "나쁜 아이야"라는 말보다는 대신 "네가 지금 한 행동에 화가 나고 실망스럽다"라고 표현한다.

그리고 충고나 지시를 할 때는 미리 그 말에 대해 부모 자신이 충분히 이해하고 있어야 한다. 아이가 어떤 강한 감정에 사로잡혀 있을 때는 어느 누구의 말도 들으려 하지 않는다. 달래거나 야단을 치거나 충고를 해도 통하지 않는다. 아이가 어른에게 바라는 것은 다만 이해뿐이다.

❷ 대화의 기본원리

㉮ 일어난 사건보다 암시에 초점을 둬야 한다.

어린 아이가 어떤 사건에 대해 말을 하거나 물어 왔을 때 그 사건 자체에 대해 대답하는 것보다 사건이 암시하는 초점에서 대답해야 한다. 예를 들어 여섯 살 난 여자아이가 자기는 요즈음 오빠보다 선물을 많이 받지 못한다고 투덜거렸다. 어머니는 부정하거나 오빠가 너보다 나이가 많아서 그렇다고 설명하지 않고 "너 엄마가 오빠를 더 사랑하는 것 같으니?"라고 하면서 딸을 꼭 안아 주었다. 딸은 기쁨과 놀라움으로 미소를 지었고 이 문제는 한마디로 끝날 수 있었다.

㉯ 일어난 사건보다 그 느낌을 중시해야 한다.

아이가 사건에 대해 이야기 했을 때 그 사건 자체보다 그 사건을 둘러싸고 있는 아이의 감정을 알고 반응하는 것이 도움이 될 수 있다. 아이들이 친구나 선생님, 혹은 자신에 대해 불평을 할 때는 사건의 진상이나 잘잘못을 가리려 하기보다 감정의 흐름에 따라 받아 주어야 한다.

㉰ 보편적 정의보다 특수한 감정을 중시한다.

아이들이 자신에 대해 어떤 정의를 내렸을 때에는 그것에 대한 동의나 부정보다는 자세한 내용을 들어주면서 아이로 하여금 기대했던 이상의 이해를 받고 있다고 느낄 수 있게 해주어야 한다. 자신에 대해 부정적 표현을 했을 때 그것을 부정하거나 시인하는 것은 아무런 도움이 되지 않는다. 다만 도울 수 있는 방법은 그들이 느끼고 있는 감정뿐 아니라 그 감정이 뜻하는 것까지도 이해한다는 것을 보여 주는 것이다. 이러한 대화는 아이가 생각하는 정의를 바꿀 수는 없으나, 자녀로 하여금 이렇게 이해심 깊은 어머니를 가지게 된 것이 얼마나 다행인가를 생각할 수 있게 한다.

㉱ 엇갈린 감정을 인정한다.

아이들은 부모를 사랑하기도 하고 또 한편으로는 미워하기도 한다. 부모나 선생님, 혹은 자기를 지배한다고 느껴지는 누구에게든 이런 두 가지 감정이 섞여 있는 것이다. 두 갈래 감정이 우리 안에도 있고 아이들에게도 있음을 인정하고 받아들일 수 있는 아량을 가져야 한다. 쓸데없는 갈등을 피하기 위해서는 아이들에게 이런 감정은 정상적이요 자연적인 것임을 알도록 해야 한다. 그럼으로써 아이들이 느끼는 죄의식이나 필요 이상의 불편한 감정에서 벗어날 수 있게 해줄 수 있다. 감정에 대한 교육은 자녀들로 하여금 그들이 무엇을 느끼는가를 아는 데에 도움이 될 수 있다. 아이들에게 있어서 "왜 느끼느냐?" 하는 것보다 "무엇을 느끼냐?" 하는 것이 더 중요하다. 자녀가 무엇을 느끼는지를 스스로 분명히 알 수만 있다면 혼란에 빠지지는 않을 것이다.

㉻ 감정을 비춰 주는 거울이 되어 주어야 한다.

어떻게 자녀로 하여금 자기의 감정을 알도록 도울 수 있는가? 그들에게 감정의 거울과 같은 역할을 함으로써 스스로를 알게 할 수 있다. 거울의 역할이란 있는 그대로 비춰 주는 데 있다. 더하거나 덜하거나, 아첨이나 거짓이 없다. 감정을 비춰 주는 거울의 역할은 비꼬지 않고 느끼는 감정 그대로 보여 주는 것이다. 분명한 것은 실제의 거울이거나 감정을 비추는 거울이거나 자신의 성장과 변화의 기회를 마련해 준다는 것이다.

〈문제해결을 돕는 듣는 방법의 예〉

아동 '피아노 그만둘래, 다시는 가지 않을거야'
부모 (침묵) 피아노 그만들거야? 다시는 가지 않아? (침묵)
아동 '응, 왜냐면 ○○이가 나더러 못친다고 말했어'
부모 '그랬구나. 기분 나빴겠구나'
아동 '최악이야. 그래서 나도 피아노 그만두려고'
부모 '속상하겠구나. 어떻게 하면 좋을지 엄마하고 같이 생각해볼까?
아동 '생각해봐? 나는 이미 싫다니까'
부모 '피아노가 싫어진거야?
아동 '… 그건 아니야. 피아노가 싫은 건 아니야'
부모 '그래 너는 어떻게 하고 싶니?
아동 '미향이가 그런 나쁜 소리를 하지 않는다면, 레슨도 즐거울텐데, 피아노는 계속하고 싶어'
부모 '그래, 어떻게 해야 피아노를 계속할 수 있을까?'
아동 '응, 다른 피아노 교실에 갈래'
부모 '그러네. 그것도 좋은 생각이네. 다른 방법은 뭐가 있을까?'
아동 '○○이가 다른 교실에 가면 좋겠다'
부모 '그러네. 그래준다면 도움이 될텐데, 다른 방법은?
아동 '다른거? ○○이가 말한 것 신경 안쓰면 되지. 그 아이말야, 신경 안써. 마음이 나빠. (다소 기분이 좋아졌다)
부모 '그래, 그렇다. 다른 방법은 또 뭐가 있을까? 네가 좋아하는 피아노를 계속하기 위해서'
아동 '다른 건 더 생각하지 않아'
부모 '그래 이런저런 아이디어가 나왔네, 무엇을 할까?'
아동 '응… 난, ○○이를 신경쓰지 않는걸로 할래'
부모 '그래. 네가 신경쓰지 않으면 ○○이가 어떻게 할까?
아동 '집요하게 말하지 않을지도 몰라'
부모 '그렇다면 너는 어떨 것 같아?
아동 '모르는 얼굴을 하면 좋을 것 같아'
부모 '그래, 가능하겠어?'
아동 '응, 해볼게.
부모 '그렇다면 ○○이는 어떻게 할거 같아?'
아동 '분명히 마지막에는 체념하지 않을까?'
부모 '그래. 해볼까?'
아동 '응, ○○이의 일은 신경쓰지 않아!'
부모 '그러면 엄마도 응원할테니 한 번 그렇게 해보자. 말해줘서 고마워. 무슨 일이 있어도 또 알려줘'
아동 '응, 알았어'

(2) 칭찬과 비판의 새로운 방법

❶ 칭찬

칭찬은 아이들에게 자신을 주고 안정감을 줄 수 있다고 믿는다. 그러나 실제 칭찬은 긴장과 나쁜 행실의 결과를 가져다 줄 수 있다. 왜냐하면 아이들은 때로 가족들에 대해 파괴적 생각을 하기도 하는데, 부모가 "너는 착한 아이야"라고 하면 아이들은 스스로 생각할 때 그렇지 않을 수도 있기 때문이다.

따라서 칭찬하는 말은 아이를 위하여 그가 이루어 놓은 일을 그대로 비추어 주는 거울이 되어야 한다. 아이의 개성에 대해 칭찬을 하게 될 경우 아이에게 위협이 될 수 있고 그 결과로 아이의 마음에 걱정을 안겨 줄 수도 있다. 아이는 자기가 그렇게 칭찬을 받을 만큼 좋은 사람이라고는 생각하지 않을 것이다. '너는 훌륭하다', '너는 천사 같다', '너그럽다', '겸손하다'는 말은 아이의 개성을 언급하는 말로서 바람직하지 않다. 칭찬은 아이의 개성에 관한 것이어서는 안 되며, 그의 노력과 이루어 놓은 일에 관한 것이어야 한다. 아이의 노력과 일, 달성, 도움, 상상, 혹은 창작 등의 진가를 알고 있음을 명료하게 말해 주어야 한다.

다음 예는 이를 보여 주는 것이다.

- **도움이 되는 칭찬** : 너의 시는 내 마음을 말해 주는 듯했어.
- **아이의 느낌** : 내가 시를 쓸 수 있다니 기쁘다.
- **도움이 되지 않는 칭찬** : 네 나이에 비해 넌 훌륭한 시인이더구나.

- **도움이 되는 칭찬** : 네 편지는 나에게 큰 기쁨을 주었다.
- **아이의 느낌** : 내가 다른 사람에게 큰 기쁨을 줄 수 있구나.
- **도움이 되지 않는 칭찬** : 네가 편지 쓴 것을 보면 넌 훌륭한 시인이야.

칭찬이나 긍정적 강화를 할 때에는 '예쁘다', '멋있다', '착하다'처럼 그 사람의 인성을 언급하거나 도덕적인 평가를 쓸 것이 아니라 자녀들이 성취한 정도와 행동에 알맞은 칭찬을 해야 한다.

❷ 비판

건설적인 비판이란 행위 자체에 한계를 두어 어떻게 할 것과 어떻게 되어졌는지를 지적하는 것이다. 아이의 개성에 관한 부정적 비판은 절대로 하지 말아야 한다. 무엇이 잘못 되었을 때 저지른 자의 인격에 대하여 나무라는 것은 좋지 못하다. 즉, 일어난 일 자체를 다루어야지 개인을 다루어서는 안 된다.

❸ 분노는 어떻게 처리되어야 하나

아이를 교육하면서 부모가 화를 내야 할 때가 있다. 실제로 부모가 화를 내야 할 때 묵과해 버리면, 아이는 그것을 선의로 받아들이기보다는 오히려 부모가 관심이 없는 것으로 받아들인다.

긴장을 해소하고 평화스러운 마음 상태를 유지하기 위해서는 다음과 같은 세 단계를 인정해야 한다.

- 자녀들은 부모를 화나게 할 수도 있다.
- 죄의식이나 부끄러움 없이 분노의 감정을 표현한다.
- 느끼는 대로 감정을 표현한다.

중요한 것은 다를 사람을 해치지 않고도 분노는 얼마든지 해소될 수 있다는 사실을 배우는 것이다.

(3) 부모의 패배감을 모면하려는 방법들

부모들이 자녀를 기를 때 자신의 패배감을 모면하려는 방법을 쓰는데, 위협, 설득(뇌물공세), 약속, 빈정대는 말 등이다.

❶ 위협

위협은 아이들에게 금지된 행동을 반복하게 하는 역할을 한다. 만일 아이에게 "어디 한 번만 더 해봐라"라고 한다면 아이는 그 말에 귀가 솔깃하여 나쁜 행실을 반복하게 된다. 만일 아이가 자존심이 있는 아이라면 자기 자신과 다른 사람에게 자기가 졸장부가 아니라는 것을 보이기 위해 다시 한 번 규칙을 위반하게 될 것이다. 즉, 위협은 아이들의 자발성에 대한 일종의 도전 행위이다.

❷ 설득(뇌물공세)

"만일 네가 그것을 하면(혹은 하지 않으면) 상을 주겠다"라는 투의 말이다. 이런 투로 조건을 붙인 말은 눈앞에 나타나는 목적 달성을 위해서는 효과가 있을지 몰라도 결코 그 일을 하는 데에 지속적인 효과는 얻지 못할 것이 분명하다. 왜냐하면 조건을 붙인 말은 그 이면에는 아이의 능력을 의심하고 있다는 뜻을 내포하고 있기 때문이다.

상이란 기대하지 않았던 놀라운 결과를 가져다줄 때, 그리고 자녀들이 잘한 것을 인정하고 그에 대한 감사의 표현으로 주어질 때 가장 좋은 효과를 얻을 수 있는 것이다.

❸ 약속

약속은 아이들에게 비현실적 기대를 가지게 한다. 장래에 좋은 행동을 바라는 마음으로 약속을 하거나, 과거의 나쁜 행동을 막기 위해 위협함으로써 좋은 결과가 생기는 것은 바랄 수 없는 일이다. 자녀가 원치 않는 약속을 한다는 것은 마치 부도수표를 발행하는 것과 같다.

❹ 빈정대는 말

"개구쟁이 같은 자식, 너 같은 애가 뭘 할 수 있겠니?"와 같은 식으로 자녀를 빈정대는 부모는 자기가 한 말에 아이가 반발을 느낄 것이라는 것과 이런 말이 아이들과 의사소통을 방해한다는 사실을 모른다. 어떤 경우든 부모는 아이들 자신이나 그들의 친구들에게 위신을 깎이게 해서는 안 된다.

(4) 도덕적 훈육의 방법

❶ 거짓을 다루는 방법

아이들이 거짓말을 할 때 부모들이 유의해야 할 태도 두 가지가 있다. 하나는 일방적으로 판단하거나 타일러 항복하게 해서는 안 된다는 것이고, 다른 하나는 사실 그대로 말하기를 망설이게 하지 말아야 한다는 것이다. 부모는 아이들이 자신을 방어하기 위해 거짓말을 하는 자극적 상황을 피해야 하고, 일부러 거짓말을 할 기회를 주지 말아야 한다. 아이들이 부모에게 거짓말을 할 필요가 없음을 가르쳐 주어야 한다.

❷ 훔치는 버릇

아이들은 누구나 제 물건이 아닌데도 집으로 가져오고 싶어 하는 공통된 심리가 있다. 도둑질한 것을 알았을 때 훈계하거나 연극을 꾸며대는 것은 좋지 않다. 아이들에게 위엄을 가지고 진지하게 충고를 하면 옳은 길로 이끌 수 있다. 예를 들면 "그 장난감 블럭은 네 것이 아니니까 임자에게 돌려줘야 해"라고 침착하게 말해야 한다.

❸ 예의범절을 가르치는 법

예의는 그 사람의 인격을 말해 주며 사회적 기술을 의미한다. 대부분의 부모들은 자녀들에게 무례한 방법으로 예의범절을 가르치고 있다. 어떤 좋은 목적을 달성하기 위해서라도 아이에게 예의 바르지 못한 언사를 사용하는 것은 옳지 않다. 아이들은 부모의 행동과 말을 받아들여서 자기 자신의 인격을 형성하므로 부모의 예의 바르지 못한 행동과 말은 자녀들에게 안좋은 본보기가 된다.

친구나 친척집 방문은 아이에게 예의범절을 가르치는 좋은 기회가 된다. 남의 집에서는 아이의 행동에 대한 책임이 그 아이 자신과 주인에게 있으므로 그 기회가 가장 좋다. 부모의 도움은 자녀가 바라는 것과 감정에 대해 거들어 주는 정도로 그친다.

❹ 책임감과 독립성

자녀들은 자신이 이해할 수 있는 한계가 합리적으로 주어질 때 책임감과 좋은 버릇을 기를 수 있다. 예를 들어 동생을 때리려는 아들에게 "만일 무언가 때리고 싶다면 소파를 대신 때려라", "동생에게 정말

화가 났다면 네가 얼마나 화가 났는지 그걸 말로 하렴"이라고 하는 것이다.

부모들은 자녀가 책임감 있는 인간이 되기를 바란다면 근본적 가치를 추구하는 데서 책임감이 솟아나도록 해야 한다. 그리고 아주 구체적이면서 일상생활에서 책임을 느끼게 해야 한다. 지저분한 방, 지각, 무례한 행동 등에서 책임감을 느껴야 한다. 부모의 태도와 행동은 자녀들에게 책임감을 갖게 하는 결정적인 요인이다.

부모가 자녀에게 어떤 일을 기대할 때는 그 일을 선택할 책임을 자녀에게 주어야 한다. 자녀에게 일을 맡긴다는 것은 자기 일에 대해 책임을 질 수 있음을, 믿어준다는 것을 의미한다.

(5) 훈계 : 관용과 제한

❶ 적절한 관용과 지나친 관용

관용의 본질은 자녀를 모든 감정과 소망을 가진 선천적 권리를 갖춘 한 인간으로 받아들이는 것이다. 모든 감정과 공상, 생각과 소망, 꿈과 욕망은 그 내용이 무엇이거나 받아들여지고 용납되어야 한다. 그러나 파괴적 행위는 용납할 수 없다. 지나친 관용은 어처구니없는 행동을 허용하게 하고 오히려 자녀에게 불안을 갖게 하고 허락할 수 없는 특권을 요구하게 할 뿐이다. 감정은 인정을 받고 표현되어야 하되, 행동은 제한과 지시를 받는다.

자녀를 훈계하는 데 있어서도 현대적 방법은 그의 감정과 행위를 같이 다루어야 하는 점이다. 부모는 자녀가 느끼는 것이면 무엇이든지 말하게 내버려 둔다. 그러나 행동에는 제지를 가하여 옳은 길로 인도해야 한다. 그러나 제지가 자녀에게 필요하더라도 그들의 자존심을 상하지 않는 범위에서 해야 한다. 제지할 때는 어떤 한계가 없이 임의로 하거나 변덕스럽게 하는 것이 아니라 교육적이고 인격의 성장을 위해서 해야 한다.

❷ 훈육의 세 가지 영역

자녀들에게는 받아들일 수 있는 행동과 받아들일 수 없는 행동에 대한 분명한 한계가 필요하다. 자녀들은 허용된 행동의 한계를 알 때 오히려 안정감을 얻는다.

레들 박사는 자녀들의 행동을 신호등의 빛깔과 같이 초록색, 노란색, 붉은색의 세 가지 색으로 구별할 수 있다고 하였다(Redl, 1944).

초록색 영역은 무엇을 기대하거나 어떤 일을 인정해 주는 행동으로 이루어진다. 여기서는 언제나 자유롭고 친절하게 '네'라는 대답을 한다. 예를 들어 숙제를 마치고 밖에 나가 공을 찬다든지 조용히 앉아서 책을 읽는 행동 같은 경우이다.

노란색의 영역은 어떤 행동을 인정해 주는 것이 아니라 특별한 까닭으로 인하여 묵인해 주는 것이다. 평소에는 허락되지 않던 행동들이 용인되는 경우로, 예를 들면 몸이 아파서 늦잠 자는 것을 묵인한다거나 폭설이 내려 차가 막혀 학교에 지각하는 경우가 해당한다.

붉은색의 영역은 모든 행동을 그대로 묵과하지 않고 일단 중지시켜야 하는 성격이다. 이 행동은 가족의 행복과 건강뿐 아니라 물질적으로나 경제적으로도 위태롭게 하는 것을 의미한다. 또한 이것은 법률적·윤리적·사회적으로 금지된 행동이다. 예를 들면 도둑질을 한다거나 다른 사람을 해쳐서 다치게 하는 행동들이다.

붉은색의 영역에서 모든 행동이 금지되는 것이 중요한 만큼, 초록색의 영역에서는 인정을 받는 것도 중요하다.

3) 부모교육의 방법

기노트의 부모교육은 '부모상담 모임'(Guidance Group for Parents)을 통해서 이루어진다. 구성원은 10~20명 정도로 15주간 한 회에 90분씩 이루어진다. 부모 토의 집단은 자녀의 연령에 따라 취학 전 아동기, 아동기, 사춘기, 청년기 등으로 나누어진다. 처음 1시간 30분 정도는 부모들이 자신의 느낌을 표현하게 한다.

부모교육을 진행하면서 지도자들은 네 단계의 과정을 염두에 두고 이끌어 가게 되는데, 다음은 기노트의 부모상담 모임에서 사용하는 4단계의 교육 과정이다.

(1) 1단계 : 불평 털어놓기 단계

이 단계는 부모들이 자녀들과 생활하면서 겪는 어려움을 서로 이야기하면서 그런 문제들이 자기 혼자만의 문제가 아니라는 것을 깨닫게 된다. 자녀와의 문제에서 느끼는 불평, 분노, 좌절, 죄의식을 털어놓음으로써 부모들은 서로 연민의 정을 갖고 공통된 경험을 하게 된다.

(2) 2단계 : 감수성 높이기 단계

이 단계에서는 문제행동을 보이는 자녀들의 느낌이 어떨 것인가에 관심의 초점을 두게 된다. 부모를 괴롭히는 문제 그 자체 때문에 괴로

워하고 불평을 하기보다는 아이들의 느낌은 어떨지를 자녀의 입장에서 깊게 생각해 보는 단계이다. 자녀의 느낌과 행동 사이에는 어떤 원인과 결과가 작용하고 있는가에 초점을 두게 된다. 자녀의 문제행동만을 문제로 보고 그 행동에 내포된 자녀의 감정을 무시하는 것은, 문제를 고치기보다는 상황을 오히려 악화시킬 수 있는 것이다. 이 단계를 거치면서 부모들은 비판 없이 들어주고 받아들여 주는 것이 얼마나 가치 있는 일인가를 인식하게 된다.

(3) 3단계 : 개념형성 단계

자녀의 느낌에 대한 통찰력이 생겼으면 이제 왜 부모로서 그 문제를 다루는데 실패했는지 그 원인을 파악하고 또 아동의 심리 발달 이론을 실제에 적용해 보는 단계이다. 이 단계를 거치는 동안 부모들은 바로 전의 감수성 높이기 단계에서 얻은 통찰력을 바탕으로 왜 자신의 양육방식이 실패했는지를 평가해 보고, 보다 나은 부모로서의 역할을 생각해 보게 된다.

(4) 4단계 : 기술 익히기 단계

이론적으로 배운 것을 각각의 개인이 가진 문제를 해결하는 데 적용해 보는 단계이다. 부모들은 당면한 문제를 해결할 수 있는 새로운 방법을 서로 생각하고 토의한 후 집에 돌아가 적용해 보게 된다. 일단 집에서 적용해본 뒤 그 방법이 성공했는지 실패했는지 그 효과를 다시 토의하며 새로운 양육에 대한 지식과 기술을 몸에 익힌다.

이 단계를 거치면서 부모들은 자녀와 의사소통하는 기술을 점점 숙달하게 된다. 기노트에 의하면 아무리 유능한 부모라도 자녀의 행동으로 인해 속이 상하게 마련인데, 부모들은 이런 느낌을 받아들이고 표현할 수 있는 것이 중요하다.

CHAPTER 09

부모교육 프로그램 III

학습목표

1. 상호교류분석 이론의 전략 및 내용을 알 수 있다.
2. 상호교류분석 이론의 적용을 알 수 있다.
3. 행동수정 이론을 이해할 수 있다.
4. 행동수정 이론의 적용방법을 알 수 있다.
5. 프로그램들 간의 차이를 알고 적절한 사용을 위한 방법을 알 수 있다.

01 번(Berne)의 상호교류분석 이론

1) 이론적 배경

번(Eric Berne, 1910~1970)은 캐나다의 몬트리올에서 의사인 아버지와 전문작가인 어머니 밑에서 태어났고 11세에 아버지가 돌아가셔서 어머니와 여동생과 함께 자랐다. 그는 뉴욕 정신분석협회에서 정신분석가로서 수련을 시작하였다. 진정한 지식이란 말로 아는 것보다는 어떻게 행동할지를 아는 것이라고 생각하였다. 그의 심리 치료의 목표는 단순한 '통찰'이 아니었고, 심리치료자와 내담자는 변화와 치유를 가져오기 위해 굳건하게 행동해야 한다고 생각하였다. 그는 2차 대전 후 1947년부터 2년간 에릭슨으로부터 훈련을 받게 되는데, 이는 이후 번의 이론적 사고체계에 중요한 영향을 미쳤다. 즉, 인간의 발달이 일생을 통하여 지속되는 구조화된 순서를 따른다는 점이다. 다른 하나는 개인의 삶과 성격은 사회의 구조적 측면에서 바라볼 때에 완전하게 이해될 수 있다는 것이다.

정신분석은 번의 생각의 기초가 된 것으로 간주되지만, 정신분석 수련을 받으면서도 이미 정신분석에 대한 비판의 소리를 냈고, 이는 결과적으로 주류 정신분석으로부터 멀어지게 되는 결과를 초래하였다. 그는 새로운 길을 걷기 시작했고, 그가 보았던 고전적인 정신분석의 약점에서 벗어나 대안적인 심리치료 이론과 치료 실제를 개발하였고, 이것이 그의 일생의 업적이 되었다. 1961년에 발표한 『심리치료에서 교류분석』이라는 저술은 하나의 이정표를 세우게 된다. 이것은 인간의 성격과 대인관계 및 의사소통에 대한 그의 이론을 완전하게 보여주었다. 3년 뒤 발표한 『심리적 게임』이라는 저서는 예상 밖으로 판매 부수가 치솟아 곧 베스트셀러 목록에 올랐고 세계 15개국 언어로 번역되어 출판되기에 이르렀다. 번은 유명인사가 되었고, 번이 창안한 '게임', '스트로크', 'OK' 같은 용어들이 일상생활에서 자연스럽게 사용되었다. 이로 인하여 번과 교류분석 시스템은 20세기 심리치료분야에서 매우 독특한 방식으로 대중의 이목을 끄는 이론이 되었다.

번은 심리분석에 관한 이론을 부모교육에 적용하여 상호교류분석 이론을 정립했다. 초기에는 정신과 장애의 치료로부터 시작되었지만 지금은 그 영역이 확장되어 비행소년, 교육현장, 목회활동, 각종 상담과 부모자녀관계 등의 인간관계의 어려움이 있는 분야에서 교류분석을 활용하고 있다.

(1) 스트로크

번에 의하면 모든 인간에게는 자극을 받고자 하는 자극 욕구(stimulus hunger)와 사회적 상호작용을 통해서 인정을 받고자 하는 인정욕구(recognition hunger)가 있다고 한다. 교류란 언어든 비언어든 하나의 자극과 반응으로 구성되며 사회적 행동의 한 단위이다(Berne, 1972). 자극의 욕구는 '인간을 인식하는 기본단위'로, 상호교류분석 이론에서 '스트로크(stroke)'라고 부르는 것을 통하여 충족된다. 스트로크란 쓰다듬기란 뜻으로 신체적 접촉을 원하는 아기를 안아주고 쓰다듬어 주는 것 같은 행위를 말하는 것이다.

번은 이러한 스트로크를 보다 확대된 개념으로 사용하여 "상대방의 존재를 인정하는 데 사용되는 모든 행동"을 뜻한다고 정의했다. 이러한 스트로크를 교환하는 동안 상호교류가 이루어지는 것이다. 어려서부터 스트로크를 긍정적으로 받아온 자녀는 자신을 중요한 가치 있는 사람으로 여기게 될 것이고 그렇지 않은 경우는 열등감이나 부적절감 등을 느끼게 될 것이다. 육체적 스트로크 및 접촉 범위는 인간의 생존에 지대한 영향을 미치고 계속적인 스트로크는 일생 동안 필요하다. 스트로크의 결핍은 인간에게 육체적, 정서적으로 해를 끼치며 오랫동안 그 영향이 지속된다. 부정적 스트로크라도 스트로크가 없는 것보다 훨씬 낫다는 것이다.

한편 인정에 대한 욕구는 자극에 대한 욕구가 확대되어 상징적인 언어를 통하여 충족되는 것이다. 성장하면서 점차 신체접촉은 줄어들고 언어를 통한 인정으로 바뀐다. 즉, 접촉과 자극에 대한 욕구는 남아 있으면서 이런 욕구를 충족시킬 수단은 신체적 스트로크에서 언어적 스트로크로 바뀌게 되는 것이다.

(2) 게임

번이 말하는 게임이란 보통 우리가 말하는 여가선용 상의 즐거움이나 재미를 주는 활동을 의미하지 않는다. 상호교류분석에서 말하는 게임이란 두 사람, 혹은 그 이상의 집단에서 사람들에게 일어나는 심리적 상호교류의 상태를 말한다. 이는 잠재적 교류가 정형화된 것으로서 함정이나 속임수를 감추어 놓은 술수이고 반복되는 것이 특징이다. 인간의 의사소통에는 늘 보이지 않는 함정이 있는데, 이것은 잠재적 상호교류에 의해 일어난다. 이런 잠재적 상호교류를 번은 게임이라고 하였고 이것은 의식적으로도 무의식적으로도 일어난다고 하였다.

게임을 시작하는 사람은 상대방을 자극해서 상대방의 부정적 감정을 유발하여 일그러진 모양으로 스트로크의 교환을 시도하려고 한다. 부정적이고 비꼬는 말 속에 숨은 메시지를 완전히 파악하면, 상대방에게 불쾌감을 가져오게 되며 게임을 연출하는 사람도 끝에 가서는 불쾌한 감정만 남게 된다. 예를 들어 술주정뱅이 남편이 귀가하자 부인이 "지금 몇 시에요?"라고 물으면 남편이 "두 시"라고 말한다. 그러나 부인의 숨어 있는 비언어적 메시지는 "늘 새벽에 들어오는 주정뱅이"라는 것이다. 남편의 숨은 반응은 "늘 비꼬는군" 하게 된다. 술주정뱅이 남편과 부인이 둘 다 이러한 숨은 감정을 소리 내어 말하지는 않지만 이들은 이 숨은 메시지를 완전히 파악하고 나쁜 감정이라는 개인적 결말을 얻게 된다.

게임의 종류는 다양하며 주정꾼, 빚쟁이, 부부싸움, 파괴, 성적 관계 등도 모두 게임으로 이루어진다. 게임은 세대에서 세대로 옮겨 전달되며, 지금 각 개인이 쓰고 있는 게임은 부모 세대로부터 물려받은 것이고 앞으로 자식이나 다음 대에 그대로 전달될 것이다. 따라서 자녀를 양육한다는 것은 그들에게 어떤 게임을 해야 하는지를 가르치는 것과 같다. 게임은 어린 시절부터 습관화되어 온 행동양식으로 스트로크의 교환에 의하여 강화되고 있는 것이므로, 게임에 대한 지식을 얻었다고 해서 곧 정지되고 적절한 행동이 취해지는 것은 아니다. 게임을 중단하려면 충분한 연습이 필요하다.

상호교류 심리학에서 뜻하는 정신분석은 그 사람이 인간관계를 맺을 때 사용하는 게임을 분석하여 보다 친밀한 관계를 갖도록 돕는 것이다. 번에 의하면 가장 이상적인 인간관계란 게임을 하지 않으면서 서로 친밀감을 느낄 수 있는 관계라고 하였다.

(3) 각본

인생을 하나의 드라마라고 여기고 자기가 연기하는 역할을 각본이라 정의한다. 이는 사람들이 사는 방법에 커다란 영향을 미치는 것으로 어린 시절에 부모의 영향을 받아 발달하고 이후의 인생체험에서 강화되고 고정된 인생의 청사진이다. 각본을 들여다봄으로써 숙명으로 여기고 체념하며 살아왔던 것들이 사실은 자기가 무의식중에 강박적으로 실행하였던 드라마라는 것을 알게 된다.

각본은 어떤 결정에 기초한 인생 계획으로 이 결정은 어린 시절에 내리고, 부모에 의해 강화되며 이후 일어나는 사건들에 의해서 정당화

된다. 번은 연극이 마지막 장면을 향해 나아가듯 무의식적으로 자신의 인생 전체 계획을 이 인생 목표를 향해서 세운다는 아들러의 '인생목표' 이론을 즐겨 인용하였다.

각본은 그의 부모와의 초기 경험으로부터 나오므로 부모와의 초기 경험이 그가 맺는 모든 인간관계의 선택에 가장 중요한 결정 인자가 된다.

각본은 그 사람이 유아기 후기에 계획한 것이고, 인생행로는 실제로 일어난 것이다. 인생행로는 유전자, 부모의 배경, 그리고 외부 환경에 의해서 결정된다. 번은 각본이 부모에 의해 아이에게 강제로 부여되는 것임을 암시하고 있다. 각본은 '어린아이의 머릿속에 주입되는 것'으로 부모에 의해 '프로그램 된다'고 말한다(Berne, 1972).

자녀는 부모가 내리는 명령으로부터 가장 중요한 핵심을 파악하려고 애쓴다. 이와 같은 방식으로 자녀는 자신의 인생 계획을 짠다. 이를 프로그래밍이라고 하는데, 그것은 부모의 명령이 영구적으로 영향을 미치기 때문이다. 자녀에게는 부모의 바람이 곧 자신의 명령이다.

자녀는 부모에게서 물려받은 초기 메시지를 통하여 자신의 각본을 하나의 신념체계로 발달시킨다. 하나의 인간으로서 'OK냐 OK가 아니냐'에 대하여 기본적으로 자신의 존재를 결단하고 이것을 신념체계로 굳어 가게 만든다. 이러한 결단은 인간이 일생 동안 받는 언어적·비언어적 메시지를 통하여 강화되는 것이다.

각본의 유형으로는 세 가지가 있는데 패자 각본과 성공자의 각본, 평범한 각본이 그것이다. 패자 각본이란 알코올중독자나 약물중독, 비만증, 과도한 흡연자, 반복적 성범죄자 등의 각본으로 자기의 목표를 달성할 수 없고 인생이 마음먹은 대로 되지 않으면 타인의 책임으로 전가하고 비건설적이고 자기 파괴적인 사람들이 연기하는 각본이다.

성공자의 각본은 승자 각본이라 하고 자기 스스로 인생에 만족하면서 스스로 결정하고 성공을 위하여 전력 투구하며 완수하는 자기실현적 각본이다. 실패가 있더라도 같은 실패를 되풀이하지 않는 사람이다.

평범한 각본은 성실 근면한 태도로 인생을 보내지만 다른 사람과 같은 수준에 도달하면 금방 만족하고 패배하더라도 분하게 생각하지 않는 유형이다. 따라서 자기가 가진 힘을 다 발휘하지 못하고 인생을 끝내는 사람이다.

이 밖에 어린 시절 부모의 강력한 메시지가 자녀의 아동 자아 상태로 들어가서 파괴적 금지령을 갖게 되는 경우도 있다. 예를 들어 어머니가 "여자는 여자다워야 한다"라고 말하면서 한편으로는 "여자는 손해다, 다시 태어나면 남자로 태어나겠다" 등의 푸념을 한다면 여자라는 것에 자신이 없고 여성에 대해 혐오감을 가질 수 있게 된다. 즉, '여자여서는 안 된다', 반대로 남자의 경우는 '남자여서는 안 된다'고 금지하는 경우이다. 금지령의 형태는 다음과 같다.

1. 존재해서는 안 된다.
2. 자연스러운 감정을 표현해서는 안 된다.
3. 즐겨서는 안 된다.
4. 성공해서는 안 된다.
5. 성장해서는 안 된다.
6. 중요한 인물이 되어서는 안 된다.
7. 사랑해서는 안 된다.

이러한 부정적 각본을 갖고 있는 사람들을 돕는 방법은 부모의 금지령으로부터 벗어나 개인의 자율적 삶을 영위하도록 조장해 줌으로써 각본 재결단을 하게 돕는 것이다. 모든 사람은 자신의 부정적 유년기의 결단을 재고할 수 있는 능력을 갖고 있다. 따라서 자신의 성격, 생활양식을 바꿀 수 있다. 자신과 타인에 대한 부정적 인생결단을 계속 끌고 갈 필요가 없는 것이다.

자신이 어떤 각본을 연출하고 있었는가를 알아내 지금까지의 비현실적인 각본을 다시 고쳐 쓴다면 그러한 각본의 지배로부터 벗어나고 참다운 자신의 삶을 살 수 있는 가능성을 살려낼 수 있는 것이다.

(4) 인생의 태도

번에 의하면 부모자녀관계, 부부관계 등의 인간관계에서 스트로크가 어떻게 이루어지는가에 따라 자기나 타인 또는 세계에 대한 기본적인 태도와 기본적인 삶의 자세는 다음의 네 가지로 표현된다고 한다. 그리고 이러한 기본적 인생태도는 대부분이 부모로부터 어떤 스트로크를 받았는가에 의해 결정된다고 한다. 결국 모든 게임, 각본, 그리고 운명은 이 네 가지 기본태도 중 하나에 기초한다(Berne, 1966).

인생에 대한 OK의 태도는 '사랑받고 있다, 가치 있다, 도움이 된다, 하면 된다, 즐겁다, 강하다, 좋은 인간이다, 올바르다' 등의 느낌이다. 반면 Not OK의 태도는 '사랑받을 가치가 없다, 바보다, 무엇을 해도 안 된다, 뒤떨어진다, 둔하다, 실패한다' 등의 느낌이다.

❶ 나는 옳다-너도 옳다(자기긍정-타인긍정, I am OK-You are OK)

건강한 태도이다. 이런 삶의 자세를 가진 사람은 정신위생상 건강하며, 자기 자신과 다른 사람과의 관계를 편안하게 느끼고 만족해한다. 자기의 가치와 타인의 가치를 인정하고 존중하며, 친밀하게 직접적으로 상대방에게 순수한 배려를 하는 관계이다. 모든 느낌과 인식이 OK로 인식되기 때문에 승리하는 위치에 있으며 계속 활동하고 성장하려는 동기를 갖게 된다. 즉, 나는 OK이고 그 문제에 대해서 무엇인가 할 수 있으며, 당신도 OK로 나와 협력하여 문제 해결을 도모할 수가 있다는 것이다.

❷ 나는 옳지 않다-너는 옳다(자기부정-타인긍정, I am not OK-You are OK)

우울한 태도이다. 이런 사람은 다른 사람과 비교하여 자신을 열등하게 느끼거나 부적절하다고 느낀다. 반면 다른 사람은 모두 자기보다 잘나고 똑똑하다고 생각한다. 그래서 다른 사람이 OK 해줄 때만 자아감이 생기기 때문에 좌절하고 스스로를 무가치한 사람이라고 생각하는 삶의 유형이다.

예를 들어 자신은 농구가 서툴러서 슛을 잘하지 못하여 OK가 아니라고 느끼고, 다른 사람들은 모두 아주 멋지다고 생각하여 그들로부터 멀어지게 될 것이라고 생각하는 것이다. 이런 사람은 낙심하여 생기가 없고 우울증에 걸리기 쉽다. 열등감, 자기비하 같은 감정에 사로잡혀 있고 심한 경우 자살을 기도하기도 한다.

❸ 나는 옳다–너는 옳지 않다(자기긍정–타인부정, I am OK–You are not OK)

편집증적 태도이다. 이런 생활 자세를 갖는 사람은 다른 사람을 무가치하고 부적절하다고 본다. 다른 사람에 대해 믿지 못하고 불안해하고 친구나 부하나 자녀들을 모두 자기 생각대로 움직이려 하여 다른 사람 위에 군림하려고 한다. 쉽게 분노하고 타인을 무시하며 경멸하는 태도를 보인다. 한편 남의 탓을 잘하고 책임을 전가하려는 경향이 있다. 편집증적 태도를 취하기도 한다. 이러한 태도는 다른 사람으로부터 멀어지게 만들 수 있다. 그래서 "제거해 버려", "너는 거추장스럽다" 등을 말한다.

❹ 나는 옳지 않다–너도 옳지 않다(자기부정–타인부정, I am not OK–You are not OK)

정신분열적, 백해무익한 태도이다. 이런 사람은 인간관계가 대단히 부정적이어서 아무도 믿지 못하게 된다. 심지어는 자기 자신도 믿지 못하고 자신은 결코 성공할 수 없다고 느끼며 실패할 것이라 생각한다. 이런 사람에게 있어서 삶은 냉혹하고 무가치하고 좋은 일이란 없다고 느끼는 절망적 또는 허무적 인생태도이다. 이런 사람은 누구도 문제를 해결할 수 없다고 굳게 믿고 있어서 아무것도 하지 않는다.

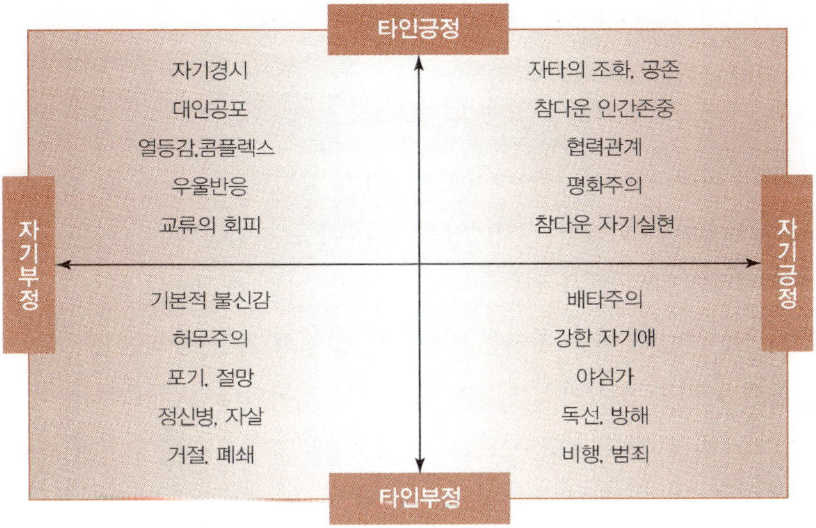

[그림 9-1] 기본적 인생태도와 교류양식

출처 : 김규수, 류태보, 2001, p.179.

2) 상호교류분석에서의 인간관계 이론

(1) 인성의 구조

인간은 자기 내부에 세 가지 자아상태를 가지고 있는데, 그것에 의해 인격이 형성된다. 번에 의하면 언제나 인간은 이 세 가지 인격의 어느 부분에서 행동하고 있는데, 이러한 자아상태는 '사고, 감정, 그리고 이것과 연관된 일련의 행동양식을 통합한 하나의 체계'라고 정의하였다. 다시 말해서 자아상태란 한 개인이 의식적으로 깨달을 수 있고 눈으로 볼 수 있는 행동적인 것들, 가치, 느낌의 총체라고 할 수 있다. 여기에는 성인 자아상태(adult ego state), 아동 자아상태(child ego state), 부모 자아상태(parent ego state)의 세 가지가 있다.

❶ 아동 자아상태(child ego state)

번은 아동 자아상태를 원시정신이라고 불렀다. 이 원시정신은 발달상 원시적이고 퇴행하는 자아상태이다. 아동 자아상태는 자신이 본래 누구인가를 알게 하기 때문에 인간 심리의 가장 핵심적인 것으로 경험된다. 각 사람의 아동 자아는 사람들의 삶에서 가장 중요한 정서적 사건들뿐 아니라 영아기의 경험까지도 모두 기록한다. 이처럼 어른이 갖고 있는 아동 자아상태는 그들이 어렸을 때 느끼던 감정이나 행동들을 그대로 느낄 수 있게 한다.

아동 자아는 천성적 자아상태(natural ego state)와 개조된 자아상태(adapted ego state)로 나뉜다.

㉮ 천성적 자아상태(natural ego state)

천성적 자아상태는 자신의 감정을 좋은 것이든 싫은 것이든 자발적이고 자연스럽게 표현하는 매력적인 면을 보여준다. 이것은 누구에게도 구속 받지 않고 자연스럽게 행동하는 부분으로 감정적·본능적·자기중심적이고 적극적 성향, 호기심이나 창조성의 원천이기도 하다. 천진난만하며 즐거움과 매력을 주기도 한다.

'와아, 야아, 좋아, 멋지다, 싫어' 등의 감탄사를 쓰고 공상적·창조적인 사고나 행동을 자유로이 할 수 있다. 그러나 이것이 너무 강하면 자기 자신에 대하여 제동을 걸지 못하고 경솔한 행동을 할 수 있다.

ⓛ 개조된 자아상태(adapted ego state)

성장과정에서 양육자의 애정을 잃지 않기 위해 자연스러운 자기를 억제하고 상대방의 테두리 안에 들어가겠다는 의지를 보인다. 실제의 자기를 항상 억제하고 있으므로 내부적으로 여러 문제를 안고 있다. 매우 타협적이고 순종적이지만 이면에 가끔 굴절된 공격성이 감추어져 있다. 자신이 느끼거나 생각하는 것을 그대로 표현하기보다는 부모가 자신에게 원하는 것이 무엇인가를 파악하여 그에 맞추어 표현하려 하기 때문에 자연스럽지 못하다. 즉, 부모의 뜻에 따라 자아상태가 개조된 것이다. 이러한 개조된 아동의 자아상태가 정도를 넘으면 정서 장애를 일으키거나 문제를 일으킬 수 있다.

❷ 성인 자아상태(adult ego state)

실제적·논리적 부분인 성인 자아는 자료를 수집하고 그것을 처리하며, 논리적인 법칙을 따라 판단하고 외부 세상을 다루는 데 필요한 가능성들을 계산하는 능력의 자아이다. 또한 성인 자아상태는 외부 세계를 관찰하고 예측하는 기능을 가진 컴퓨터와 같은 무감각 기관으로 간주되기도 한다. 사실을 중심으로 관찰하고 데이터를 수집, 정리, 통합하는 일을 하고 어떤 문제가 일어났을 때 가장 적절한 해결법을 찾으려 한다. 목적달성을 위해서 자기감정이나 욕구를 자제한다. 지적으로 적응능력이 풍부해서 현실을 음미한다. 그러나 이것이 너무 강하면 감정이 메마르고 인간미 없는 타산적인 사람으로 보일 수 있다.

상호교류분석 이론에서 말하는 성인이란 발달연령이나 생활연령에 의해 구분되는 성인은 아니다. 따라서 이러한 성인 자아상태는 생의 처음단계인 영아기에도 작동하며, 어린이가 발달하고 성숙하면서 추상적인 판단을 하는 단계까지 성장하는 것이다.

❸ 부모 자아상태(parent ego state)

부모 자아상태는 각 사람의 삶에 영향을 미친 의미 있는 타인들의 행동이 심적으로 내면화하여 기록된 것으로 이런 기록이 개개인의 성격의 일부분으로 된 것이다. 부모 자아상태를 통하여 각 개인은 자기가 속해 있는 사회의 예의, 전통, 가치, 중요한 것, 해야 할 일과 하지 말아야 할 일, 규칙 등을 배우게 되는데, 이런 것들은 자신이 속한 사회에 적응하기 쉽게 한다.

부모 자아상태는 부모의 자녀 양육 기능과 태도에 따라서 양육적 부모(nurturing parent) 자아와 통제적 부모(controlling parent) 자아로 구분된다.

㉮ 양육적 부모(nurturing parent)

양육적 부모 자아상태는 스트로크의 경험을 많이 준다. 양육적 부모 자아상태가 잘 발달하는 것은 건전한 인성을 유지하는 데 필수적이다. 가정이나 직장에서 원만한 인간관계를 맺기 위한 윤활유 같은 것으로서 상대방의 자립 또는 성장에 깊이 관계를 맺고 있어 타인의 감정에 공감할 수 있는 능력이다. 다른 사람의 성장을 도와주고 동정적, 보호적, 양육적이다. 상대가 도움을 필요로 할 때 부모처럼 보살펴 주고 위로하며 따뜻한 말을 해준다. 그러나 지나치면 상대방의 독립심이나 자신감을 빼앗는 결과를 불러온다.

㉯ 통제적 부모(controlling parent)

통제적 부모는 다른 사람이 행동하고 말하는 것 등을 유의 깊게 보면서 비난, 비판, 질책한다. 통제적 부모 자아상태가 강한 사람은 지나치게 간섭하고 지배적이 되어 아동 자아상태가 개조되게 영향을 준다.

이런 사람들은 명령이나 지시 등 자기의 가치관을 강요하는 것 같은 지배적 언행을 한다. 이렇듯 아동의 천성적 자아상태가 발달하도록 양육받지 못하고 부모의 기대대로만 행동하도록 키워진 통제적 부모의 자녀는 자신의 정체감을 갖지 못하고 수동적으로 끌려가는 생활을 하게 된다.

❹ 세 가지 자아상태의 작용

가설적인 개념으로서 관찰 불가능한 현상인 원초아, 자아, 초자아라는 프로이트의 성격구조와는 달리 세 가지 자아상태는 관찰 가능하고 역동적이다. 무언가 일이 일어나면 세 가지의 자아상태 가운데서 상하게 반응을 보이는 부분이 있고, 그 반응은 그 사람 특유의 사고나 행동 패턴에 의해 이루어지게 된다.

어떤 새로운 것이 자신의 의식 속에 들어가면 언제나 자아상태를 작용시키는 것이 가능해진다. 예를 들어 푹 잠들어 있을 때 갑자기 부엌에서 접시 깨는 소리가 나고 말다툼이 시작되어 눈을 뜨게 되면 자아상태를 작용시키기 시작할 것이다. 우선 아동 자아상태가 잠을 방해 받는 것에 대해 화를 내고, 다음으로 성인 자아상태가 작용하기 시작해서 그 소리를 냉정히 받아들여 그것이 중요한지 아닌지, 주목할 만한 가치가 있는지 없는지를 결정하게 될 것이다. 그리고 부모 자아상태가 관련되면 아마도 부모가 똑같은 상황에서 행동했던 것처럼 행동하게 될 것이다. 그것은 비판적인 것이든가, 혹은 양육적·보호적인 것이든 그 중의 하나가 될 것이다.

표 9-1 부모, 성인, 아동 자아상태

부모 자아상태	성인 자아상태	아동 자아상태
〈신체적 단서〉 팔짱끼기, 찡그린 이마, 지적하는 집게손가락, 머리 가로젓기, 무서운 표정, 한숨 쉬기	**〈신체적 단서〉** 골똘히 생각에 잠김, 손가락으로 가리키기, 진지한 표정	**〈신체적 단서〉** 보챔, 환희, 웃음, 눈물, 토라짐, 성깔 부림, 고함침, 흐느낌, 몸부림침, 낄낄 웃음
〈언어적 단서〉 항상……, ~해야만 한다. 죽어도 할 수 없다. 결코……, 어리석은……, 버릇없는……, 착한 애야……	**〈언어적 단서〉** 언제, 어디서, 무엇을, 누가, 얼마나, 어떤 방법으로, 가능한, 객관적, 생삭선대, 내 견해로는	**〈언어적 단서〉** 난 몰라, 나갈 테다, 어린애 말투, 바란다, 원한다, 내가 자라면, 보다 더 큰……, 가장 큰

(2) 상호교류의 유형

번에 의하면 상호교류는 두 사람 간의 스트로크의 교환이다. 상호교류는 사회적 자극을 받고자 하는 욕구를 채우려는 노력의 과정과 이에 대해 상대방이 응답하는 형태로 구성된다. 만일 한사람이 다른 사람에게 말을 걸면 상대방은 이에 대해 여러 가지 반응을 할 것이다. 번에 의하면 사회적 자극이란 일종의 애정에 대한 욕구로서 인정을 받거나 주의집중을 받음으로써 만족된다고 한다. 이와 같이 사람들은 긍정적인 스트로크를 원하지만 스트로크가 전혀 없는 상황보다는 부정적 스트로크라도 받고자 한다.

번은 사람들 간의 일상적인 의사소통을 분석하되 대인관계를 눈으로 볼 수 있도록 도식화해서 그것을 화살표로 나타냈다. 교류에는 두 가지 기본 수준이 있는데 명확하거나 분명한 사회적 수준과 내밀하거나 잠재적인 심리적 수준이 있다.

사회적으로 정한 명백한 교류는 진한 화살표로 나타내며, 심리적으로 정한 은밀한 교류는 점선 화살표로 나타냈다.

한 사람이 다른 사람과 교류를 할 때는 그 사람은 다양한 자아상태를 사용하게 되는데, 사람들 간의 상호교류의 형태는 다음과 같은 세 가지가 있다.

❶ 보완적 상호교류

보완적 상호교류는 자극과 반응의 방향인 의사소통이 평행을 이루며 단지 두 자아상태 안에서만 상호교류 하는 관계이다. 즉, 어떤 자아상태에서 보내시는 베시지에 대하여 예상대로의 반응이 돌아오는 것으로, 자극과 반응의 주고받음이 평행하다. 예를 들어 어머니가 "너는 오늘 몇 시에 학원에 가니?"라고 물으면 자녀는 "여섯 시에 가요"라고 대답한다. 이와 같이 부모, 성인, 아동 자아상태에서 의사소통이 평행하거나 상호보완적으로 이루어져서 부드럽게 대화가 이루어지고 자연스럽고 이치에 맞는 대화가 오갈 때, 이를 보완적 상호교류라고 한다.

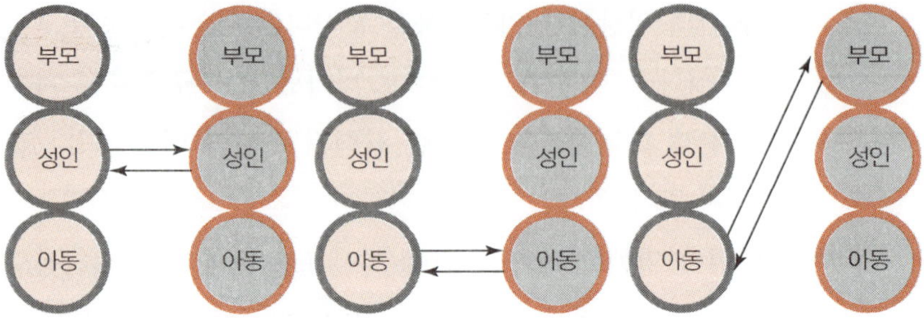

[그림 9-2] 보완적 상호교류

출처 : Berne, 1964.

그림에서 보듯이 이런 상호교류에서는 양자 간에 심리적 갈등이 없기 때문에 원만한 의사소통이 이루어진다. 보완적 상호교류는 부모 대 부모 자아상태 간의 상호작용, 문제를 객관적으로 해결하려고 노력하는 성인 대 성인 자아상태, 함께 즐기거나 노는 아동 대 아동 자아상태, 한편은 의존하고 한편은 징계하는 양육과 징계의 아동 대 부모 자아상태 등 여러 가지 일상적인 대화에서 이루어질 수 있다.

❷ 교차적 상호교류

교차적 상호교류는 두 가지 자아상태가 교차하면서 대화하는 교류상태를 말한다. 상대방이 어떤 반응을 기대하고 시작한 교류에 대하여 예상외의 반응이 되돌아오는 경우이다. 예를 들어 "엄마, 내 책가방이 어디 있어요?"라고 묻는 자녀에게 "책상 위에 있다"라고 대답을 하면 정보를 원하는 사람에게 객관적인 정보제공을 하는 것이므로 문제해결이 이루어지고 따라서 성인 대 성인 자아상태 간의 교류가 형성된다. 그러나 "왜 너는 항상 물건을 아무 데나 놓고 다니니? 귀찮게"라고 대답했다면 성인 자아상태로 상호작용하기를 원하는 자녀에게 부모 자아상태에서 꾸지람을 하게 되는 것이고 교차적 상호교류가 일어나는 것이다.

어떤 관계에서 문제가 생기는 때는 보완적 상호교류가 일어나지 못하고 교차적 상호교류가 생기는 때이다. 여러 가지 인간관계 가운데 고통의 근원이 되는 것이다. 이러한 의사 전달법은 대화가 계속 진행되는 것을 잘라 버리고 처음의 주제를 잃어버리고 마음이 뒤범벅이 되어 혼란 속에 빠지게 한다. 만일 교차적 상호교류가 두 사람 관계에서 빈번하게 일어나거나 상호교류를 할 때마다 교차되면 두 사람 간의 관계가 심각하다는 것을 뜻하며 정신과 의사의 도움을 받아야 할 때도 있다.

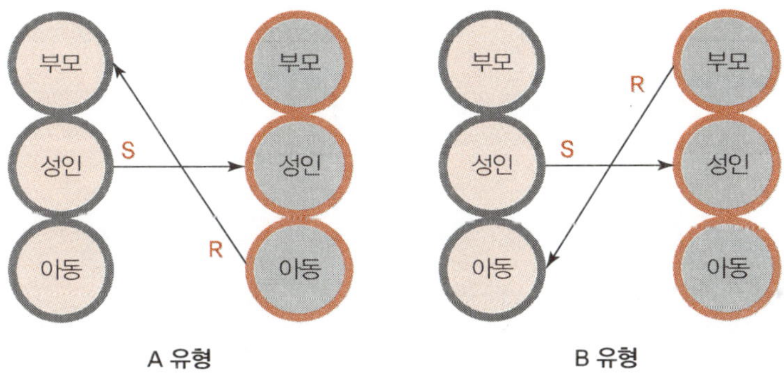

[그림 9-3] 교차적 상호교류

출처 : Berne, 1964.

❸ 잠재적 상호교류

잠재적 상호교류는 전달하고자 하는 메시지가 심리적으로 숨겨져 있는 것이다. 즉, 명백한 메시지는 있으나 그 메시지가 심리적으로 숨겨져서, 겉으로 드러나고 있는 사회적 수준과 숨겨진 심리적 수준이 다르게 일어나는 것을 말한다. 이러한 교류는 상대방의 하나 이상의 자아상태를 향해서 현재적 교류와 잠재적 교류가 동시에 작용하는 복잡한 교류이다.

사회적 수준은 성인 대 성인 자아상태 간에 이루어지지만 심리적으로는 상대방의 부모 자아상태, 혹은 아동 자아상태를 대상으로 이루어진다. 대개는 사회적 수준의 메시지는 대화를 통해 언어에 의해 전달되지만, 숨겨진 심리적 수준의 메시지는 어떤 말 속에 함축되어 있기도 하고 목소리나 억양이나 몸짓을 통해서도 나타난다.

잠재적 상호교류는 각진 상호교류(angular ulterior transaction)와 이중적 상호교류(duplex ulterior transaction)로 나누어진다.

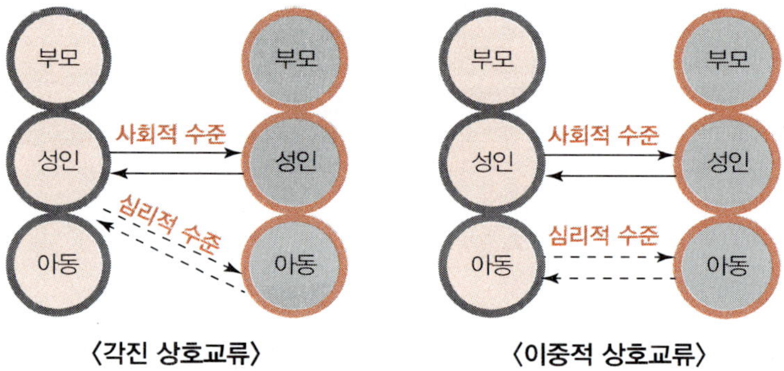

[그림 9-4] 잠재적 상호교류

출처 : Berne, 1964

각진 상호교류는 그림에서처럼 두 사람 간에 세 종류의 자아상태가 관여하는 경우이다. 예를 들어 노련한 세일즈맨 같은 사람들은 다음과 같은 각진 상호교류를 사용한다.

"이 물건이 저것보다 더 좋습니다. 그런데 당신 사정으로는 구입하기 어려우실 겁니다."

"바로 그 물건을 사겠어요."

상호교류 수준에서 세일즈맨은 객관적인 정보를 제공하고 객관적인 판단을 할 것을 기대하는 것 같지만 심리적 수준에서는 그 주부의 아동 자아상태를 자극하고 있다. 이때 주부가 자신의 재정적 사정은 고려하지 않고 자신이 재정적 능력이 있음을 보여 주기 위해 물건을 구입했다면 세일즈맨의 각진 상호교류가 성공한 것이다. 이때 잠재적 상호교류가 보완적으로 이루어졌다.

만일 주부가 그 마음을 알고 화를 내며 물건을 사지 않는다면 세일즈맨의 각진 잠재적 상호교류는 성공하지 못하고 교차적 상호교류가 일어난다.

한편 이중적 상호교류란 발신자와 수신자 사이에서 표면과 이면의 두 가지 교류가 동시에 일어나는 것이다. 다음의 예에서 볼 수 있다. 즉, 두 사람 사이의 대화에서 두 가지 수준의 자아상태가 관여하여 일어난다. "오셔서 헛간을 보세요."라고 말한 목동의 청에 여자가 "나는 어릴 때부터 헛간을 좋아했답니다."라고 대답한다면 이는 사회적 수준에서는 헛간에 대한 객관적 정보를 나눈 것 같으나 심리적 수준에서는 아동 자아상태에서 이루어진 대화이다.

이러한 교류는 죽음을 눈앞에 둔 환자와 의사 사이에서 일어나는 교류에서도 많이 발견되는데, 자기의 병의 상태를 알면서도 위로를 받고 싶어서 병의 상태를 물었을 때 의사는 알면서도 거짓말을 하는 경우 같은 예이다. 이중적 상호교류는 일상적 대인관계에서 많이 쓰이는데, 위선적으로 보이나 원만한 인간관계를 유지하기 위해 필요한 경우도 있다. 이중적 교류는 게임분석과도 깊은 관계가 있다.

3) 부모교육의 방법

교류분석을 활용한 부모교육 프로그램은 교류분석이론에 대한 이해를 바탕으로 교류분석의 실천전략을 부모자녀관계에 직접 적용해 봄으로써, 건강한 부모역할을 실행할 수 있는 능력을 기르도록 하는 것이다. 여기서는 자신의 자아상태를 이해하고 스스로의 교류양식을 자각함으로써 자녀를 있는 그대로 수용하고 자녀와 원활한 의사소통의 교류를 할 수 있도록 돕는다.

구체적으로는 부모 자신의 성격의 구조 기능 분석, 교류양식의 분석, 게임분석, 각본분석 등의 다양한 교육 방법과 전략을 사용한다. 결국은 부모자신의 이해를 통하여 원만한 인간관계를 수행하도록 돕고, 이러한 자신의 심리적 자세가 변화함으로써 부모자녀관계를 긍정적으로 변화시킬 수 있게 돕는 것이다.

02 행동수정 이론

1) 이론적 배경

행동주의 심리학에 기초하여 부모교육 이론으로 적용된 행동수정 이론은 왓슨(Watson, 1878~1958)이 『영아 및 아동의 심리학적 양육(Psychological Care of Infant and Child)』이라는 책을 출판하면서 크게 확산되었다. 미국은 행동주의 심리학자들의 활동이 활발하였고 특히 스키너(Skinner, 1904~1990)의 『월든 투(Wolden Two)』라는 책이 발표된 이후 행동주의 이론에 입각한 아동발달이론이나 부모역할 기능훈련 등과 같은 이론이 미국의 부모들에게 영향을 주었다.

미국 행동주의의 아버지인 왓슨은 부모들에게 자녀발달을 향상시킬 수 있는 많은 양육방법을 밝혀 그 시대의 부모를 감동시켰고 오늘날에도 부모교육이론에 적용하고 있다. 왓슨은, 자녀는 주의 깊게 계획된 훈련에 의해 만들어질 수 있는 백지와 같아서 바람직한 성인으로 성장하도록 훈련시켜야 한다고 믿었으며, 여러 가지 훈련 방법을 제시하였다. 이러한 행동주의 심리학의 견해는 부모들에게 그들이 원하는 대로 자녀를 성장시킬 수 있다는 확신을 가지게 해주었다.

2) 자녀양육의 원리

번서 행동주의적 접근에서는 모든 행동은 학습된 것이라고 본다. 따라서 학습원리의 적용을 통해 이미 학습된 행동을 수정할 수 있다고 생각하였다. 또한 지속적인 환경적 특성을 알면 행동을 예견할 수 있고 나아가 통제할 수 있다고 생각한다. 따라서 부모가 원하는 대로 자녀를 양육할 수 있으므로 행동주의 심리학에서의 부모의 역할은 좋은 모델이 되어 주는 것이고 자녀들은 부모의 좋은 행동을 모방하면서 성장하여 간다는 것이다.

자녀의 바람직하지 못한 행동은 자아개념이나 자신감의 부족, 혹은 부모의 사랑이 부족해서가 아니라 훈련이 부족해서 생기는 것이라고 생각했다. 그러므로 사회적으로 바람직한 행동을 하면 긍정적으로 강화해 주고 바람직하지 못한 행동이 나타나면 벌을 주거나 혐오자극을 주는 등의 방법으로 자녀의 행동을 형성해가야 한다고 생각하였다.

(1) 행동수정의 원리

행동수정의 이론과 방법은 미국을 중심으로 발달되었으며, 특히 학교 현장에서 대단한 힘을 발휘하게 되었다. 행동수정 이론의 기본 가정은 다음과 같다.

첫째, 자녀의 부적응 행동은 병리적인 것이 아니라 부적절하게 학습된 것이다. 자녀가 이러한 부적절한 행동을 학습하게 된 원인은 자녀가 부적절한 행동을 했을 때 부적절하게 반응을 해주었기 때문이거나 적절한 반응을 제시할 사람이 없었기 때문이다. 이때 반응을 주는 사람은 교사나 부모가 되고 그 결과는 벌이나 상이 된다.

둘째, 자녀가 특정한 상황에서 서로 다르게 행동한다. 자녀의 부적응 행동이 어떤 특정한 상황 속에서만 일어난다고 보기 때문에 자녀가 그 상황에서 왜 그런 행동을 하였는가에 대한 원인을 찾을 수가 있다.

셋째, 자녀의 문제 행동을 수정하는 데 있어서 지금–여기(here and now)를 강조한다. 행동수정의 방법은 자녀의 행동에 미치고 있는 '현재의 영향'과 그것을 변화시키기 위해 '현재할 수 있는 일'에 초점을 두고 과거의 영향에 대해서는 관심을 갖지 않는다.

그러나 행동수정론자들을 비판할 때 그 근거는 행동수정 이론이 인간의 외현적 행동에만 관심을 가진 나머지 인간의 내면의 문제를 소홀하게 취급하고 있다는 점이다. 인간의 외현적 문제가 해결되었다고 해도 심리 내면의 문제가 해결되지 않으면 그 문제가 해결될 때까지 새로운 부적응 행동이 나타날 수 있다는 점이다(박성수·유효순, 1994).

(2) 행동수정의 기법

아동의 행동수정 방법에는 바람직한 행동을 증가시키는 방법과 바람직하지 못한 행동을 감소시키는 방법이 있다. 전자에는 강화가 있고 후자에는 벌과 타임아웃 등이 있다.

❶ 강화

바람직한 행동을 증가시키는 방법으로 강화가 있다. 강화에는 정적 강화와 부적 강화가 있다.

정적 강화란 행동의 빈도나 강도를 증가시키기 위해 자극을 제공하는 것으로 바람직한 행동을 증가시키기 위해 행동수정에서 사용되는 가장 기본적인 방법이다. 예를 들어 칭찬을 듣기 위해 아빠의 구두를 닦는다든지 좋은 점수를 받기 위해 열심히 공부하는 것을 말한다. 여기서 칭찬과 좋은 점수가 바로 정적 강화제의 역할을 하는 것이다.

부적 강화란 어떤 반응이나 행동에 대하여 주어지던 자극을 제거해 줌으로써 그 행동의 빈도나 강도를 증가시키는 것을 말한다. 예를 들어 바람직한 행동을 했을 때 화장실 청소를 면해 준다거나 받아쓰기에서 백 점을 받았을 때 쓰기를 면해 준다거나 하는 경우이다. 그러나 부적 강화는 벌과는 다르다. 벌은 어떤 자극의 제공으로 행동의 빈도가 감소하거나 강도가 줄어드는 것을 가리키나, 부적 강화는 행동의 강도나 빈도가 더 높아진다. 그리고 자극을 제공하는 것이 아니라 자극을 제거해 줌으로써 이루어지는 것이다. 정적 강화나 부적 강화는 모두가 바람직한 행동의 빈도를 증가시킨다는 점에서 동일하다.

❷ 강화계획

강화를 위해 쓸 수 있는 강화물에는 여러 가지가 있다. 아이스크림, 초콜릿, 사탕 같은 음식이나 장난감과 같은 물질적 강화물이 있고, 칭찬이나 미소, 쓰다듬어 주기 같은 사회적 강화도 있다. 또한 스티커, 토큰 등을 모아서 보상을 받을 수 있는 토큰 강화도 있다. 강화는 자녀의 성장과 수준에 맞게 이루어져야 한다. 즉, 자녀의 연령이 어릴수록 물질적 보상이 효과적이고 자녀의 연령이 증가할수록 사회적 보상이 효과적으로 사용된다.

강화를 주는 중요한 원리는 다음과 같다. 즉, 자녀에 따라 강화물이 달라져야 하고 적절한 강화물을 선택하는 것이 매우 중요하다(강화의 적절성). 적절한 행동에 대하여는 즉시 강화를 주고(강화의 즉각성), 강화를 주기 전에 강화물의 효과를 잘 생각해야 하는데, 이때 강화에 대한 자녀의 경험이 중요한 자료가 될 수 있다. 어떤 자녀에게 효과적인 강화물이 다른 자녀에게 별 효과가 없을 수 있기 때문이다. 한편 강화를 받을 수 있는 기준에 대하여 구체적이고 명백하게 자녀에게 가르쳐주고 자녀의 기대에 대하여 일관성 있게 강화를 제공해야 한다(강화의 일관성).

학생이 좋은 성적을 받기 위해 공부를 열심히 하는 것, 근로자가 많은 임금을 받기 위해 열심히 일하는 것, 어머니에게 칭찬을 받기 위해 설거지를 하는 행위 등은 모두 강화의 예가 될 수 있다.

❸ 벌

벌은 확실하고 신속하게 바람직하지 못한 아동의 행동을 감소시키는 효과가 있기 때문에 부모나 교사들이 의존하기 쉽다. 그러나 벌을 사용할 때는 부작용에 대해서 충분히 이해하고 이러한 벌의 부작용을 최소화하는 방법으로 사용해야 한다. 교사나 부모가 벌을 남용할 경우 벌이 습관화되고 점점 더 강한 벌을 주게 되어 부작용이 커질 수 있다.

벌의 부작용은 첫째, 효과가 지속적이지 못하다는 점이다. 일시적으로 벌을 피하기 위해 문제 행동을 줄일 수 있으나 완전한 제거는 안된다. 둘째, 벌은 학습된 부적응 행동을 억제할 수는 있으나 벌로 적응행동을 가르칠 수는 없다. 셋째, 벌을 받는 아동이 적개심, 수치심을 갖고 부정적인 자아개념을 가질 수 있으며 벌을 주는 사람을 원망하는 마음이 생길 수 있다. 넷째, 벌을 주는 행동을 모방할 수 있다. 즉 처벌에 익숙한 아동은 다른 아동에 대하여도 공격적인 행동을 할 수 있다.

이러한 부작용을 최소화하면서 벌을 최후의 수단으로 사용하고 가능하면 체벌을 사용하지 않는 것을 원칙으로 한다. 벌의 효과를 극대화하기 위해서는 벌의 기준을 명확하게 아동에게 알려주고, 처음부터 강력한 강도로 시작하여 점차 벌의 강도가 증가되는 일이 없도록 한다. 또한 벌은 문제행동이 일어날 때마다 일관성 있게 즉각적으로 주어져야지 상황에 따라 다른 기준을 적용하면 안 된다. 그리고 바람직한 행동이 일어날 때 강화해 주는 것을 반드시 잊지 말아야 한다. 왜냐하면 벌은 부적응 행동을 감소시킬 수는 있으나 적응행동을 형성시키지는 못하기 때문이다.

④ 타임아웃

타임아웃은 보상을 주는 상황으로부터 일정 시간 동안 아동을 격리시키는 것이다. 예를 들어 타임아웃을 경험한 아동이 교실에 돌아와 조용히 한다면 조용히 하는 바람직한 행동을 증가하는 결과를 가져오게 된다.

타임아웃을 활용할 때 고려할 점은, 첫째, 문제 행동을 하는 상황이나 장소에 아동의 행동을 강화하는 요소가 있다는 것을 확신할 수 있어야 한다. 둘째, 격리 장소에는 강화를 주는 자극이 없어야 한다. 즉, 아동의 흥미를 끌 만하거나 주의를 끄는 환경이나 물건, 혹은 위험한 물건이 없는지 살펴보아야 한다. 셋째, 타임아웃은 매우 재미있고 아동이 좋아하는 상황에서 사용해야 한다. 만일 재미없고 지루한 상황에서 사용하면 오히려 재미없는 수업을 피할 수 있는 것이 되기 때문이다. 넷째, 타임아웃 시간은 짧게는 1분이고 3~5분 정도가 적당하다. 길어도 10분을 넘기지 않아야 하고 역시 제한적으로 사용해야 한다.

3) 행동수정 원리의 적용

행동수정의 중요한 원칙의 하나는 관찰과 측정이 가능한 행동만을 대상으로 한다는 것이다. 따라서 자녀 양육을 위해서도 부모는 객관적 관찰, 목표행동을 과학적으로 설정하는 일, 정확한 기록 등의 행동수정의 원리를 적용해야 한다.

(1) 목표행동

부모가 자녀에게 길러 주고 싶은 행동이 있거나 또는 반대로 문제가 되는 행동을 수정하여 변화되기를 바라는 행동이 있을 때는 먼저 그 목표가 되는 행동을 설정하고 그에 대한 조작적 정의를 내려야 한다. 사람마다 생각이 다르므로 같은 용어라도 다른 행동을 의미할 수 있기 때문이다. 이때 행동은 "언제, 어디서, 어떻게, 무엇을" 하였는지에 관한 관찰 가능하고 측정이 가능한 구체적인 행동으로 표현되어 있어야 한다. 이렇게 정의된 단위행동을 목표행동이라고 부른다. 자녀에게 좋은 모델을 보여 주거나 또는 문제행동을 수정하려 할 때에도 목표행동이 분명하지 않으면 효과를 거둘 수 없다. 예를 들면 "우리 아이는 부모 말을 잘 안 들어요"라고 한다면 부모 말을 잘 듣지 않는 모호한 행동 정의는 전체행동이라고 할 수 있고, 이런 전체행동 속에는 작은 단위행동들이 포함된다. 예를 들어 "정리 정돈하지 않는 행동, 동생과 사이좋게 놀지 않는 행동, 식사 시간에 장난하는 행동" 등이 포함된다. 이런 하나하나의 행동을 단위행동이라고 부른다.

목표행동이 정의된 후에는 그 행동들이 자녀가 조절할 수 있는 행동인지 아니면 환경적 자극에 의해 일어나는지를 파악해야 한다. 협동하며 잘 논다든가, 인사를 잘한다든가, 소리를 지르는 일 등은 자녀의 조정권 안에 속하지만 땀을 흘린다든가, 재채기하기, 침 흘리기 등은 대부분 환경적 자극에 의해 이루어진다. 이처럼 목표행동이 자녀 자신이 조정할 수 있는 것인지, 또는 부모 등 환경적 자극에 의해 수정될 수 있는 것인지, 또는 두 가지 다 작용하는 것인지를 알아야만 목표행동을 원하는 방향으로 이끌어 갈 수 있다.

모든 목표행동을 한꺼번에 수정할 수 없으므로 우선순위로 목표행동을 선정하여 하나씩 수정해 나가도록 계획해야 한다. 이때 발생 빈도가 높은 행동은 관찰이 쉽게 일어나고 수정할 수 있는 가능성도 높다.

목표행동이 명확해지고 이에 대한 객관적인 자료가 수집되면 행동주의 원칙들을 적용할 수 있다. 즉 지속시키고 싶은 행동은 더 자주 일어나도록 강화해주고 소멸시키고자 하는 행동은 일종의 벌을 사용하여 감소시키면 된다.

(2) 기록하기

부모가 자녀의 행동을 수정하거나 변화시키고자 하는 목표행동이 설정되면, 그 행동과 관련하여 자료를 수집하는데, 제일 효과적인 방법은 기록하는 것이다. 이러한 관찰을 통해 수집된 자료는 자녀의 행동에서 가장 결핍된 것, 과잉된 것, 유지되어야 하는 것 등을 평가하는 기준을 결정하는 데 도움을 준다. 기록은 행동의 발생 빈도, 지속시간, 발생 강도 등을 발견하게 해준다.

일반적으로 부모들이 쉽게 할 수 있는 기록은 관찰기록이다. 관찰기록은 아래 표와 같이 일화기록법, 사건표집기록법, 시간표집기록법, 행동목록법 등이 있다.

표 9-2 행동수정에서의 관찰기록의 종류

방법	특징
일화 기록법	아동이 주어진 시간 동안 한 행동을 모두 기록하는 것이다. 내용은 행동양상, 특성, 기능의 성취 등으로서 가장 손쉬운 형태의 관찰기록이다. 사건이 생긴 직후에 일어난 순서대로 사건을 기록한다. 관찰대상 아동의 행동과 언어를 기록함과 동시에 그 상황에 있는 다른 사람들의 반응 등의 상황적인 기록도 중요하게 포함시켜야 한다.
사건표집 기록법	특정행동이나 사건이 발생하기를 기다렸다가 그 행동이나 사건이 일어나면 그 때마다 일정한 형식에 따라 기록하는 방법이다. 행동의 발생 유무에만 관심이 있는 것이 아니라 행동의 순서를 자세히 기술하여야 한다. 상황을 잘 분석하기 위해서는 가까이서 지켜보고 그 일이 일어나기 직전과 그 일의 결과에 대해서도 기록해야 한다.

방법	특징
시간표집 기록법	부모가 관찰시간을 임의로 정하고 간격도 임의로 정해 놓고 목표행동이 나타나는가를 파악하는 방법이다. 예를 들어 '매 5분마다', '매 20분마다'와 같이 시간간격을 두고 여러 번 관찰한다. 단지 사실에 대해서만 기록할 뿐 상황 속에 부모의 인상이나 해석을 넣지 않는다.
행동목록 기록법	부모가 관심을 가진 영역의 행동 목록을 미리 준비하고 목록에 포함된 행동이 나타나는가를 관찰하여 표기하는 방법이다. 관찰할 때 사용하는 기록양식을 행동목록이라 한다. 예를 들어 아동의 인지발달과 관련된 항목에 '주의집중 시간은 그 나이에 맞게 적당하다', '이야기책을 읽을 때 주의를 기울여 들을 수 있는가', '시작한 과제를 마치는가', '이야기에 나온 사건을 회상할 수 있는가' 등과 같은 것이 될 수 있다.

부모들이 이상의 방법 중에 비교적 쉽게 사용할 수 있는 기록법은 사건표집기록법이다.

(3) 행동분석

관찰된 행동을 기록하고 난 뒤 이러한 자료를 가지고 자녀의 행동을 분석하는 일을 하게 된다. 행동을 분석하는 일은 행동을 유발시키는 선행자극과 행동 그 자체, 그리고 행동 뒤에 오는 후속자극을 찾아내는 과정이다.

행동수정의 근거는 첫째, 정상행동과 부적응 행동은 과거의 환경 자극과 같은 선행자극(antecedents)이 있고, 둘째, 이러한 선행자극으로 인하여 행동(behavior)이 나타나며, 셋째, 행동의 뒤에 일어나는 후속자극(consequence)에 의해 행동은 학습된다는 점이다. 따라서 행동수정이란 행동을 직접 변화시키기보다는 행동을 선행하는 조건이나 후속조건을 변화 또는 통제함으로써 행동을 수정하는 것이다. 이것을 ABC

모형이라 하고 A는 행동이 일어나기 전의 환경, B는 행동 그 자체, C는 행동이 일어난 다음의 환경이라고 할 수 있다. 이러한 원리에 의하면, 부적응 행동을 수정하고자 할 경우 그 행동의 선행자극과 후속자극을 변경시켜야 하는 것이다. ABC 모형은 자녀가 이미 학습하여 가지고 있는 부적응 행동을 제거하기 위한 기본 모형으로 이해된다. 관찰된 행동을 기록하고 난 뒤 이러한 자료를 가지고 아동의 행동을 분석하는 일은 아래 그림과 같은 과정을 찾아내는 것이 된다.

선행자극 (antecedent)	→	행동 (behavior)	→	후속자극 (consequences)
'식별자극' '행동단서'		'목표행동' '문제행동'		'강화' '벌'
(엄마가 동생하고만 놀아주고 안아준다.)	→	(동생을 때리거나 발로 찬다.)	→	(엄마가 야단을치거나 때린다. 또는 달랜다.)

[그림 9-5] 행동 분석의 세 가지 요소

출처 : Peters, Neisworth, Yawkey, 1989. 정갑순. 1996, p.210에서 재인용.

자녀가 그 행동을 주로 언제, 어디서, 자주 또는 심하게 하는지, 또한 그 행동이 일어날 때 주위에서 어떤 일들이 벌어지고 있는지, 그 행동이 일어난 다음 후속자극으로 강화자극은 어떤 것이었는지 등의 행동이 일어난 상황을 세밀하게 분석하는 일이 중요하다. 이와 같이 자녀의 생활환경 안에서 행동을 유발하는 선행자극과, 행동을 증감시키는 강화의 역할을 하는 후속자극이 무엇인지 알게 되면 행동을 변화시킬 수 있는 수정의 계획이 쉽게 이루어질 수 있다.

표 9-3 행동수정 절차의 예

행동수정 절차 예
① 문제행동의 정의 자기 뜻대로 되지 않을 때 동생을 때리고 밀어서 넘어지게 한다.
② 문제행동의 분석 동생을 밀고 때리는 이유를 분석한다. 단지 기분이 나빠서 미는지, 밀 때마다 엄마가 와서 야단치고 안아줘서 미는지를 구분한다.
③ 행동수정의 목표 화가 나도 동생을 밀지 않고 어머니에게 다가올 수 있게 한다.
④ 처 치 어머니의 중재. 블록으로 쌓기 놀이하기, 그림그리기, 색칠하기 활동 등
⑤ 강 화 아동의 다른 행동에 대한 칭찬이나 강화제 주기
⑥ 과 정 미는 행동이 일어나기 전의 행동이나 독특한 상황을 관찰한다. 그리하여 문제행동이 일어나기 전에 아동의 관심을 다른 곳으로 돌린다. 아동이 두 손을 사용하여야 할 수 있는 작업이라든지, 흥미를 끌 수 있는 다른 놀잇감을 줘서 관심을 돌린다. 예를 들어 엄마가 동생을 안고 먹이는 행동 뒤에 미는 행동이 나타난다면 동생을 먹이는 동안“이리 와서 이것 좀 해볼래?”, “색칠하고 있으렴.” 등과 같이 아동의 관심을 다른 흥미 있는 곳으로 돌려준다. 그리고 그 작업을 잘 완수하였을 경우 그 일에 대해 강화를 하여 미는 행동을 소거할 수 있다.

(4) 강화와 벌 사용하기

목표행동이 명확해지고 이에 대한 객관적인 자료가 수집되면 행동주의 원칙들을 적용할 수 있다. 즉, 지속시키고 싶은 행동은 더 자주 일어나도록 강화해주고 소멸시키고자 하는 행동은 일종의 벌을 사용하여 감소시키면 된다.

4) 부모교육의 방법

자녀양육에 행동수정 원리를 적용시키려는 프로그램은 여러 종류가 있는데 이 이론을 따르는 부모교육의 형태는 대개 강의 중심적이고 주입식으로 이루어지는 경향이 있다. 왜냐하면 부모가 행동수정의 원칙들을 잘 알아야 할 필요성이 있기 때문이다. 워크북 활동, 짧은 퀴즈, 행동주의 원칙을 적용하여서 느낀 경험을 토론하기 등으로 이루어졌다. 한편 행동주의 원리에 근거한 많은 양육서가 책으로 출판되어 부모들이 스스로 공부하고 적용하게끔 되어 있다. 그 예를 소개하면 다음과 같다.

(1) READ

이 프로그램은 베이커(Baker)와 그의 동료들이 정신박약아의 부모들을 위해 개발한 것으로 전문가의 개입을 최소화하여 부모가 자녀에게 행동수정 기술을 적용할 수 있게 고안되었다(1973). 정신 지체 아동의 자조력, 사회성, 언어기술을 증진시키는 것이 목적이다.

(2) 부모는 교사이다(Parents Are Teachers)

베커(Becker)가 행동주의 원칙에 근거하여 쓴 것으로 자녀의 행동변화를 계획하고 체계적으로 수행하도록 훈련하는 프로그램이다(1971). 일상생활에서 부모들이 당면하는 자녀의 행동들을 어떻게 강화 또는 벌을 주는지를 체계적으로 밝히고 있어 부모들이 부담 없이 관심을 갖고 적용할 수 있다.

(3) 반응적 부모훈련 프로그램(Responsive Parenting Program)

홀(Hall, 1976)이 개발한 프로그램으로 '예방정신건강 훈련 프로그램'이다. 이 프로그램은 부모들의 요구에 부응하면서 부족한 전문 인력을 충당하고 정신건강을 예방·치료하여 부모자녀 간의 관계가 효율적으로 이루어지도록 돕는 것이 목적이다.

(4) 자녀에 대한 애정을 위하여(For Love of Children)

자녀를 사랑하기 위한 방법을 소개한 이 책은 메킨타이어(McIntire)가 유아 및 청소년을 둔 부모를 위해 쓴 책이다(1970). 이 채은 '계획된 부모 되기'에서 정상적인 아동발달과 관련된 행동원칙을 다루고 있으며, '변화를 위한 청사진'에서 일반적인 문제행동의 다양성과 십대 문제를 다루는 행동수정의 원리와 적용을 다루었고, 마지막으로 성공적인 가정생활의 주된 지지 방법으로의 강화에 대해 강조하고 있다.

(5) 자녀와 함께 살기(Living With Child)

패터슨과 굴리온(Patterson & Gulion, 1971)이 부모들에게 행동주의 원칙을 적용한 양육 방식을 가르치기 위해 쓴 책이다. 교재를 통해 훈련하도록 고안된 이 프로그램은 부모들에게 제시된 일련의 문장과 단락을 완성하기 위해 적절한 단어나 개념을 선택하게 하여 기본적인 행동수정의 개념을 익히도록 되어 있다. 그 외 관찰기록, 행동형성법, 강화기법에 대한 훈련 내용을 담고 있다.

(6) 자녀관리(Child Management)

스미스(Smith) 부부가 개발한 것으로 부모들이 건전한 학습 환경을 만들어 낼 수 있도록 행동수정의 기술을 훈련시키는 프로그램이다(1966). 이 프로그램에서는 조건 반사를 일으키는 우발적인 사건들을 분석해 내고 부모들이 자녀의 반응에 일관성을 갖고 반응할 수 있는 능력을 개발해 내며 부모들 자신이 좋은 모델이 될 수 있도록 돕는다.

이와 같이 행동수정 이론은 부모들이 자녀와 상호작용하면서 부모로서 좋은 모델을 제시하고 객관적인 관찰과 목표행동설정, 기록, 행동분석, 강화와 벌의 방법과 원리를 적용하게 하는 것이다.

PART IV

부모교육 및 부모참여의 실제

정신은 각기 고유한 형태를 이루고 있으므로 그 형태에 맞추어 지도해야 한다. 신중한 사람이여! 당신이 아이에게 한마디 말을 하기 전에 아이를 오랫동안 관찰하라. 그의 천성을 알아두는 것이 좋으리라. 무엇보다도 그의 성격의 싹이 스스로 드러나도록 자유롭게 놔두라.

……당신은 한 인간의 교육을 감히 계획하기 전에 당신 자신이 인간으로서 완성되어 있어야 한다는 사실을 잊어서는 안 된다. 당신의 아이가 흉내 낼 본보기가 당신 안에 있어야 한다.

—루소의 『에밀』 중에서

CHAPTER 10

가정과의 연계활동

학습 목표

1. 가정연계 프로그램의 필요성을 이해한다.
2. 신입원아 적응 프로그램을 계획하고 실행할 수 있다.
3. 가정통신문의 활용법을 알고 통신문을 작성할 수 있다.
4. 연락장을 작성할 수 있다.
5. 홈페이지를 운영하고 관리할 수 있다.

01 가정연계의 목적 및 필요성

20세기 초반부터 일종의 새교육운동으로 시작된 부모교육은 점차 자녀교육에 상대적으로 관심이 많은 중산층 부모들의 참여를 높인 반면, 저소득층 부모들의 참여는 저조한 편이었다. 1965년 이후 부모교육은 저소득층 부모들을 대상으로 하는 활동을 강조하게 되었고, 부모들을 교육의 장으로 끌어내려는 노력을 하게 되었다. 헤드스타트 프로그램은 부모의 교육기능을 활성화시킬 수 있는 방안을 모색하는 촉진제가 되었고, 그 결과 기관 중심 부모교육 프로그램을 다양화하는 데 공헌하게 되었다.

최근 들어 영유아교육기관이 가정 및 지역사회와 협력을 통해 부모의 양육을 지원해야 한다는 사회적 역할이 더욱 강조되고 있다. 영유아교육기관과 가정 및 지역사회의 협력을 통해 부모의 양육능력을 강화하고, 부모가 자신감과 신념을 가지고 양육에 임할 수 있도록 지원하는 것이다. 중요한 것은 부모와 기관, 지역사회가 모두 양육을 위한 공동체로서 상호존중하고 동반자적 관계로 협력해야 된다는 것이다.

가정연계활동이란 보호자 등 가족을 영유아교육 실천의 협력자로 바라보면서 부모와의 일상적인 의사소통을 촉진하고 부모를 교육프로그램에 적극적인 동반자로 끌어들임으로써 영유아의 발달을 최적화할 수 있도록 하는 활동들을 의미한다.

가정이나 지역과의 연계를 촉진하는 전제로는 한 사람 한 사람의 아동의 발달이 개별적인 것처럼 한 사람 한 사람의 아동의 가정이 독특하다는 것과 지역에 따라 영유아교육에 대한 욕구가 다르다는 것을 인식하는 것이다. 중요한 것은 아동과 함께 교사와 보호자가 신뢰관계를 구축하고, 함께 양육을 위한 배움의 기회를 갖는 것이다. 그를 위해 정보를 교환하고, 실천을 통해 의견교환이 이루어지고, 양육의 즐거움이나 어려움을 함께 확인하고 공유하는 것이 필요하다.

특히 보육은 장시간에 걸쳐 어린 연령부터 시작되는 경우가 많으므로 가정 못지않게 영유아의 발달에 중요한 영향을 미치게 된다. 가정과 영유아교육기관이 유기적으로 일상적인 연계와 상호협조가 이루어지지 않는다면 가정과 기관이 분리된 경험으로 느껴지게 되고, 이는 매일의 일상적 생활 속에서 영유아에게 스트레스가 되고, 나아가 적절한 정서적 애착관계와 안정감을 유지하기 어려워지게 만들 수 있다. 무엇보다도 보육시설에서 이루어지는 모든 활동에 대해 부모와 의사소통이 이루어져야 하고 절대적인 신뢰관계가 형성되어야 한다. 이를 위해서는 영유아가 기관에 등원하는 순간부터 따뜻하고 안정감 있는 인계가 이루어져야 하고, 하루 일과 속에서 이루어지는 다양한 활동과 변화, 기분, 건강상태에 대해 부모와 기관이 상호 의사소통해야 할 필요가 있다. 그리하여 다시 부모의 품으로 돌아갈 때까지의 모든 과정이 순조롭게 이루어지는 것이 필요하다.

이러한 가정과 기관의 연속성과 지속성을 위한 다양한 가정연계 프로그램은 영유아 보육의 기본이고 출발이라고 할 수 있다.

02 가정연계의 실제

가정과 기관이 신뢰관계를 수립하고 이를 유지하는 것은 영유아교육활동을 원만하게 이끌어 가는 데 결정적인 요소가 된다. 그것의 중요성에 대해 다음과 같은 한 예를 들 수 있다. 영유아교육기관에서 사고가 일어났을 경우, 교사는 어떠한 대응을 할 것인가? 사고가 일어난 경우, 중요한 대응은 두 가지이다. 하나는 아동의 상태를 확인하는 일이다. 아동의 안전을 확인하고, 아동에게 무슨 일이 일어났는지 그 사실을 확인한다. 다른 하나는 설명할 책임이다. 사고의 적확한 처리를 위해서도, 재발을 방지하기 위해서도, 그리고 아동과의 신뢰관계를 유지하기 위해서도 사실을 설명해야 할 책임이 있다. 사고는 아무리 주의한다고 하더라도 언제든지 일어날 가능성이 있다. 집단생활 속에서는 모든 아동의 행동을 파악하는 것이 어려운 경우도 있다. 또한 아동의 신체발달과 그것을 판단하는 교사의 인식에 차이가 있을 경우 사고를 유발하는 경우도 있다. 기후나 전염성 질병 등 불가항력의 사고도 있다. 사고를 유념하고 사고의 가능성을 생각하여 환경을 정비하고, 사고가 일어난 경우에 적절하게 대처해야 한다. 이 경우 신뢰관계의 구축이 무엇보다 중요하고, 이를 바탕으로 문제를 해결해 나가야 한다. 부모와 교사 간의 신뢰관계가 수립되어 있다면 일어나는 사고에 대해 유기적이고 협력적으로 대처할 수 있을 것이다.

가정연계 프로그램은 가정과 기관이 신뢰관계에 기반을 둔 지속적이고 상시적인 육아공동체이고 협력체라는 전제하에서 이루어지는 것이다. 대표적인 프로그램의 예를 신입원아 적응 프로그램, 가정통신문, 연락장, 인터넷 홈페이지 등에서 찾아볼 수 있다.

1) 신입원아 적응 프로그램

영유아교육기관에서의 하루 일과는 크게 발달단계별 교육활동과 일상생활로 이루어진다. 이 모든 활동이 교사들의 보살핌과 교육으로 이루어지지만, 부모의 협조가 없이는 원활하게 이루어지기 힘들다. 대표적으로 영유아가 처음으로 기관에서의 생활을 새롭게 시작하는 초기에는 더욱 그러하다. 영유아가 기관을 집과 같이 친숙하게 생각하고 적응하기 위해서는 가정과의 협조가 반드시 이루어져야 한다. 신입원아들의 경우 가정이 아닌 새로운 환경에서 신체적으로나 심리적으로 무리 없이 원만하게 적응하기 위해서는 적응기간이 필요하다. 따라서 대부분의 기관에서는 신입원아를 위한 적응 프로그램을 운영하게 된다.

영유아가 처음 기관에 왔을 때 나타날 수 있는 불안 증세는 다음과 같다.

- 지속적으로 기관에 오려 하지 않는다.
- 기관의 문에만 들어서면 그치지 않고 계속 운다.
- 신체적 증상이 없음에도 불구하고 아프다고 한다.
- 또래와 어울리지 않고 시무룩하다.
- 교사와 상호작용을 하지 않으려고 하고 반응이 없다.
- 기관에서는 잠을 자려 하지 않는다.
- 간식이나 식사를 하지 않으려고 한다.
- 울음이 잦고 자주 칭얼댄다.
- 밤에 자지 않고 울면서 깬다.
- 대소변을 가리던 영아가 대소변을 못 가린다.
- 집에서 기관에 대한 좋지 못한 감정을 직접적으로 표현한다.

이러한 행동을 하는 영유아는 초기 적응에 어려움을 겪는 경우라고 할 수 있다. 이러한 경우 신입원아의 적응을 위해 보호자가 되도록 함께 프로그램에 참가해야 하는데, 적응에 필요한 기본적인 활동(점심, 낮잠) 경험에 중점을 두고 보육시간은 하루 2~4시간 정도에서 점진적으로 늘려 가도록 하는 것이 바람직하다.

적응기간은 일반적으로 2~4주 걸리지만, 개인차를 최대한 고려하여 융통성 있게 진행해야 한다.

보육시설의 초기 적응과정의 단계를 소개하면 다음과 같다.

〈1단계〉

- 자녀에게 보육시설과 교사를 소개한다.
- 자녀와 함께 여러 가지 놀이를 한다.

〈2단계〉

- 대집단활동에 참가하거나 또래와 놀이하도록 도와주고, 자녀가 불안해하지 않도록 부모가 곁에 있는다.

〈3단계〉

- 자녀가 정해진 일과시간을 따르도록 도와준다.
- 부모가 시야에서 사라지는 경우를 시도해 본다.

적응기간은 평균 15~20일 정도 걸쳐 진행되나, 유아마다 개인차가 있어 적응이 빠를 수도 있고 늦을 수도 있다. 그러나 중요한 것은 서두르지 말고 편안하게 적응할 수 있게 배려하는 것이다.

등·하원 시에는 몰래 가지 말고 꼭 안아주고 인사를 해주어야 한다. 가정에서의 생활도 입학 전보다 더 따뜻하게 안아주고 부모가 자신을 특별히 사랑한다는 느낌을 갖도록 도와주어야 한다. 적응기간 동안에는 신입원아가 친숙한 소지품(인형, 자동차, 그림책 등)을 가지고 가서 지내도록 하는 것도 도움이 될 수 있다. 낯선 환경에서 친구들과 접하는 과정에서 영아들이 불안감으로 친구를 물거나 손톱으로 할퀴는 행동이 발생할 수 있으니 평소에 손톱을 잘 깎아 주는 것도 필요하다.

표 10-1 단계별 적응 프로그램의 예

단계	시간	적응할 수 있도록 함께 도와주어요.
1주	9:30~11:30 짧게 방문하기	• 등원 시 유아와 함께 인사하고 교실에 들어옵니다. • 교사와 아이 그리고 보호자가 함께 놀잇감을 가지고 놀면서 유아가 주변을 탐색하게 합니다. • 교사에게 유아에 관한 정보를 제공함으로써 교사와 유아가 친해질 수 있도록 합니다. • '내일 또 와야지' 하는 생각이 들 때쯤 귀가합니다.
2주	9:30~12:30 교사와 의사소통	• 오전 프로그램에 유아와 함께 참여하다가 인사를 하고 헤어집니다. • 귀가 후 유아가 휴식을 취할 수 있도록 도와주세요.
3주	9:30~15:50 친구와 인사하기	• 친구들과 함께 점심을 먹고 귀가합니다. • 유아가 친구와 사귈 수 있도록 같은 반 친구에 대해 관심을 보여주세요. • 잠들기 전에 어린이집 생활에 대해 이야기를 나누어 유아의 긴장감을 풀어 주세요.
4주	9:30~18:00 오후 실내외 자유선택활동	• 자녀에게 애정을 가지고 지속적인 관심을 표현해 주신다면 자녀의 울음은 줄고 언어표현이 늘어나면서 어린이집 하루 일과에 흥미를 가지고 생활하게 됩니다.

• 처음부터 혼자 있기는 힘들어요.
• 처음 며칠간은 교실에 함께 들어와서 아이가 안정감을 느끼도록 도와주세요.
• 이제는 엄마 아빠가 안 보여도 놀 수 있어요.
• 유아가 교실에서 지내는 것이 편안해지기 시작하면 엄마 아빠는 교실밖에 나가 계셔도 됩니다.
• 엄마 아빠가 데리러 오실 것을 알아요.
• 엄마 아빠가 안 보여도 편안하게 놀이하면 유아를 두고 가셔도 됩니다. 데리러 오시기로 약속한 시간을 지켜 주세요. 그러면 유아는 안정감을 갖고 낮잠과 일과에 적응하게 된답니다.

2) 가정통신(뉴스레터)

가정통신문은 기관과 가정을 연계하는 매우 간편한 방법으로서 영유아교육기관에서 다양한 목적으로 가정으로 전달된다.

통신문을 발송하는 목적은 대개 두 가지이다. 첫째는 부모에게 자녀 양육의 기술이나 태도, 방법을 알려주기 위한 부모교육 차원의 통신문이다. 예를 들면 '좋은 부모란 어떤 부모인가?', '자녀와의 바람직한 관계를 위한 의사소통방법' 등의 제목으로 부모의 태도와 자세를 교육하려는 의도를 가진 경우이다. 또한 부모에게 권하는 도서목록이나 박물관 등 지식과 정보를 주려는 의도도 여기에 속한다.

두 번째 경우는 부모에게 교육기관에서 행해지는 교육에 관한 정보와 부모 협조를 요청하는 경우 발송되는 통신문이다. 이런 경우는 주별·월별 교육계획안 같이 기관에서 이루어지는 교육내용을 알리는 경우가 있고, 부모참여 행사, 견학, 부모상담 같은 행사를 알리는 경우도 있다. 또한 부모의 지원과 협조가 필요한 사항에 대해 이를 안내하기 위해 협조문 형태의 통신문을 보내는 경우도 여기에 해당한다. 재활용품 수집 협조문이나 부모님 참여일에 해야 할 부모의 역할 등 다양한 정보제공과 관련된 협조안내문 등의 통신문도 그 예가 될 것이다.

가정통신의 종류는 기관 소개 책자처럼 연간으로 발간되는 것, 교육계획을 알리는 월별, 주간별, 매일 발행하는 것 등 다양한 형태이다. 또한 필요한 경우마다 수시로 발간할 수 있다. 또한 기관에서 특별한 행사를 실시할 때 안내서, 등록금 고지서, 부모회 등에 대한 안내문 등 모든 필요를 위해 가장 손쉽게 활용된다.

가능하면 정보가 쉽게 전달될 수 있는 방식으로 간단하고 명확하게 작성되어야 하고, 협조를 요청할 때는 그 목적과 교육적 의의와 당위성을 설득력 있게 설명하는 것이 필요하다. 통신문은 짧고 간결하면서도 필요한 내용을 정확하게 전달하도록 노력해야 한다.

통신문은 쉽게 사용할 수 있다는 장점이 있지만, 일방적으로 전달되는 까닭에 개별적인 부모의 상황이나 이해수준을 파악할 수 없기 때문에 부모의 태도나 지식, 기술을 변화시키고자 하는 부모교육의 의도로서는 실효를 거두기가 어렵다는 한계가 있다. 또한 대부분의 부모가 통신문을 읽고 실천할 것이라고 예상하지만, 실제로 읽지 않는 경우도 있고, 더구나 그대로 실천한다는 보장이 없는 까닭에 부모에게 정보를 제공하고 협조를 구하는 목적 이외의 활용에는 한계가 있다.

견학 안내를 위한 가정통신문의 예

○○○의 부모님께

지난번 도서관 견학 시 여러모로 도움을 주신 덕택에 즐거운 시간이 되었음을 다시 감사드립니다.

다름이 아니오라 이번에는 서울대학교 박물관을 견학하고자 하여 다음과 같이 계획했으며 부모님의 자원봉사를 다시 필요로 합니다.

자세히 읽어보신 후 조그마한 도움이라도 주실 수 있으시면 유아의 등원 시에 알려주시면 감사하겠습니다.

— 다 음 —

- 견학 목적 : 조상의 유물에 담겨 있는 우리 민족의 얼을 되새김으로써 오늘의 나에 대한 긍지를 심어 주고자 합니다.
- 견학 장소 : 서울대학교 박물관
- 일시 : 년 월 일 오전 10시부터 12시 30분까지
- 자원봉사 내용
  (1) 교통편의 제공자
  (2) 공공질서 유지를 도울 수 있는 인솔자
  (3) 유품 및 유물품에 대한 정확한 이해를 돕기 위한 안내자(해설자)

- 준비물 : 장시간 걸어 다니게 되므로 편안한 신발(운동화)과 간단한 간식을 준비해주시기 바랍니다.

년 월 일

어린이집 원장

3) 연락장

부모와 교사가 매일 영유아의 상태와 정보를 교환하는 방법으로 연락장을 사용할 수 있다. 연락장 혹은 일일통신문이라고도 한다. 연락장은 영유아의 개인수첩으로서 그날그날의 기분이나 투약사항, 하루 일과 중 특이한 사항 등을 기록하여 부모와 매일 연락하는 것이다. 영아와 유아는 연락장의 내용에서 약간의 차이가 있을 수 있다. 영아의 경우는 그날의 기분, 건강 등의 기본상태와 수유나 식사, 배변, 수면상태 등의 기본생활과 투약사항이 중요한 내용이 되어 매일 활용된다. 한편 유아는 투약사항이 없으면 통신란을 매일 활용하지 않을 수 있고, 대신 부모와 교사가 하고 싶은 말이나 당부의 말을 적을 때 사용할 수 있으며, 특별히 기록하여 전달할 사항이 있을 경우 관찰일지의 형태로 기록하게 된다. 부모는 유아의 원 생활과 관련하여 교사에게 부탁하고 싶은 말이나 자녀의 특이 사항이 있을 경우 하고 싶은 말을 적어서 전달한다.

기본적인 사항을 구성하여 다음과 같은 표로 활용할 수도 있다.

표 10-2 영아용 연락장의 예

20 년	(/) 월	(/) 화	(/) 수	(/) 목	(/) 금
등원 시 건강상태					
낮잠시간					
배변					
투약사항					

	가정에서 어린이집으로	어린이집에서 가정으로
월		
화		
수		
목		
금		

표 10-3 유아용 연락장의 예

	부모님께	선생님께
월 일		
월 일		
월 일		

4) 인터넷 홈페이지

오늘날 젊은 세대의 부모들은 자녀양육과 관련해서도 상당한 부분의 정보를 인터넷 동호회나 인터넷 육아정보 사이트 등 온라인에 의존하는 경향이 있다. 정보화 사회에 익숙한 현대의 부모들은 인터넷 홈페이지와 인터넷 카페, SNS 문자발송 등을 통해 직접 부모의 문제와 자녀의 교육에 관련된 온라인 상담이 가능하게 되었고, 자녀교육과 관련된 다양한 정보를 접할 수 있게 되었다. 또한 오프라인상의 부모교육에 관련된 정보를 얻을 수 있는 중요한 창구의 역할도 하게 되었다.

그뿐만 아니라 영유아교육기관에서 제작한 홈페이지는 다양한 기관의 정보와 공지사항을 전달하는 중요한 매체로 자리 잡고 있다. 지금까지의 부모교육은 대체로 부모가 영유아교육기관을 찾아와서 경험하는 오프라인 형태가 주를 이루었다. 이는 시간적·공간적 제약으로 인해 부모참여의 한계를 안고 있다. 하지만 온라인으로 이루어지는 부모교육은 이러한 오프라인이 가지고 있는 한계를 극복하게 할 뿐만 아니라 부모들이 게시판 등에 글을 올리고 자신의 의견을 개진하는 등 보다 적극적인 기관과의 양방향 상호작용의 통로로도 활용된다는 측면에서 장점을 갖는다.

그러나 온라인 매체의 활용 역시 적극적으로 접속하지 않는 부모와는 연결이 어렵고 지나치게 보여주는 형태의 형식적인 교류와 접촉이 될 수 있다는 우려가 생길 수 있다. 따라서 온라인과 오프라인의 접속을 적절하게 병행하여 각 매체가 가지는 장점과 단점을 충분히 고려하여 운영하는 것이 필요할 것이다.

중요한 것은 쏟아지는 정보의 홍수 속에서 이를 적절히 선택하고 여과하여 사용할 수 있는 비판적인 시각을 키워 주는 홍보와 교육이 아울러 이루어져야 한다는 점이다.

CHAPTER 11

부모참여의 현장 적용

학습 목표

1. 부모참여 지원 내용 및 방법을 알 수 있다.
2. 세부적인 예산 집행 계획과 추진 일정을 계획할 수 있다.
3. 참석 여부를 파악하여 필요한 물품이나 자료를 준비할 수 있다.
4. 부모참여 지원을 실시할 수 있다.
5. 부모참여 만족도조사를 실시할 수 있다.
6. 부모가 참여하는 어린이집 운영위원회를 구성하여 운영할 수 있다.

01 부모참여 프로그램의 목적 및 필요성

부모참여 프로그램은 부모들을 기관의 운영과 교육활동에 다양한 수준으로 참여하게 함으로써 가정과 협력하여 긍정적인 효과를 얻고자 하는 부모협력 프로그램이다. 기관은 부모를 참관 및 참여수업, 행사참여, 운영위원회의 위원, 자원봉사자 등에 자발적이고 적극적으로 참여하게 함으로써 다양한 효과를 거둘 수 있다.

부모가 교육기관의 다양한 운영과 행사에 참여하는 것은 다음과 같은 이점을 갖는다. 첫째, 부모들의 욕구를 파악할 수 있는 기회가 된다. 둘째, 교육기관과의 협력을 통해 일관성 있는 교육을 기대할 수 있다. 셋째, 부모가 가진 인적·물적 자원을 활용하여 교육의 다양성과 질을 올리고 교사의 심적·육체적 부담을 줄여 줄 수 있다. 넷째, 부모와 기관의 긴밀한 유대관계를 수립함으로써 소속감을 갖게 하고 부모를 적극적인 기관의 협력자로서 끌어들일 수 있다. 다섯째, 부모역할을 성공적으로 수행할 수 있다는 자긍심을 심어주기 때문에 부모의 개인적 성장의 기회가 된다는 점이다.

부모로 하여금 자녀를 양육함에 있어서 높은 자긍심을 갖게 한다면 자녀양육에서 훨씬 더 인내심을 가지고 역경을 이겨 나갈 수 있는 힘을 갖게 될 것이다. 육아를 하는 과정에서 겪는 다양한 스트레스에 능동적이고 적극적으로 대처하게 하기 위해서도 자녀에게 미치는 영향력을 인식시키고 자아인식을 돕는 활동이 필요하다. 현대사회는 가족구조가 핵가족화, 다양화하고 있기 때문에 자녀양육에서 자신감을 가지기 어렵다. 따라서 더 많은 지원과 격려를 필요로 한다고 볼 수 있다. 즉, 영유아교육기관이 부모로서 성장할 기회를 주면서 아울러 인간으로서 자신의 가능성을 실현시킬 수 있는 기회를 마련해줄 필요성을 갖는 것이다.

02 부모참여 프로그램의 실제

부모참여 프로그램은 부모가 유치원이나 어린이집 같은 기관에 나와서 단순히 교육을 받는다는 차원을 넘어서 그 운영에 직접 참여하는 것까지 포함한다. 즉, 부모교육을 통해 학급의 수업참여뿐 아니라 부모가 학급의 교사나 보조교사 및 의사결정자로서 예산 책정, 심의, 결정 과정에 참여할 수 있는 능력을 기르는 것이다.

미국에서는 헤드 스타트 프로그램 이후 부모들을 교육의 현장에 참여시키는 프로그램이 다양하게 개발되었는데, 부모들의 참여수준도 다양했다. 예를 들면 다음과 같다.

1. Head Start Program : 부모가 학급의 수업에 참관할 뿐 아니라 프로그램의 운영 및 계획 등의 운영에 대한 의사결정에도 참여하여 지원하도록 구성되어 있다.
2. DARCEE Program : 학교에서 부모를 참관, 역할놀이, 시범훈련 등을 통해 교육시켜 교사로 가르칠 수 있도록 구성되어 있다.
3. Follow Through Project : 초등학교 저학년 학급에 부모를 보조교사나 자원봉사자로 참여시킨다.
4. Washington D. C. 협동놀이 프로그램 : 영유아들의 놀이활동에 부모를 참여시켜 놀이를 지도하고 보호할 수 있게 하는 프로그램이다.

우리나라의 영유아교육기관에서 많이 이루어지고 있는 부모참여의 경우들은 운영위원회, 학급별 집단 면담, 그리고 다양한 형태의 수업참여, 보조교사 등의 형태이다.

1) 운영위원회

최근 국가정책의 일환으로 부모를 영유아교육기관에 설치된 운영위원회에 참여하게 함으로써 부모들의 의견을 수렴하여 교육이나 보육의 동반자 역할을 수행하도록 하고 있다. 이런 형태의 참여는 부모를 단순히 관찰자나 봉사를 하는 사람이 아니라 기관의 여러 가지 문제를 결정하는 주요 세력으로 인정하고 부모를 대등한 위치의 협력자로 인식한다는 것을 전제로 한다.

부모를 포함하는 운영위원회를 구성하지 않더라도 부모들의 다양한 의견을 반영할 수 있는 통로는 많이 있지만 운영위원회를 구성함으로써 형식을 갖추고 비로소 동반자적 관계를 실천할 수 있는 도구가 되는 것이다.

우리나라 유치원 운영위원회는 지역특성에 맞는 다양하고 창의적인 교육활동을 전개하고, 부모와 기관이 의견을 교환함으로써 기관 운영의 자율성과 투명성을 제고하기 위한 제도로서, 선진 유아제도 구축의 일환으로 2008년 9월에 도입돼 시행되는 공식적인 기구이다.

어린이집 운영위원회는 어린이집 운영에 학부모의 의사를 적극 반영, 어린이집 운영의 자율성과 투명성을 높여 보육의 질을 개선하기 위한 조치로 2012년부터 적용에 들어갔다.

(1) 운영위원회의 역할

각 기관의 자치기구로서의 운영위원회의 역할은 다음과 같다.

❶ 기관운영의 중요한 사항에 대해 기관의 구성원들이 참여하는 기구로서, 민주적인 절차에 따라 자율적으로 결정하는 단위 기관 차원의 자치기구이다.
❷ 운영위원회는 기관의 구성 주체인 교사 및 학부모와 지역사회인사 등으로 구성되고 구성원이 기관운영의 중요한 의사결정에 함께 참여하는 공동체이다.
❸ 개성 있고 다양한 교육을 꽃피울 수 있는 제도적 장치로서 각 기관의 규모, 주변 환경 등 각 기관이 처해 있는 실정과 특색에 맞게 다양하고 창의적인 교육을 실현할 수 있는 장치이다.
❹ 심의기구 내지 자문기구의 역할을 수행한다.

(2) 운영위원회의 구성

운영위원회는 기본적으로 해당 기관에 다니는 모든 구성원으로 이루어진다. 여기에는 원장, 교사, 학부모 그리고 지역사회의 인사가 포함될 수 있다. 위원회가 구성되면 여기서 위원장을 뽑고 정기적인 모임을 가져야 한다.

먼저 위원회를 구성하기 위해서는 충분한 설명과 참여를 위한 오리엔테이션이 필요하다. 이를 위해 학기 초 시행되는 오리엔테이션을 적극 활용하고 이후의 학부모 면담이나 반모임, 집단모임 등을 활용하고 통신문 등을 통해서도 고지할 필요가 있다. 위원회의 대표를 선발하기 위해서는 각 반의 부모들이 모두 모이는 기회를 이용하여 임원을 선출한다.

임원이 선출되면 정기적인 모임(최소 반기별 1회 이상)을 갖고 각각의 사안과 현안에 대해 회의를 진행하며 회의 결과에 대해서는 다양한 의사소통 통로를 통해 부모에게 공지하고, 건의할 사항을 건의하도록 한다.

(3) 운영위원회의 기능

운영위원회는 다음과 같은 사항을 다루는 기능을 갖는다.

- 기관의 운영회칙이나 규정의 제정이나 개정에 관한 사항
- 기관의 예·결산의 보고에 관한 사항
- 기관의 교육활동과 기타 진행된 활동(시설수리, 교육 기자재 구입, 경조사 등)
- 기관의 다양한 운영 전반에 관한 사항(예 : 보육시간, 보육과정의 운영방법 등)
- 기관의 교육환경 개선에 관한 사항
- 기관과 지역사회의 협력에 관한 사항(예 : 건의사항 등)
- 부모의 지원이나 도움이 필요한 사항
- 부모의 건의사항

2) 학급별 집단면담

교육기관에서 이루어지는 면담은 크게 개인면담과 집단면담으로 이루어지는데, 개인면담은 부모상담과 일치하는 부분이 있으므로 다음에 자세히 다루기로 하고 여기서는 집단면담에 대해 설명하도록 한다.

부모와 교사 간에 이루어지는 집단면담은 일련의 협력의 과정으로서 영유아의 교육과 보육이 최대한의 효과를 거두도록 하는 것이 목적이다. 집단면담은 부모와 교사가 일대 다수로 만나서 함께 자녀에 대해 의견

을 나누는 모임이므로 대개는 학급별로 한 학급의 부모 전체가 교사와 면담하기도 하고, 아동의 인원수에 따라 두 그룹으로 나누어서 실시하기도 한다.

집단면담의 목적은 첫째, 부모로부터 아동에 대한 다양한 정보를 구하는 것이다. 부모와 교사가 일대일로 만나서 이루어지는 개인면담을 통해 유아에 대한 정보를 얻을 수 있지만 집단 면담을 통해 공통적인 유아들의 특징에 대한 정보를 얻을 수 있게 한다. 둘째, 부모들로부터 기관에 대한 다양한 견해와 요구사항을 들을 수 있는 기회가 된다. 자녀에게 기대하는 기관의 교육이 무엇인지 그리고 부모는 어떤 교육관을 가지고 있는지를 파악하는 데 도움이 된다. 이러한 의사 발표를 통해 부모의 공동의 관심사를 확인할 수 있고, 부모로서는 자신의 문제뿐 아니라 다른 부모들의 의견을 들음으로써 자신의 의견을 일부 수정하거나 공통된 관심사에 대한 연대감도 갖게 하는 효과를 얻을 수 있다. 셋째, 교사는 자신의 교육철학이나 교육의 기본적인 방향과 중점사항에 대해 알림으로써 정보를 공유하고 부모의 이해를 구하는 데도 적합한 시간으로 만들 수 있다.

무엇보다 효율적인 집단면담을 위해서는 가능하면 부모들의 의견과 생각들을 많이 듣는 시간으로 운영하는 것이 바람직하다. 하지만 지나치게 취지에 맞지 않는 이야기를 하거나 오랜 시간 한 사람이 이야기하는 것은 피하도록 적절한 진행자의 역할이 필요하다. 그리고 면담시간에 나온 내용들이 교육에 반영될 수 있다는 것을 부모들에게 알리는 것이 중요하다.

집단면담이 이루어지는 과정에서는 집단면담의 목적을 설명하는 것이 우선되어야 한다. 중요한 사안이나 면담을 실시하는 목적에 대해 분명히 알리고 그 목적을 이루기 위해 노력할 것을 알린다. 그리고 면담이 이루어지는 순서에 대해 소개하는 것도 필요하다. 한 부모에게 주어지는 시간의 안내 등 주의사항에 대해서도 안내한다. 면담이 충분히 이루어진 이후에는 교사가 전체적인 발표내용들을 요약하고 이후의 부모의 관심과 협조를 당부하고 모임을 끝내도록 하는 것이 좋다.

3) 부모참여 행사

부모가 기관의 수업에 참여하는 행사는 부모가 기관에서 실시하는 수업을 단순히 참관하는 방법과 자녀와 함께 수업에 참여하는 방법, 부모가 보조교사로 기관 프로그램에 참여하는 방법이 있다.

이러한 참여행사이 의의는 다음과 같다.

첫째, 자신의 자녀가 가정 밖에서 어떻게 행동하는지를 객관적으로 관찰하고 가정과 가정 밖에서의 자녀의 행동이 다를 수 있다는 것을 관찰함으로써 자녀를 보다 다각도로 이해할 수 있는 계기가 된다.

둘째, 또래들과 함께 활동하고 행동하는 자녀를 봄으로써 또래에 비해 자녀의 발달 정도와 개인차를 관찰할 수 있는 기회가 된다.

셋째, 교사가 유아와 상호작용하는 방법을 보고 배움으로써 이러한 상호작용의 방법을 가정에서 적용해보고자 하는 의욕과 자신감을 얻는 데 도움이 된다는 점이다.

다음에서 수업참관, 부모참여수업, 그리고 보조교사로서의 참여의 방법에 대해 자세히 다루어 보자.

(1) 수업참관

수업참관은 부모가 기관에서 실시하는 수업을 관찰하는 것으로 가장 소극적인 형태의 참여행사이다. 수업참관은 정해진 시간에 부모들이 각 반의 참관실에서 자유로이 수업을 참관할 수 있게 하는 것이다. 최근에는 가능하면 아버지와 어머니 모두에게 유아를 관찰하고 수업에 참여하도록 하는 기회를 많이 제공하고자 하는 기관이 늘고 있다. 수업참관을 할 경우 유아를 객관적으로 관찰하게 되고, 다른 유아와의 행동의 차이를 파악하는 데 도움이 되고, 교육기관의 지도방법에 대한 이해를 하는 데도 도움을 줄 수 있어서 유익하다.

기관에 따라서는 매주 일정한 요일을 정하여 부모가 언제든지 원할 때 참관할 수 있도록 수시로 실시하는 경우가 있다. 그러나 대부분의 원에서는 1년에 3~4회 별도의 날짜를 지정하여 참관하는 경우가 많이 있다. 참관일을 정할 때에는 가능하면 많은 부모가 참여할 수 있는 날짜를 미리 파악하여 부모의 적극적인 참여를 유도할 필요가 있다. 그리고 한 날에 참관이 어려운 경우는 같은 기간에 여러 날을 제시하여 가능한 날짜에 참관할 수 있도록 하는 것도 하나의 방법이다. 참관을 실시하기 전에 부모들에게 충분히 홍보해야 한다. 참관을 안내하는 통신문에는 참관하는 일시와 장소, 참관의 방법과 유의사항에 대해 자세한 안내를 사전에 전달해야 한다.

참관일에는 무엇을 참관하고 무엇에 주의를 기울여야 하는지 참관 시 주의사항을 충분히 숙지시키고 참관하도록 한다. 참관에 대한 관찰 용지와 필기도구를 미리 준비해두는 것이, 그저 자유롭게 관찰하도록 하는 것보다 참관의 목적과 의미를 더 분명하게 하는 방법이 될 수 있다. 참관이 끝나 후에는 다른 교실로 이동하여 참관에 대한 평가회를 가지는 것이 좋다. 궁금한 점과 의문점 등 수업 전반에 대해 토론하면서 평가하는 시간을 갖도록 한다.

부모가 참관 시 유의해야 할 사항에는 다음과 같은 것이 있다.

첫째, 부모가 참관을 할 때 영유아는 평소와 다른 행동을 하기도 하여 보통 때보다 퇴행행동을 보이거나 숨거나 공격적인 행동을 보일 수도 있다. 따라서 부모들에게 이러한 현상에 대해 미리 이야기하고 자연스러운 모습이라는 점을 이해시킨다.

둘째, 참관하러 부모가 들어갈 경우 몇몇 유아들이 부모에게 달려가거나 매달리는 경우가 있더라도 아이들을 침착하게 돌려보낼 수 있도록 당부한다.

셋째, 다소 문제행동을 보이는 유아가 있더라도 일일이 참견하거나 불안해하지 말고 조용히 앉아서 관찰하고 영유아 스스로가 해결하도록 지켜볼 것을 당부한다.

넷째, 교사의 행동이나 상호작용방법에 서운한 점이 있더라도 즉시 대응하지 말고 참관이 끝난 후에 면담시간을 이용하여 이야기 하도록 주의를 당부한다.

다섯째, 가능하면 참관 시에 말을 하거나 웃거나 소리를 내는 일을 삼가도록 주의를 당부한다.

표 11-1 참관안내서

참관안내서

부모님들께서는 참관하실 때 다음 사항들을 주의해주시기 바랍니다.

1. 부모님께서 오시면 유아들은 긴장하여 평소와 다른 행동을 할 수도 있습니다. 보통 때보다 퇴행된 행동을 보이거나, 숨어 버리거나, 남을 괴롭히는 등 이상한 행동을 하게 되더라도 유아의 발달상 나타나는 특징임을 이해하시고 조용히 앉아서 참관만 해주시고 무엇을 도와주시려 하거나 참여는 하지 말아 주십시오.

2. 참관하실 때 어떤 유아는 부모님께 매달리거나 함께 있도록 원하는 경우가 있는데, 이러한 경우에는 조용히 함께 있도록 허락해 주십시오. 다른 유아들도 보통 그런 특성을 나타내 보이곤 합니다.

3. 교사의 눈이 미치지 못하여 소란이 일어나거나 다툼이 벌어지는 사건들을 참관 하실지라도 조용히 앉아 계셔 주십시오. 어른들이 유아의 일상생활을 항상 감시하고 도와줄 수는 없을 것이므로 유아 자신이 해결해볼 기회를 주고 어려움을 이겨 나가는 힘을 길러 주기 위해 그대로 두시는 것이 좋을 것입니다.

4. 부모님께서는 귀댁의 자녀교육을 맡은 교사와 친절히 대화하기를 바랄 것입니다. 그러나 유아들이 기관에 있는 동안은 교사는 모든 유아들에게 주의를 기울여야 하므로 부모님과 대화할 시간이 없음을 양해해 주십시오.

5. 참관하시면서 의문 나는 점이나 저희에게 알려주실 말씀은 적어두시거나 꼭 기억하고 계시다가 오후 시간에 저희를 찾아 주시면 많은 도움이 되겠습니다.

표 11-2 참관 시 관찰사항

부모참관에 대한 기록

유아의 모습을 참관하실 때 다음 사항을 관찰하시고 기록해 두시면 도움이 되시리라 생각합니다.

1. 친구와 함께 노는 것을 즐거워합니까?
2. 놀잇감을 친구들과 나누어 놉니까?
3. 놀잇감을 함부로 다루지 않습니까?
4. 친구들에게 어떤 놀이를 하자고 주도합니까?
5. 놀이 규칙이나 교사가 제시하는 규율을 지킵니까?
6. 스스로 놀잇감을 선택하고, 여러 가지 활동에 참여합니까?
7. 놀이 시 어려운 문제가 생겼을 때 어떻게 해결합니까?(쉽게 포기하는가? 도움을 청해서 해결하는가?)
8. 남이 하지 않는 새로운 놀이나 활동을 하려고 시도합니까?
9. 집단으로 운영되는 활동(이야기 듣기, 노래 부르기, 만들기 등)에서 오래 집중합니까?
10. 남을 잘 용납하지 않고 일정한 친구하고만 놀지는 않습니까?
11. 도움이 필요할 때 친구나 교사에게 서슴없이 요청합니까?
12. 남의 이야기를 듣는 태도는 어떻습니까?
13. 앉아 이야기를 듣는 자세는 바릅니까?
14. 친구들 앞에서 자기의 의견을 잘 발표합니까?
15. 교사의 말을 잘 알아듣고 반응을 합니까?

(2) 수업참여

수업참여는 부모가 자녀와 함께 수업을 해보는 것이다. 이 방법은 적극적인 형태의 부모참여 행사로서 대부분의 기관에서 아버지 참여수업, 어머니 참여수업, 혹은 조부모 참여수업 등 다양한 형태의 참여수업을 준비하고 있다. 가능하면 많은 부모가 참여할 수 있는 시간을 택해야 하는데, 그런 까닭에 토요일 등의 주말을 이용하는 경우도 많이 있다. 부모참여수업을 진행할 때 주의할 사항은 다음과 같다.

첫째, 가능하면 많은 부모가 참여할 수 있도록 적어도 1~2개월 전이나 학기 초 오리엔테이션 시간에 미리 공지해 두는 것이 좋다.

둘째, 참여 여부를 확인할 수 있도록 미리 통신문을 활용하여 참석 여부를 알아본다.

셋째, 교사는 주제를 정하고 활동에 대한 계획안을 준비해 둔다. 당일에는 이름표와 실내화 등을 준비한다.

넷째, 활동 중에 부모들과 자녀가 상호작용을 잘하고 있는지 돌아다니면서 확인하고 필요한 경우 도움을 준다.

다섯째, 활동이 끝나면 따로 자리를 마련하여 평가회를 갖는다.

다음에서 부모참여수업에 참관한 부모의 소감을 살펴봄으로써 참관으로 인해 달라진 부모의 인식과 교육의 효과를 확인해 볼 수 있다.

보호자의 수업참여 후 감상

〈3세아 반〉
- 솔직한 기분은 아이와 모처럼 신나게 놀았다는 기분이 든다. 다른 친구들과의 상호접촉도 무척 즐거웠다.
- 내 아이의 하루의 생활을 볼 수 있어서 안심했다. 친구와 상호작용, 놀이, 표정, 이야기 나누기 등 즐거워 보였다.
- 헤어지기 전에 노래를 매우 잘 불러서 감동받았다.

〈4세아 반〉
- 의미도 없는 다툼을 목격했지만, 잘 중재하는 아이가 있는 것에 감동받았다. 또 곧 친구로 지내는 걸 보고 안심했다.
- 옆 반에는 아버지가 참가하고 있었는데, 남편도 반드시 참가하게 하고 싶었다.
- 제일 깜짝 놀란 것은 점심 시간에 딸아이 옆 테이블의 아이가 "여기 오세요." 라고 말하는 소리를 들었을 때이다. 어른과 아동 사이에 신뢰관계가 형성되는 진실한 광경을 보았다는 느낌이 들었다.
- 보통의 생활에서 자기 아동만 본다면 큰 변화가 있다는 것을 느끼기 어려울 텐데 교육참가를 하는 가운데 다양한 모습을 볼 수 있는 것이 제일 귀중했다.
- 집에서는 내 아이밖에 없기 때문에 남자아이의 노는 모습이 매우 신선하고 즐거웠다.

〈5세아 반〉
- 이번에는 아버지가 많이 참가하여 아버지들의 교류도 이루어졌다. 부모의 적극성이 아동의 원 생활에는 매우 중요하다는 생각이 든다. 교사 이외에도 대학의 교수님이나 대학생에게도 많은 신세를 졌는데, 기획, 준비 등 매우 감사했다.
- 참가해서 느낀 것은 '스스로 하는 것의 중요성', '결과를 서두르지 않는 것', '모두가 함께 사용하는 것 만들기'였다. 여러 가지를 배우는 모양을 볼 수 있었고, 실제로 해보는 기회를 주는 것이 필요하다는 것을 다시 깨달았다.
- 어린이집에서의 교육도 평생교육의 일환이라는 생각이 들고, 지역에서 귀중한 체험이나 능력을 갖고 있는 여러분의 힘을 교육에 끌어들이는 것이 매우 좋다고 생각한다.

부모참여수업에 대한 부모평가지의 예

아동 반 이름 : 아동 이름 :
학부모 이름 :

1. 어떤 활동이 재미있었나요?
   자유선택활동( ), 이야기 나누기( ), 게임( ),
   노래 부르기 및 율동( )
   역할놀이( ), 과학 영역( ), 수 · 조작 영역( ),
   언어 영역( )
   쌓기 영역( ), 바깥놀이( ), 기타( )

2. 오늘 수업이 원의 교육활동과 아동의 발달을 이해하는 데 도움이 되었나요?
   도움이 되었다( ) 그저 그렇다( ) 아니다( )

3. 참여수업 내용은 적절했습니까?
   그렇다( ) 아니다( )

4. 참여수업 시간은 적당했습니까?
   그렇다( ) 아니다( )

5. 앞으로 참여수업이 이루어진다면 어떤 활동이 첨가되길 원하십니까?

6. 평소 원에 건의하고 싶은 사항이 있으면 기록해주시기 바랍니다.

감사합니다.

(3) 보조교사로 참여

부모들을 활용하여 교사의 프로그램 진행 시 교사역할을 보조하거나, 일부 역할을 분담하게 하거나, 부모교육활동 시에 부모강사로 참여하게 하는 것 등이 여기에 해당한다. 다양한 부모들의 능력을 활용하여 적절한 방법으로 참여시키거나, 필요한 경우 보조교사로서의 역할에 대한 교육을 받게 한 후 보조교사로 참여하게 한다.

부모가 보조교사로서 담당할 수 있는 업무의 종류에는 다음과 같은 것이 있다.

- 환경 구성 등 교재 제작을 도와준다.
- 자유놀이시간 등 소집단으로 유아에게 맞는 개별지도를 맡아서 도와줄 수 있다.
- 간식시간이나 식사시간의 진행이 순조롭게 간식 및 식사지도를 도와준다.
- 동화 읽어 주기, 노래지도, 작업 등 부분 활동을 도와준다.
- 견학 등 행사지도 시 도움을 준다.
- 인쇄물 준비와 발송을 도와준다.
- 기타 청소 등 다양한 보조업무를 도울 수 있다.

부모가 보조교사로 참여 시 다음과 같은 점에서 장점을 갖는다.

- 교사의 업무부담을 줄여 줌으로써 교사가 좀 더 수업연구에 시간을 투자할 수 있다.
- 부모가 현장과 아동의 발달을 좀 더 잘 이해할 수 있다.
- 교사의 교수학습방법을 봄으로써 상호작용방법을 배울 수 있는 기

회가 된다.

- 부모와 교사 간의 관계가 좋아질 수 있다.
- 부모들은 자신의 잠재능력을 개발하고 이를 활용할 수 있는 기회가 된다.
- 부모들이 자신의 능력을 활용하고 건전한 여가활동을 할 수 있는 기회가 된다.

활동이 끝나면 스스로 활동에 대해 함께 평가해보는 시간을 갖는 것이 필요한데, 평가의 내용은 다음과 같은 것이 될 것이다.

- 활동 후 보조교사로서의 자신의 역할에 대해 평가해 보게 하고, 교사도 이에 대해 객관적인 자료에 근거하여 평가하도록 도와준다.
- 다른 동료 보조교사들도 각자 자신들의 사례를 발표하면서 적절한 상호작용방법과 상황대처방법에 대해 의견을 나누고 상대방의 경험으로부터 배울 수 있도록 한다.
- 설문지를 활용하여 책임감, 준비성, 적합성, 교육능력 등을 조사하고 평가해 보게 한다. 이 경우 사전·사후검사를 시행하는 것이 바람직하다.

다음은 일본의 국립 도쿄 가꾸게이대학 부속유치원에서 부모와의 파트너십 형성을 위해 실행하고 있는 구체적인 프로그램을 정리한 것이다. 프로그램에 참여했던 학부모들은 자신의 아이에 집중되어 있던 관심과 시야가 점차로 다른 아이들, 그리고 더 넓게는 원 전체와 지역사회로까지 확장되어 가는 것을 볼 수 있었고, 아동의 연령이 증가하면서 부모들의 시야도 넓어지게 되었다. 양육하는 부모를 돕고 지원하는 것은 사회나 국가적 차원에서도 이루어져야 하겠지만, 가까이는 지역에 있는 교육기관에서 네트워크를 형성하고 파트너십을 발휘하는 것이 우선적인 노력의 시작이 된다. 양육의 부담을 줄이는 측면에서도, 자녀와 부모가 함께 성장한다는 측면이나 생애학습의 차원에서도 바람직할 것이다.

일본 국립 동경학예대학의 부속유치원 사례

교육참관, 개인면담의 운영 사례

신학기 유아가 불안정한 시기나 교육실습 기간 등 특정의 시기를 제외하고 매주 특정 요일은 보호자의 날로 설정한다.

교육시간 중에는 언제라도 참관할 수 있도록 해 두고, 희망자에게는 교육 종료 후 개인면담(때로는 그룹면담)을 실시한다.

면담은 담임에 한정하지 않고 원내의 누구에게라도 받을 수 있다.

〈실시 의미〉

보호자가 원에서 생활하는 아동의 모습을 참관한다든가 교사와 면담하는 것으로, 한 사람 한 사람의 양육을 교사와 부모가 이야기하고 공유할 수 있다.

교사는 가정에서의 유아의 모습이나 보호자를 파악할 수 있고, 유치원에서의 생활 지도에도 도움이 될 것이다.

〈실시방법〉

각 학년 교육 참가일

- 3, 4세아 반 : 각 가정별로 매년 2회씩 교육에 참가
  → 형식적인 횟수는 3, 4세아 반이 같으나, 4세아 반부터는 인원수가 증가하고 활동도 보다 역동적으로 변하기 때문에 보호자가 보다 많은 유아와 상호작용하는 것이 가능해진다.
- 5세아 반 : 각 가정별로 매년 1회씩 교육에 참가

그 외 매월 행해지는 생일잔치에 생일을 맞은 유아의 보호자가 참가하여 운영을 돕는다.

* 학년에 따라 부정기적인 자원봉사나 원 전체의 활동에 참가하는 등 자주적인 교육 참가가 증가하기 때문에 정기적인 참가는 줄어든다.

〈교육적 효과〉

다양한 유아의 모습이나 교사의 의도적 · 계획적인 교육운영에 대해 이해할 수 있게 된다. 그 외 부모자녀관계가 좋아지는 것이나 원에 대한 신뢰감, 협력 의식이 커 가는 것을 볼 수 있다.

CHAPTER 12

부모상담의 현장 적용

학습 목표

1. 가정과 협의하여 부모상담 일정과 방법에 대한 세부계획을 확정할 수 있다.
2. 영유아의 포트폴리오와 상담 자료를 준비할 수 있다.
3. 부모상담을 실시할 수 있다.
4. 부모상담 일지를 작성할 수 있다.

01 부모상담의 목적 및 필요성

부모상담은 교사와 부모가 자녀에 대한 의견을 나누는 활동으로서 가장 기본적인 의사소통의 방법이라고 할 수 있다. 상담의 방법은 부모가 기관을 찾아와서 일대일로 만나서 개별 상담의 형식으로 이루어지는 것이 가장 보편적이나 경우에 따라서는 전화상담이나 가정방문의 형태를 취할 수도 있다.

교사와 부모는 개별적인 만남을 통해 유아에 관한 정보를 상호 교환하고 유아에 대한 공동의 목표를 수립함으로써 유아의 적응과 발달을 도모한다는 목적을 갖는다. 이러한 만남은 상호이해의 기회가 되고 서로간의 의견을 교환하는 협력의 장이 될 뿐 아니라 영유아의 발달을 최적화할 수 있다는 점에서 기본적인 과정이다.

부모상담의 운영 형태는 유아들의 학습활동에 지장을 주지 않는 범위 내에서 결정되어야 하고, 부모상담의 유형도 부모의 상태나 특성에 따라 달라져야 한다.

부모상담의 운영 형태는 부모면담, 전화상담, 방문상담, 부모회 등으로 나누어 설명할 수 있다.

02 부모상담의 실제

1) 부모면담

부모면담은 교사와 부모가 서로 대면하여 유아의 가정생활과 영유아교육기관에서의 생활 전반에 대해 의견을 교환함으로써 영유아교육기관과 가정이 상호 연계하여 유아의 발달을 돕고자 하는 활동이다.

부모면담은 유아에게 문제가 있을 때는 물론이고 평상시에도 교사가 부모와 유아를 보다 잘 이해하고 그들에게 가장 적합한 교육과 양육을 하기 위해 필요한 행위이다. 개별 유아에 대해 구체적으로 의논하면서 개별 유아에게 맞는 구체적인 양육방안을 함께 생각해볼 수 있다는 점에서 가장 밀도 있는 의사소통방법이 될 수 있다. 또한 면담을 통해 가정과 기관이 연계성을 가지고 일관된 교육을 할 수 있게 함으로써 교육의 효과를 극대화할 수 있다.

부모면담은 정기적으로 1년에 2~4회 실시한다. 정기적으로 이루어지는 면담의 경우는 그동안 실시한 여러 검사 결과나 활동 결과물 등의 포트폴리오 자료, 관찰일지를 기본으로 유아의 성장이나 변화에 대해 주로 면담이 이루어진다. 그러나 부모와 교사가 필요하다고 판단되는 경우는 수시로 면담할 수 있다. 유아가 가지고 있는 문제행동이나 바람직한 행동조성을 위해서도 유아의 행동양상 등에 대해 좀 더 구체적으로 의논하면서 유아에게 가장 적합한 양육방안을 구체적으로 생각해볼 수 있는 기회가 된다.

면담 시에는 별도의 교실이나 장소를 마련하여 탁자를 사이에 두고 부모와 교사가 편안하고 자유스러운 분위기에서 면담이 이루어질 수 있도록 한다. 부모와 면담할 때 사용하는 용어는 가능하면 쉬운 용어를 사용하고, 부모의 반응을 살펴 가면서 진행해 나가야 한다. 지나치게 문제점만을 제시하는 데 그치지 말고 해결방안에 대해 논의하면서 유아의 발전을 위한 최선을 전략을 함께 모색하는 것이어야 한다.

그리고 면담이 끝난 이후에는 면담의 내용이 다른 부모나 바깥에 나가지 않도록 비밀을 유지해 주어야 한다. 그리고 면담 이후에는 논의된 내용에 대해 요약 정리해 두어 다음 면담에서 자료로 활용하는 것이 좋다.

효율적인 부모면담을 위해 교사의 평가항목을 다음과 같이 설정할 수 있는데(Berger, 2004, 김희진 역 재인용), 이런 사항을 체크리스트로 작성하여 활용한다면 유용할 것이다.

- 유아의 가정환경에 대해 미리 충분히 알아두었는가?

- 학기 초부터 여러 방법으로 유아에 대한 다양한 정보를 수집했는가?
- 부모가 면담을 기다리는 동안 볼 수 있도록 유아들의 작품이나 학습 결과물의 포트폴리오 등을 전시해 두었는가?
- 부모가 기다리는 동안 먹을 간식이나 음료 혹은 읽을 책을 준비해 두었는가?
- 학급 환경 구성을 유아들의 작품과 결과물 등으로 꾸며 놓았는가?
- 부모를 따뜻하게 환영하며 맞이했는가?
- 상담을 긍정적인 말로 시작했는가?
- 부모의 욕구와 이해수준에 맞춰 면담을 조정했는가?
- 면담의 목표가 명료했는가?
- 부모가 이해할 수 있는 언어를 사용하고 전문적인 용어나 어려운 말을 피했는가?
- 반영적 경청을 실천했는가?
- 의사소통이 일방적이지 않고 상호간에 오가는 것이었는가?
- 부모나 유아를 다른 사람과 비교하지 않았는가?
- 발전방향에 대해 함께 의논했는가?
- 요약하여 부모에게 설명했는가?
- 팔로업을 했는가?
- 정해진 시간을 지켜서 마쳤는가?

이상과 같은 사항들이 면담하는 과정에서 유념하여 지켜지도록 하고, 다음 표에서와 같은 내용을 면담 후 기록하여 차후의 면담에 반영하도록 한다.

표 12-1 면담일지의 예

<table>
<tr><td colspan="2">면담 일시</td><td colspan="2">월 일 요일</td><td>원아 이름</td><td></td><td>원장결재</td></tr>
<tr><td colspan="2">면 담 자</td><td colspan="2">○○ 반 교사 :</td><td>피면담자</td><td></td><td></td></tr>
<tr><td colspan="2">면담 자료</td><td colspan="5">부모–교사 협의체제 기록, 창의성검사, 학습준비도 검사, 자아개념검사, 유아발달 체크리스트, 관찰기록, 일화기록, 유아작품, 성취도검사 등</td></tr>
<tr><td rowspan="6">면담내용</td><td>유아의 가정생활</td><td colspan="5"></td></tr>
<tr><td rowspan="5">유아의 원 생활</td><td>기본생활습관</td><td colspan="4"></td></tr>
<tr><td>놀이 형태</td><td colspan="4"></td></tr>
<tr><td>또래관계</td><td colspan="4"></td></tr>
<tr><td>대그룹활동</td><td colspan="4"></td></tr>
<tr><td>발달특징</td><td colspan="4"></td></tr>
<tr><td colspan="2">교사의 조언</td><td colspan="2"></td><td>건의사항</td><td colspan="2"></td></tr>
</table>

2) 전화상담

전화로 교사와 부모가 교육에 대한 의견을 교환하는 활동으로서, 현대사회와 같이 바쁘고 복잡한 시대에 적합한 방법이다. 필요할 때마다 수시로 할 수 있으며 특히 부모가 직업을 가지고 있을 경우 유용하다. 유아의 통학버스 운영이라든지, 결석이나 지각을 알릴 때 혹은 특별한 용건이 없더라도 안부를 물을 때도 친근하게 사용할 수 있다.

전화상담을 할 경우 가능하면 유아의 활동시간에 지장을 주지 않는 시간대를 고려하여 상담을 하는 것이 좋다. 또한 전화상담이라 할지라도 미리 시간을 예약하고 상담을 하도록 해야 한다. 전화 시는 상대방의 얼굴을 보지 않고 주변 상황을 파악하기 어려우므로 언어 표현 등 전화예절에 더 신경을 써야 한다.

전화상담 중에 심각한 이야기가 나올 경우나 보다 심도 있는 면담이 필요하다고 판단될 때에는 기관을 방문하여 개별면담을 하도록 유도하고 다음 상담의 예약을 잡는 것도 방법이 될 수 있다.

3) 방문상담

교사가 유아의 가정을 방문하여 유아의 가정환경을 이해하고 직접 부모와 상담하여 도움을 주고자 하는 활동이다. 가정방문은 일반적으로 학기 초에 실시하며 부모면담의 형식을 취할 때도 있는데, 부모와 상의하여 1년에 1~2회 실시한다. 가정방문은 유아에 대해 가장 기초적이고도 중요한 정보를 준다는 의미에서 매우 효과적이다. 유아의 성격이나 행동을 제대로 이해하기 위해서는 유아가 자란 가정환경을 이해하는 것은 필수적이다.

방문 시 주의해야 할 점은 사전에 가정통신문 등을 통해 가정방문의 목적과 시간을 알리고, 방문이 가능한 날짜와 시간 등을 미리 통신문을 통해 받아두어서 결정하도록 한다. 방문을 앞둔 교사는 미리 질문할 내용들을 작성하고 가정방문 일정을 가정에 알려야 한다. 방문 시간은 너무 길어서는 안 되며, 가능하면 자연스럽고 편안한 분위기에서 대화를 이어가고, 자녀교육 이외의 이야기는 삼가도록 한다.

방문이 끝난 이후는 부모와 교사 모두가 평가를 실시하도록 한다. 방문에 대한 만족도 등을 설문지를 통해 확인하고, 요구사항이나 개선점 등을 다음 교육에 반영할 수 있도록 자료를 모아 두는 것이 좋다.

가정방문을 통해 큰 효과를 얻기 위해서는 다음과 같은 몇 가지 사항에 유의하도록 한다(정계숙 외, 2010).

- 가정방문의 목적을 분명히 한다.
- 가정방문을 통해 알고자 하는 내용에 대한 질문사항을 사전에 철저히 준비해야 한다.
- 가정방문의 목적에 벗어나는 대화는 삼간다.
- 교사 위주의 대화보다는 유아의 장점을 격려하고 관심을 보이면서 부모의 의견을 경청한다.
- 대화 시 교사는 전문적인 용어보다는 쉬운 일반적인 용어를 사용하여 부모로 하여금 위축되거나 거부감을 느끼지 않게 한다.
- 가정방문 교사는 겸손하고 예의 있는 태도를 취한다.
- 사전에 부모와 방문 일정을 정한다.
- 방문 시간은 한 시간 이상이 되지 않도록 한다.
- 가족 전반에 대해 알 수 있도록 다른 가족들을 함께 만날 수 있는 시간대에 방문하는 것이 좋다.

- 가정방문이 가정에 경제적·심리적 부담이 되게 해서는 안 된다.
- 가정방문 동안 유아의 행동을 관찰하되 부모와의 대화는 들을 수 없도록 잠시 거리를 두는 것이 좋다.

가정방문 통신문의 예

부모님께.

저희 원에서는 다음과 같은 목적으로 교사들이 각 가정을 방문하고자 합니다. 가정방문에 동의하시면 적당한 방문일자를 적어서 자녀의 등원 시에 보내 주시기 바랍니다.

〈가정방문의 목적〉

1. 교사가 유아의 가정을 보다 잘 이해하게 되어 더 좋은 교육을 할 수 있습니다.
2. 부모님의 의견과 기대를 잘 반영하여 가정과 원이 일관성 있는 교육을 할 수 있습니다.

해당하는 란에 표시해 주십시오.

1. 가정방문에 동의하십니까?
   예(　　　)　　　아니오(　　　)

2. 동의하신다면 희망하는 일자를 적어 주십시오.
   년　월　일　시경

3. 가정방문을 원하지 않을 경우 전화를 통한 면담은 어떻습니까?
   찬성한다(　　　)　　　찬성하지 않는다(　　　)

년　　　월　　　일

원장

4) 부모회(강연회, 학부모 오리엔테이션)

부모회는 우선 매 학기 시작 전에 부모를 위한 오리엔테이션의 형식으로 1년에 2회 실시하며, 주제에 따라 매월, 혹은 격월로 실시할 수도 있다. 부모들의 집단모임으로서 부모와 교사 및 원장이 협력관계를 형성해 나가는 역할을 한다. 또한 강사를 초빙하여 관심 있는 주제에 대해 강연을 듣기도 한다.

부모모임을 통해 부모에게 영유아교육기관의 운영방침, 교육철학, 교육 프로그램에 대해 소개하고 이해시킬 수 있는 기회가 된다. 한 번에 많은 부모를 대상으로 강의를 통해 여러 가지 내용을 전달할 수 있는 장점이 있으나, 부모들의 이해수준과 처한 상황이 다르기 때문에 철저한 준비가 없다면 기대한 만큼의 효과를 거두기가 어렵다는 단점이 있다.

따라서 사전에 부모가 관심 있어 하는 분야나 알고 싶어 하는 지식을 조사하여 주제를 선정하는 데 참고하는 것이 좋다. 강연의 주제가 될 수 있는 내용은 다음과 같은 것들이 있다.

- 영유아교육의 중요성과 가정의 역할의 중요성
- 영유아발달의 특성
- 바람직한 부모의 역할과 효과적인 대화 방법
- 영유아의 기본생활습관 지도
- 영유아의 질병 및 영양관리
- 각종 예방접종 및 응급처치
- 영유아의 창의성, 언어, 수, 독서지도 등
- 영유아의 성교육
- 영유아의 문제행동 유형과 적절한 지도 방법

- 부부관계와 자녀교육
- 각종 여가선용과 문화생활

이외에도 부모들의 취미활동이나 문화생활을 위한 정보제공 등 다양한 주제로 강연회를 개최할 수 있다.

강사는 선정된 분야의 전문가나 아동심리 전문가들이 될 수 있고, 기관장이나 교사 혹은 그 분야의 지식과 경험이 있는 부모가 될 수도 있다. 중요한 것은 강사가 강연의 주제를 잘 알고 부모들의 욕구와 눈높이에 맞출 수 있어야 한다는 점이다.

강연이 끝난 뒤에는 부모와 교사를 대상으로 설문지를 실시하여 평가를 하는 것이 좋다. 이러한 평가의 결과는 다음번의 강의 주제 선정과 강사 선정, 강의시간을 정하는 데 참고 자료로 활용될 수 있다.

강연에 대한 안내문의 예

부모님께

안녕하십니까?

저희 기관에서는 부모교육을 위해 강연회를 마련했습니다.

부모님들의 많은 관심과 요청에 의해 다음 주제로 이 분야의 전문가이신 ○○○강사님을 모시고 다음과 같이 강연회를 개최할 예정입니다.

– 다 음 –

일 시 : 20 년 월 일 시 분

장 소 : 어린이집 강당

주 제 : 유아의 놀이의 의미

강 사 :

원 장

강연에 대한 평가지의 예

다음은 이번에 실시한 강연에 대한 부모님의 소감을 알아보고자 하는 내용입니다. 문항을 읽고 부모님의 소감을 적어주시기 바랍니다.

문항	예	아니오	그저 그렇다
강연 내용이 도움이 되었습니까?			
강연 내용이 재미있었습니까?			
강연내용을 이해하기 쉬웠습니까?			
강연 진행시간이 적절했습니까?			
강연 시작시간이 적절했습니까?			
강연을 위한 준비가 적절했습니까?			
강연을 실시하는 과정에 만족하십니까?			

강연에 대해 특별히 느끼신 부분이나 부족했던 부분이 있으면 적어주시기 바랍니다.

CHAPTER 13

부모교육 프로그램의 운영 실제

학습 목표

1. 부모교육 주제에 관한 요구를 파악할 수 있다.
2. 부모교육 일정, 방법 및 예산 집행에 대한 세부계획을 확정할 수 있다.
3. 부모교육 주제, 강사 및 장소를 선정할 수 있다.
4. 부모교육 참석 여부를 파악하여 필요한 기사새, 물품, 자료를 준비할 수 있다.
5. 계획에 따라 부모교육을 실시할 수 있다.
6. 부모교육 만족도조사를 실시할 수 있다.

01 부모교육 프로그램의 계획

부모교육 프로그램은 기관의 상황이나 부모의 욕구에 따라 다양한 형태를 띠게 되는데, 기본적으로 고려해야 할 원칙을 제시하면 다음과 같다(김희진, 2009).

첫째, 부모들의 욕구를 최대한 반영하는 프로그램을 계획해야 한다.

부모들의 요구와 관심을 최대한 반영하는 프로그램이어야 부모들의 참여를 유도하고 보다 유익한 프로그램이 될 수 있다. 이를 위해서는 일방적인 실행보다 부모들의 욕구조사를 선행하는 것이 바람직하다. 요구조사에 포함될 내용은 부모가 관심을 가지는 주제에 대한 조사(예 : 자녀의 발달특성, 자녀의 훈육방법, 자녀교육에 도움이 되는 정보, 대화법, 기관의 교육을 이해하는 데 필요한 내용, 기타 부모의 취미활동과 관련된 내용 등), 교육방법(강연, 워크숍, 토론, 관찰, 역할연습 등), 교육시기(계절, 요일, 시간 등), 강사(원장, 교사 혹은 외부 강사), 그리고 부모교육 시 필요한 도움(간식, 어린 자녀 돌보기, 교통편 제공 등) 등을 파악해야 하고 이를 고려한 계획을 수립해야 한다.

둘째, 기관의 교육계획과 일관성 있는 프로그램을 계획해야 한다. 기관에서 부모교육을 실시하는 중요한 목표는 기관의 교육과 일관성을 갖고 가정과 기관이 협력하여 최상의 교육효과를 이루고자 하는 것이다. 따라서 영유아교육기관의 교육철학 및 방법, 목표, 주제 등이 부모교육의 목표 및 내용, 철학과 일관성을 유지하도록 계획하는 것이 필요하다. 예를 들면 기관이 자율적이고 창의적인 교육철학을 바탕으로 한다면 부모교육의 내용도 창의적인 인간을 육성하는 데 필요한 교육내용이 되어야 할 것이다.

셋째, 부모에게 제공되는 프로그램 사이에서도 일관성이 유지되어야 한다. 영유아교육에도 일관성이 필요하듯이 부모에게 제공되는 교육 프로그램 간에도 일관성이 유지되어야 할 필요가 있다. 부모에게 제공되는 프로그램의 내용이나 경험들이 중첩되거나 활동 간에 균형과 일관성이 유지되지 못할 때 부모에게 오히려 혼란을 주어 신뢰를 무너지게 하는 결과를 가져올 수 있다. 교육방법도 한 가지만 지속적으로 할 것이 아니라 다양하고 균형 있는 방법을 사용함으로써 활동이나 교육 프로그램 간에 유기적인 일관성을 갖는 것이 필요하다. 예를 들면 훈육 방법이나 교육철학, 신념이나 정보의 내용, 전략 등이 일관성을 가지도록 한다.

넷째, 부모의 사회경제적·문화적 맥락을 고려하여 프로그램을 계획한다. 다양한 사회경제적 맥락을 가진 부모가 존재하는데, 기관은 이러한 부모의 특성을 고려하여 프로그램을 계획해야 한다. 부모들의 문화적 특성은 부모의 이해수준, 선호도나 기호, 상황적 특성들에 영향을 주어 프로그램에 반응하는 방식을 달리하기 때문에 교육의 방법, 프로그램의 내용, 프로그램의 수준 등을 변별하게 고려하고 결정해야 한다.

다섯째, 부모의 개인적 특성도 아울러 고려해야 한다. 자녀양육과 관련된 거시적 맥락의 고려도 중요하지만, 부모 개개인의 특성에 대한 고려도 중요한 영향의 변수가 된다. 한 사람 한 사람의 유아가 모두 개별적인 존재이듯이 각 가성의 하나하니기 개별적이고 특수한 상황에 처한 독립적 존재라는 것을 염두에 두어야 한다. 대부분의 교육 프로그램이 대집단 중심의 집단형태의 교육이라고 보면 부모의 개인적 특성을 반영하기 어려운 점이 있다. 이를 위한 보완방법으로 부모의 특성별로 소집단으로 모임을 구성하여 소집단 중심의 프로그램을 운영하는 것이 대안이 될 수 있다. 개별적인 부모를 대상으로 하는 부모상담이나 방문지도 등도 그러한 특성을 고려하는 개별화교육의 방법이 될 수 있을 것이다.

여섯째, 실천 가능한 교육을 계획해야 한다. 아무리 좋은 계획을 수립하더라도 실천이 어렵거나 현실적이지 않은 계획은 의미가 없다. 거창한 계획을 수립해 놓고 운영과정에서 취소하거나 축소한다면 부모에게 신뢰를 잃을 가능성도 있다. 실현 가능한 목표를 수립하고 그에 맞는 실천방법 내용을 갖추도록 치밀한 계획을 수립해야 한다. 따라서 프로그램의 목표, 내용, 주제, 빈도, 진행방법, 소요시간, 경비 등 여러 면에서 부모의 욕구와 기관의 상황을 고려하여 실천 가능한 계획을 세워야 한다.

일곱째, 부모들의 참여를 유도할 수 있는 계획을 수립한다. 모든 프로그램의 계획에서 부모를 적극적 능동적 주체로 바라보고 권한을 부여하는 방향으로 프로그램의 계획을 수립하는 것이 바람직하다. 부모를 단순히 프로그램의 수용자로만 바라보고 수직적인 관계에서 프로그램을 제공한다는 자세를 벗어나서 부모에게 결정, 진행, 평가의 전 과정에 참여하게 하고 의사를 반영하는 것이 필요하다. 이럴 경우 보나 자발적인 참여와 호응을 유도할 수 있다.

02 부모교육 프로그램의 개발

우선 프로그램의 개발과정을 그 흐름에 따라 그림으로 표현하면 다음과 같다.

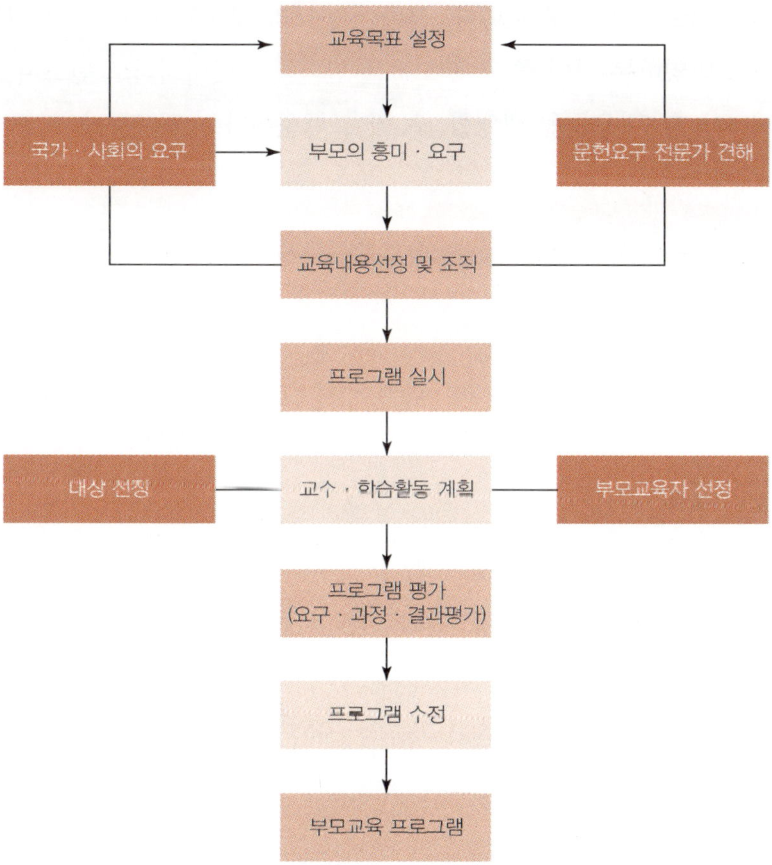

[그림 13-1] 부모교육 프로그램 개발과정 흐름도

출처 : 김정원, 1999.

1) 부모의 요구도 조사

프로그램의 교육대상자인 부모가 어떤 요구를 가지고 있는가를 프로그램 개발에 선행하여 조사해야 한다. 여기에는 부모들의 사회문화적 배경과 경험 등의 다양한 배경에 대한 조사와 더불어 교육방법, 시간 등의 조사도 이루어져야 한다. 그뿐만 아니라 부모교육자의 전문적인 견해도 반영하는 것이 좋다. 부모들은 인식하지 못하더라도 반드시 포함되어야 할 내용들을 반영할 수 있기 때문이다.

부모교육 요구도 조사의 예

다음은 가족 구성원에 대한 질문입니다. 해당하는 구성원에 표시해주시기 바랍니다.

1. 조부, 조모, 부, 모, 자녀(　　남　　여) 총　　명
2. 부모님의 연령과 학력 직업을 기입해 주십시오.

	아버지	어머니
연령	만(　　　　)세	만(　　　　)세
학력	졸	졸
직업		

1. 자녀에 대해 고민하는 부분이 있다면 어떤 부분입니까?
   ① 학습문제
   ② 정서적 문제
   ③ 행동문제
   ④ 또래 문제
   ⑤ 발달 문제
   ⑥ 특별한 문제없음

2. 부모님은 기관에서의 부모교육이 필요하다고 보십니까?
   ① 매우 필요하다　② 필요하다　③ 보통이다　④ 필요 없다
   ⑤ 전혀 필요 없다

3. 부모교육이 필요하다면 그 이유는 무엇이라고 생각하십니까?
   ① 올바른 영유아교육을 배우기 위해
   ② 가정과의 연계교육을 위해
   ③ 부모의 교양 증진을 위해
   ④ 부모와 기관과의 신뢰관계를 형성하기 위해

4. 교육기관에서의 부모교육은 누가 해야 한다고 생각하십니까?
   ① 유아교육 전문강사 ② 원장 및 교사 ③ 부모
   ④ 외부교양 및 전문강사

다음은 부모교육에 대한 부모님의 의견을 묻고자 하는 문항입니다. 해당되는 번호에 표시해주시기 바람

5. 부모교육 주제로 어떤 내용이 필요하다고 생각하십니까?
   ① 자녀를 이해하는 데 도움이 되는 내용(아동발달의 이해)
   ② 자녀를 양육하는 데 도움이 되는 내용(훈육 등 기본생활습관지도, 식습관 지도 등)
   ③ 자녀를 교육하는 데 도움이 되는 내용(독서지도, 학습방법, 각종 예체능 교육)
   ④ 기관에서의 교육을 이해하는 데 도움이 되는 내용(교육과정, 하루 일과, 자유선택활동, 대·소집단활동 등)
   ⑤ 가족관계를 좋게 하는 데 도움이 되는 내용(대화법, 부모역할 훈련 등)
   ⑥ 부모의 취미생활에 도움이 되는 내용(꽃꽂이, 도자기, 종이접기 등)
   ⑦ 부모들끼리의 관계 형성에 도움이 되는 내용(친목도모)
   ⑧ 기타

6. 교육기관에서 부모교육을 어느 정도 실시하는 것이 바람직하다고 생각하십니까?
   ① 월 2회 이상 ② 월 1회 정도 ③ 한 학기에 2회 정도
   ④ 한 학기에 1회 ⑤ 필요할 때마다

7. 부모교육을 실시하는 시간은 언제가 적당하다고 생각하십니까?
   ① 평일 오전 ② 평일 오후 ③ 평일 저녁시간 ④ 토요일 오후
   ⑤ 일요일(공휴일)

8. 부모교육의 소요시간은 어느 정도가 적당하다고 생각하십니까?
   ① 1시간 ② 2시간 ③ 3시간 ④ 4시간

9. 부모교육의 바람직한 방법은 어떤 것이라고 생각하십니까?(복수 표기 가능)
   ① 부모회 ② 가정방문 ③ 가정통신문
   ④ 상담(면담, 전화) ⑤ 수업참관(수업참여) ⑥ 토론회
   ⑦ 강연 및 강습회 ⑧ 부모개별상담 ⑨ 도서대여
   ⑩ 행사 및 수업보조 ⑪ 워크숍

2) 교육목표 및 내용 선정

부모교육은 기관의 운영관리에 도움을 주는 방향으로 계획되고 운영되어야 한다. 어떤 유형의 부모교육을 실시할 것인가는 여러 가지 고려사항이 있을 것이나 우선은 기관의 교육철학이나 계획, 대상 부모의 요구와 능력 및 지역사회의 특수성 등을 종합적으로 고려하여 결정되어야 할 것이다.

프로그램의 목표를 선정할 때는 프로그램 개발자의 교육철학, 전문가의 전문적 견해, 학습자인 부모의 특성과 그들이 요구하는 주제, 그리고 사회적 요구를 반영해야 한다(정계숙 외, 2010). 이러한 목표들을 달성하기 위해 새로운 지식을 참고하여 교육내용을 선정하게 된다. 교육내용은 부모들의 실생활에 적용 가능한 것으로 즉각적이고 실제적인 것이 될 수도 있고, 부모의 태도나 가치관 등에 의미 있는 변화를 가져오는 것으로 내용을 삼을 수도 있다.

3) 프로그램의 실행 및 교사의 역할

교직원은 유아를 보육하고 교육하는 역할을 담당하지만 부모와 함께 협력하고 상호작용하면서 부모를 지원하는 역할을 아울러 해야 하는 존재이다. 유아의 올바른 성장을 위해서는 부모와의 협력과 교육의 일관성이 중요하다는 것을 이미 알고 있는 사실이다. 부모교육을 계획하고 이를 운영하기 위해서는 부모교육을 실행하는 과정에서 교직원의 역할이 매우 중요하다. Cataldo(1987)는 부모와의 관계에서 교직원이 가져야 할 소양과 기본적인 능력을 다음과 같이 제시했다.

(1) 기본소양

- 친절하고 긍정적인 성품
- 지지적이고 신뢰할 수 있는 성품
- 모든 것을 파악하는 능력
- 조직적이면서 동시에 융통성 있을 것
- 예의 바른 행동
- 상대의 생각과 반응에 민감하고 반응적일 것
- 객관적이면서 전문가답게 행동할 것
- 에너지와 열정적일 것

(2) 기본능력

- 현실적인 기대를 하는 능력
- 계획하는 능력
- 민주적 리더십을 발휘하는 능력
- 부모에게 주의를 기울이는 능력
- 활동이나 토의 능력, 과정을 촉진시키는 능력
- 보호적이고 반응적으로 행동하는 능력
- 긍정적 역할 모델이 될 능력
- 일관성 있게 말하고 행동하는 능력
- 자신이 부모에게 영향을 미친다는 사실을 인식하고 행동하는 능력
- 조정능력

이상의 부모관계 능력을 키우기 위해 교직원을 훈련할 경우 다음과 같은 사항을 포함해야 한다고 설명한다.

- 프로그램의 대상, 목표, 방법에 대한 이해
- 프로그램의 내용에 관한 지식
- 집단 또는 개인상담 기술
- 의사소통 기술
- 사회문화적 다양성에 대한 이해
- 관찰·기록·평가하는 기술 등

Gestwicki(2000; 정계숙 외, 2010 재인용)는 부모들이 교사와 영유아교육기관으로부터 알기를 원하는 것을 다음과 같이 제시했다. 목록을 보면 부모들이 바라는 것이 무엇인지를 알 수 있는데, 교사들은 어떠한 자세로 부모를 대해야 하는지에 대한 이해를 가능하게 해준다.

- 부모들은 소속되기를 원한다.
  - 나는 소속되고 싶어요.
  - 유치원, 어린이집으로 나를 불러 주세요.
  - 나를 초대해주세요 : 원에서 주도해주세요.
  - 유치원이나 어린이집의 활동 중에 내가 어떻게 참여하면 좋을지 알려주세요.
  - 나는 학부모자문위원회나 운영위원회, 부모참여모임의 구성원이 되고 싶어요.

- 부모들은 교사가 접촉해주기를 원한다.
  - 나는 우리 아이의 선생님이 나에게 전화해주는 것이 좋아요.
  - 나는 직장에 나가기 때문에 저녁에 선생님과 의논하는 것이 좋아요.
  - 나의 자녀가 어떤 공부를 하고 있는지 알게 해주세요.
  - 나는 적어도 한 달에 한 번 정도는 선생님을 만나길 원해요.
  - 너무 전문적인 의사소통보다는 분명하고 짧고 단순하게 지속해 주세요.
  - 문제가 있을 때만 연락하지 말고 좋은 소식도 알려주세요.

- 부모들은 정보를 원한다.
  - 원의 교육철학, 책임자와 만나는 방법, 아이들이 배우고 있는 활동의 일반적인 목표를 말해주세요.
  - 선생님에게 전화하기에 좋은 시간과 담당자의 이름과 전화번호를 알려주세요.
  - 학교 행사, 지역사회 자원, 보충 프로그램 등을 알려주는 소식지를 한 주에 한 번, 혹은 한 달에 한 번은 보내 주세요.
  - 부모교육 워크숍을 해주세요.

- 부모들은 도와주기를 원한다.
  - 내 자녀가 원에서 배우는 것을 보충해주는 방법을 알려주세요.
  - 교사로서 당신이 내 자녀에게 기대하는 것이 무엇인가요?
  - 내가 학급을 위해 무엇을 도울 수 있을까요?

- 부모들은 교사들이 자녀들을 사랑하기를 원한다.
  - 내 자녀들이 자신을 좋게 생각할 수 있도록 해주세요.
  - 당신은 내 자녀의 인생에 중요한 영향을 미치는 존재라는 것을 항상 기억해 주세요.
  - 내가 어떤 불평을 하더라도 그것을 나의 자녀와는 관련짓지 말아 주세요.
  - 우리 아이를 가족과 똑같다고 받아들이지 말아 주세요.
  - 나의 아이를 잘 돌보아주세요.

4) 부모교육 프로그램의 평가

부모교육 프로그램을 수행하고 나면 프로그램에 대한 평가를 실시하게 된다. 평가는 다음 프로그램을 계획하고 진행하는 데 참고자료가 되고, 프로그램의 성공도를 판단하는 중요한 근거가 되므로 중요한 과정이다. 프로그램을 평가하는 방법은 기록, 설문지, 평가회, 개별적인 진술 등의 방법이 있다. 각각을 살펴보면 다음과 같다.

(1) 객관적인 기록

가장 기본적이고 손쉬운 평가의 방법은 프로그램의 출석 정도를 확인하는 것이다. 지각, 결석 등의 출석률은 프로그램의 성패를 알려주는 중요한 지표가 된다. 전체 참가인원 수, 각 반별 참가 인원, 프로그램의 주제 또는 방법별 참여 정도를 파악할 수 있다. 이러한 지표는 여러 해 동안 기록되어 축적되면 부모교육의 방향과 개선점에 중요한 자료가 될 수 있다.

(2) 설문지

프로그램이 끝날 때마다 프로그램에 대한 평가를 묻는 설문지를 활용할 수 있다. 설문지는 신뢰도와 타당도를 전문적으로 확보하기 어려우므로 기성의 도구를 활용할 수 있다. 예를 들어 자녀양육에 대한 방법을 교육한 후 양육에 대한 효능감을 묻는 척도를 사용하여 교육의 전과 후를 비교할 수 있다. 그러나 이러한 개발된 척도를 사용하지 않더라도 기관에서 필요한 내용에 대해 의견을 묻는 간단한 설문지를 준비하여 다음 프로그램 계획에 활용하는 자료로 삼을 수 있다.

표 13-1 부모교육 활동평가 설문지의 예

질 문 지

보다 더 좋은 부모교육 운영계획을 위해 부모님들께 오늘의 부모교육 내용이 어떠했는지에 대한 의견을 묻고자 합니다. 다음을 기록해주시면 감사하겠습니다.

1. 오늘 강의에 대해 어떻게 느꼈습니까?

2. 오늘 무엇이 좋았습니까?

3. 이와 같은 활동(혹은 강의)을 다시 하는 것에 대해 어떻게 생각합니까?
   좋다 ____________________
   나쁘다 ____________________
   모르겠다 ____________________

4. 오늘 강의 내용대로 실천해볼 생각이십니까?
   예 ____________________
   아니오 ____________________

질문에 답해 주셔서 감사합니다.

원장

(3) 평가회

프로그램이 끝난 후 평가회를 갖는 자리를 마련할 수 있다. 참여수업이나 자원봉사활동 등 부모가 참여하는 활동이 끝난 즉시 간단한 평가회를 갖는다. 여기서는 프로그램의 목표가 제대로 달성되었는지 혹은 프로그램을 통해 느낀 점 등을 서로 이야기하고 다음 프로그램에서 개선되어야 할 점 등을 중점적으로 논의하게 된다. 평가회는 프로그램에 참가한 사람들의 경험을 기초로 이루어지는 것이기 때문에 참여에 따른 결과를 바탕으로 개선점을 찾아가는 데 도움이 된다.

(4) 개인적 진술

이것은 프로그램에 대해 비공식적으로 부모들의 의견을 모은 것이다. 프로그램이 끝난 뒤의 정서적인 감상이 여기에 해당한다. 이러한 평가는 프로그램을 준비한 교사에게 격려가 될 수 있다.

프로그램이 끝나고 인터넷 카페나 홈페이지에 올린 개인적인 게시글도 여기에 해당한다. 비형식적 쪽지를 남기게 하는 것도 이러한 개인적인 진술을 얻는 하나의 방법이 될 수 있다. 프로그램이 시작하기 전에 쪽지를 나누어주고 돌아가면서 자유롭게 자신의 의견을 적도록 하여 의견을 받아 보는 것이다. 이러한 비공식적인 평가는 객관적인 평가자료에 보충하는 추가자료로 활용하는 것이 좋다.

03 부모교육 운영계획의 실례

표 13-2 부모교육 연간 계획안 1

월	프로그램명	유형 및 방법	대상	내용
2	신입생/재원생 오리엔테이션	강연회	전체 학부모	어린이집 운영 안내, 보육과정과 운영지침 안내
3	신입생 환영의 날	부모참여	전체 학부모	신입생(보호자 동반) 첫 등원에 대해 재원생 부모가 환영의 인사를 전하는 날
	부모 개별면담	개별면담	전체 학부모	영유아의 현재 학급 이전 생활에 대한 정보 교류 및 어린이집 적응에 관한 교사의 관찰 및 면담
4	부모교육 1차	강연회	전체 학부모	자녀양육 및 교육과 관련 특정 주제 전문가의 강연
	보육시설 운영위원회 1차 정기회의	회의	운영위원	보육시설 운영위원 위촉식 및 임원 선출 연간 운영 계획
5	어린이날 학부모 자원봉사	행사공연	참여 희망 학부모	어린이날을 축하하는 공연을 위한 연습 및 참여
6	부모교육 2차	강연회	전체 학부모	자녀양육 및 교육과 관련 특정 주제 전문가의 강연
	가족참여수업	부모참여	전체 학부모	학급별로 이루어지는 남자 또는 여자 어른 가족 참여수업
7	학부모 자원봉사	부모참여	참여 희망 학부모	어린이집 주변의 화단 정리 및 제초 작업
9	부모교육 3차	강연회	전체 학부모	자녀양육 및 교육과 관련 특정 주제 전문가의 강연
	보육시설 운영위원회 2차 정기회의	회의	운영위원	시설 운영에 대한 회의
10	아나바다 장터	가족참여	전체 가족	각 가정의 물건들을 수집하여 물건을 재활용하고 기부하는 활동
	가족운동회	가족참여	전체 가족	가족이 함께하는 놀이마당
11	학부모 상담	개별상담	전체 학부모	영유아의 발달 및 생활에 대한 개별상담
	교육보육 설명회	강연	지역 학부모	지역사회 교육보육 설명회

월	프로그램명	유형 및 방법	대상	내용
12	유아반 작은 음악회	가족 참관	유아반 학부모	어린이집에서 함께 불렀던 노래, 리듬악기 합주 등 학급별 공연
	학부모 자원봉사 (12~2월)	부모참여	참여 희망 학부모	눈이 많이 내릴 경우 당일 제설 작업 실시
1	취학 전 연령 부모 강연회	강연회	만 5세아 부모	초등학교 입학을 앞두고 만 5세아의 학교 갈 준비에 대한 현직 교사 강연
2	신입생/재원생 학부모 오리엔테이션	강연회	전체 학부모	내년도 어린이집 운영 안내, 보육과정과 운영지침 안내
	졸업식	가족 참여	만 5세아 학부모	졸업식

표 13-3 부모교육 연간 계획안 2

월	주	유 형	내 용	월	주	유 형	내 용
3	1 4	강연회 부모면담(1차)	영유아교육 또는 유아기의 중요성 부모-교사 협의 체제	9	3 4	어머니워크숍 부모면담(2차)	유아와 함께하는 수·과학·언어놀이 부모-교사 협의 체제
4	1 3 4	부모면담 부모님 참관 수업	엄마 아빠! 나는 이렇게 생활 해요 STEP 또는 PET(8주)	10	1 2	부모면담 아버지 참여수업(워크숍)	아버지와 함께하는 실내자유선택활동(수·과학·언어 등)
5	1 2	조부모님 오시는 날 어머니 참여수업	할아버지 할머니 사랑해요 연중 계속 실시(개인 또는 소그룹 참여)	11	4	그룹면담 및 토의 부모회보(신문)	동네별, 연령별, 반별 등으로 나누어 인원은 10명 정도로 하여 모인다. 선생님, 부모님, 유아들의 이야기

월	주	유 형	내 용	월	주	유 형	내 용
6	2	아버지 참여수업	아빠와 함께해요	12	2	소책자	집안에서의 놀이(점토놀이)방법 및 그 가치
	3				3	성탄파티	온 가족과 함께 성탄을 축하해요
7	1	부모회보(신문)	유치원, 가정, 어린이 소식	2	4	강연회	초등학교 입학, 성장을 위한 준비
	2	소책자	집안에서의 물놀이의 방법, 그 가치			새학기를 위한 오리엔테이션	신입 재원생 부모 : 본원의 운영 방침 소개

표 13-4 부모교육 연간 계획안 3

월 \ 내용	강 연	워크숍	레크리에이션	협 의
3월	**교육 강연** '단체생활을 시작하는 유아를 위한 어머니의 역할'	빈 상자로 어린이 공작 상자 만들기	• 동요 부르기 • 손유희	• 어머니교실 운영 • 어린이집의 역할 • 부탁의 말씀
4월	**워크숍**	놀잇감 '블럭 만들기'	• 노래 • 게임	• 문제행동 지도방법 • 개별면담
5월	**교육 강연** '유아의 가능성을 키워 주자'	• 악기 만들기 • 손쉬운 어린이 간식 만들기	• 노래 • 손유희	• 자원봉사 • 소풍 • 생일잔치 • 개별상담
6월	**교양강좌** '가정과 여성'	악기 만들기	• 노래 • 손유희 • 게임	• 유아 생활의 변화 • 개별면담

월 \ 내용	강 연	워크숍	레크리에이션	협 의
7월	**교육 강연** '어린이는 놀이가 곧 생활이다'	어린이용 정리 상자 만들기	• 노래 • 손유희	• 유아를 위한 놀이 환경 만들어 주기 • 개별면담
8월	**워크숍**	여름철 과일, 채소를 이용한 어린이 간식 만들기	• 노래 • 손유희	• 더위를 이기는 비결
9월	**교육 강연** '유아 발달과 부모의 지도방법'	달걀로 만든 어린이 반찬 콘테스트(그룹별)	• 노래 • 손유희	• 유아의 행동수정 방안 • 개별면담
10월	**교육 강연** '부모의 참사랑'	냄비받침 만들기(목공)	• 노래	• 개별면담
11월	**교양강좌**	잼, 마요네즈소스 만들기	• 노래 • 손유희	• 좋은 버릇, 나쁜 버릇 • 개별면담
12월	**교육심리**	뜨개질(방석)	• 노래 • 손유희 • 게임	• 사랑의 전달방법 • 개별면담
1월	**교양강좌**	떡국 만들기	• 윷놀이	• 생활을 즐겁게 영위하는 방법 • 개별면담
2월	**교육 강연** '입학을 앞둔 준비'	졸업하는 어린이를 위한 사탕부케 만들기	• 노래 • 손유희(굿나잇)	• 어머니교실 운영의 반성 • 개별면담

표 13-5 부모교육 연간 계획안 4

월	활 동	내 용	참고내용
2월	입학소식 면담	• 편지로 입학사항 알리기 • 학기 초 면담	가정통신 보내기
3월	신학기 오리엔테이션	• 1년 중의 계획(소풍, 참관일, 견학 등) • 유치원 방침, 교육과정 행사 교육 • 도시락, 간식, 복장 등에 대한 주지 사항	원장

월	활 동	내 용	참고내용
4월	강연회	• '유아기는 왜 중요한가?'	외부 강사
		• 교구의 일반적인 설명	교사
	자원봉사자로서의 부모	• 자원봉사자 모집 광고 – 특기 부모 찾기(이야기 나누기, 그림 동화 등으로 보조역할 의뢰) – 인적 자원 찾기(의사, 치과의사, 경찰관, 동사무원 등)	가정통신
	자료수집의 소식	• 생활 속에서 구할 수 있는 창작 놀잇감을 위한 폐품 수집	가정통신
5월	인형 제작 및 인형극 공연	• 어린이날, 어버이날을 위한 가정 활동 – 부모와 유아의 인형 제작 – 인형극 공연	워크숍
	소풍	• 소풍 때 유아원 및 유치원 보조를 위한 인력자원 모집	
6월	교구 제작	• 우유 상자, 블록, 주스 통, 소리상자 등	워크숍
	기금 마련을 위한 바자회	• 바자회 이익금으로 불우 이웃 돕기 • 지역사회와의 유대 강조	바자회
7월	여름방학 생활 안내	• 방학 중 생활 안내(가정에서 할 수 있는 작업 소개) • 밀가루 점토, 물놀이	가정통신
8월	편지 보내기	• 교사가 유아에게 편지 보내기(친절 편지–색편지–개학 때 가져온다)	외부 강사
9월	공개 좌담회	• 쓰기, 읽기에 대한 부모님의 관심 및 유아의 성장에 관한 좌담회	
10월	강연회 작품전시	• '유아교육과 가정교육'에 대한 부모의 역할 인식 • 원아 작품 및 부모가 제작한 교구 전시회(공통 작품 강조)	
11월	영화상영(슬라이드) 추수감사	• 1년간의 유치원 생활기록 • 원아, 부모 연합 추수감사	
12월	성탄 및 방학행사 방학 중 생활에 대한 안내자료	• 부모가 함께 참여하여 선물을 준비하여 나누어줌 • 개별면담	
1월	편지 보내기	• 교사가 유아에게 편지 보내기	
2월	졸업 및 진학준비	• 초등학교 입학 준비	

표 13-6 부모교육 연간 계획안 5

월	활동	내용	방법
3월	신학기 오리엔테이션	• 어린이집 교육목표, 교과과정, 연간계획 소개 • 자원봉사자 및 인력자원 발굴	원장 개인면담
4월	강연회 수업참관 및 집단면담	• '유아교육의 중요성과 유치원 교육' • 하루에 한 반당 10명씩 수업참관 후에 집단 면담 : '우리 집의 자녀 교육은?'	외부강사 교사-기록
5월 6월	인형극 가게놀이 교구제작 면담	• 어머니가 인형제작 및 상영 • 부모참여(어머니가 음식 만들기) • 가정에서 구할 수 있는 자료를 이용하여 교구를 제작하는 데 부모가 참여한다(소리상자, 무게상자, 블록 만들기 등). • 학기 말 면담(성장발달에 관한 면담)	부모참여 〃 〃 면담
7월	지역사회 기관방문	• 경찰서 방문(여름방학 교통안전지도에 유의)	현장견학
	방학 중의 생활지도 안내	• 가정에서 할 수 있는 작업 안내 • 방학 중 건강 생활 안내	부모 책자 우송
8월	편지 보내기	• 교사가 유아에게 편지 보내기	유아에게 편지 보내기
9월	공개 좌담회 현장견학	• 쓰기, 읽기에 관한 부모님의 관점과 올바른 쓰기 준비에 관한 토의 • 박물관 견학	토의 견학
10월	작품 전시회 식생활 개선	• 유아의 작품 전시회 및 부모가 제작한 교구 전시회 • 도시락 싸오기 및 식생활습관지도	전시회
11월	추수감사	• 원아와 부모의 연합 추수감사 행사	
	만들기와 면담	• 김장과 송편 만들기 • 성장발달에 관한 면담	

월	활 동	내 용	방법
12월	성탄 축하 및 방학 파티 편지 보내기 졸업 및 진학준비	• 크리스마스 장식 만들기 • 유치원에 산타클로스 오기 – 원아와 부모님과 함께 양말 트리 만들기 – 보육원 방문하여 양말 트리 전해주기	워크숍
1월		• 교사가 유아에게 편지 보내기	
2월		• 초등학교와의 연계성 찾아 주기 • 졸업식	외부 강사

CHAPTER

부록

예비부모교육 프로그램

K 여자고등학교 예비부모교육 프로그램

01 예비부모교육이란?

부모교육은 부모와 자녀 간의 상호작용의 질을 개선하고, 부모와 자녀의 행동을 긍정적으로 변화시키기 위한 의도적이며 목적지향적인 학습활동이다.

영유아교육 분야에서 부모교육은 부모가 된 사람에게 실시하는 치료적·처방적 의미의 부모교육과 아직 부모가 되지 않은 예비부모를 대상으로 하는 예방적인 의미의 부모교육으로 그 개념을 구분한다. 즉, 부모뿐만 아니라 예비부모를 포함하는 성인 및 청소년을 대상으로 하여 그들에게 부모됨에 대한 자신감을 주고 부모 역할의 긴장을 완화시켜 부모로서 균형 있는, 전인적 삶을 살 수 있도록 도와주는 것이라고 말할 수 있다.

미혼의 청년들에 대한 예비부모교육이 강조된 것은 영유아교육과 부모교육의 학문적 발전에 힘입은 점도 있으나, 서구 사회에서 빈발하는 십대의 미혼 청소년들의 임신에 수반되는 사회적인 문제들을 해결하고 예방하는 차원에서 더욱 적극적으로 시작되었다고 할 수 있다.

미국이나 캐나다에서는 이러한 예비부모교육 프로그램을 중고등학교에서 교과로 다루고 있으며 이러한 프로그램을 실시함으로써 청소년의 혼전 임신을 방지하고자 한다.

실제로 외국의 중고등학교에서 정식 교과로 채택되고 있는 예비부모교육과정에서는 아동발달을 비롯하여 자기인식, 가정과 사회적 역할, 성에 대한 이해, 개인의 책임과 의사결정, 가족계획, 부모됨의 이해, 신생아 돌보기, 과거로부터 미래 전망하기, 임신과 출산, 자녀에게 끼치는 부모의 영향력 등의 내용을 다루고 있으며 부모교육 담당교사를 위한 워크숍 등을 개최함으로써 정규교육과정으로서의 예비부모교육 프로그램을 지원하고 있다.

02 예비부모교육의 필요성

1) 철학적 요구

(1) 생명 존중 및 인간 존엄성의 가치관 회복

예비부모교육은 임신출산의 과정 및 인간 생명에 영향을 줄 수 있는 현대적 요인들, 즉 낙태문제, 성교육, 영유아의 발달에 대한 내용을 다룸으로써 인간 생명 존중 태도를 함양시킬 수 있을 것이다.

(2) 민주적 가족관계의 확립

인간존중 및 개인의 권리와 자유에 대한 신념, 평등주의, 권리와 책임수행 정신을 기반으로 한 민주적 의식은 민주적 환경 및 교육에 의해서 배양될 수 있다. 따라서 부모들의 자녀양육 태도와 방법이 민주적이어야 하며, 이를 기초로 가정에서 민주적인 가족관계가 확립되어야 한다.

2) 사회적 요구

(1) 가정교육 기능의 약화

유교적 도덕성 함양에 가치를 두었던 전통적 자녀교육의 목표는 상실되어 자녀교육의 목표가 정립되어 있지 못한 채 가정의 교육 기능 약화는 학교의 정규교과과정을 통해 부모역할에 대한 전망과 준비를 해야 할 필요성을 대두시켰고 부모 역할의 공백현상을 가져왔고 따라서 자녀의 인격형성에 중대한 문제점을 초래하고 있다.

(2) 아동학대

아동학대의 원인은 먼저 부모의 정서적인 안정감 결여에서 찾을 수 있다. 자녀를 학대하는 부모는 자신이 정서적으로 불안정하여 대체로 상처받기 쉽고, 적대적이며 자아존중감이 낮을 뿐 아니라 대처능력과 자기통제력이 부족하여 아동에게 신체적, 지적, 정서적으로 비현실적인 요구를 한다.

(3) 아동학대 방지

이를 해결하기 위해서는 현재 위험상황에 처한 아동을 보호할 뿐 아니라 계속 이어지는 폭력의 악순환인 학대의 고리를 끊을 수 있도록 예방해야 할 것이다. 아동학대를 예방하는 방법의 하나로 미혼의 청소년들에게 생명의 신비와 존귀함을 인식시키고 가족관계 및 의사소통 등에 대한 구체적인 기술을 알려줄 수 있는 예비부모교육이 제시될 수 있다.

3) 심리적 요구

(1) 발달과업 이론

성인초기 발달과업의 성공적인 성취를 위해서는 전단계인 청년기의 발달과업인 결혼과 가정생활에 대한 준비를 성공적으로 성취해야 한다. 따라서 청년기에 결혼과 가정생활에 대한 준비를 하게 하는 체계적인 예비부모교육 프로그램이 요구된다.

(2) 심리사회적 발달이론

청년기는 정체감 대 역할혼미의 시기에 해당한다. 예비부모교육은 청년들에게 사회 및 가족관계의 맥락 속에서 자신을 조명해 보는 기회를 갖게 하기 때문에 자신의 존재와 추구해야 할 방향에 대해 생각하게 함으로써 청년의 자아인식에 긍정적인 영향을 미칠 수 있다.

03 프로그램의 구성 원리

1) 포괄성의 원리

인간관계의 전 영역을 포괄해야 하므로 청년의 자아인식을 포함하여 가족과 관련된 내용을 포괄적으로 다룬다.

2) 상황특수의 원리

대상이 될 청소년들의 발달적 요구 및 상황에 입각한 내용, 즉 청소년들의 현재 및 현실인식을 바탕으로 한 내용을 선정하여 청소년들의 정체감 형성에 도움을 주기 위함이다.

3) 지식과 태도의 상호관련성의 원리

지식을 기초로 태도가 형성되며 또한 태도에 의해 지식습득이 원활해질 수 있기 때문에 지식과 태도의 형성을 돕는 프로그램을 구성한다.

4) 사고과정 중시의 원리

부모됨에 대해 진지하게 생각하는 사고과정을 발달시킨다.

5) 다양한 교육방법의 원리

청소년들의 참여를 활성화시키는 토의, 역할연기, 영상자료 활용, 과학적 자료를 통한 발표 등 다양한 수업 방법을 채택한다.

04 프로그램의 구성

1) 청소년 성교육

청년들에게 시기적으로 적합할 뿐 아니라 현대사회에서 일어나는 성 문제의 심각성을 고려해 볼 때 중시되어야 할 주제라고 할 수 있다.

2) 영유아발달

자녀양육 경험이 없는 미혼의 청소년들에게는 생소한 내용이지만 부모교육과 예비부모교육에서 전통적으로 강조하고 있을 뿐 아니라 부모가 되기 전에 이들 지식을 미리 알게 되면 부모역할 수행에 구체적인 도움을 줄 수 있다.

3) 가족관계

가족관계는 부모역할 및 자녀의 성격형성에 부모의 양육태도가 미치는 영향에 대한 내용으로서 원활한 부모역할 수행을 위한 실제적인 양육 및 지도 방법과 기술을 포함하고 있다.

4) 청소년기의 자아인식과 의사소통기술

청년의 자아인식 및 정체감 확립에 도움을 주는 주제를 다룸으로써 장래의 원활한 부모역할을 수행할 수 있는 기반을 확고히 하고자 한다.

그리고 부모가 자녀와 원활하게 의사소통하는 대화방법 등에 관한 내용이므로 부모들이 자녀들과 바람직한 상호작용을 하기 위한 지식 및 태도를 제공하는 필수적인 주제이다.

(1) 프로그램의 목표

청소년의 자아인식 및 정체감 확립에 도움을 주고 미혼의 청소년들로 하여금 부모됨을 진지하게 생각해 보게 하고, 장래에 부모가 되었을 때 바른 양육태도로 효율적인 자녀양육을 하도록 한다.

(2) 프로그램의 내용

■ 제1주제 : 인간발달과 성장

▶ 주제목표 : 인간발달의 과정을 알고 영유아기의 발달의 특징을 이해한다.

▶ 학습목표

① 전 생애에 걸친 인간 발달의 의미를 이해한다.
② 영유아의 초기 성장과 발달에 대한 지식을 습득한다.
③ 영유아를 인격체로 존중하는 태도를 기른다.

▶ 학습내용

① 발달의 기초이론
- 환경과 유전의 관계
- 인간발달의 가소성

② 발달과업의 의미
- 전 생애의 발달과정에서 학습하고 성취해야 할 과업

- 영유아기의 발달과업 : 보행, 배설통제, 언어습득, 성역할개념, 정서관계 형성, 양심의 발달
- 영유아 발달의 기초이론
- 영유아의 발달적 특징
- 아동기의 발달과업 : 자아에 대한 건전한 태도 형성, 또래 친구와 사귀기, 기본 학습능력
- 인간의 생애발달 : 아동기, 청년기, 성인기, 노년기의 발달과 과업

▸ 평가문항

- 유아기 발달의 가소성의 의미를 설명하시오.
- '콩 심은 데 콩 나고 팥 심은 데 팥 난다'는 말에 대해 어떻게 생각하는지 진술하시오.

■ 제2주제 : 청소년의 발달과 성

▸ 주제목표 : 청소년기의 발달과업에 대한 통합적인 지식을 습득하고 성에 대해 바르게 인식한다.

▸ 학습목표

① 청소년기의 발달과업을 인식한다.
② 청소년기의 성에 대한 지식을 습득한다.
③ 성충동을 조절하고 성적 욕구를 승화시키는 태도를 갖는다.

▸ 학습내용

① 청소년기의 발달적 특징 : 신체, 정서, 성적, 인지적, 성격, 정서, 도덕적 발달

② 청소년기의 성

- 성에 대한 개념의 정리
  - 참된 성의 개념
  - 성의 개념 정리(gender, sex, sexuality의 차이)

③ 현대사회의 성문화의 문제

- 행위 위주의 성 개념으로 인한 왜곡된 성문화의 문제
- 남녀관계가 가벼워지면서 인간의 격을 낮추게 되어 성의 수단화 상품화
- 온전한 성 : 성은 남녀가 만들어 내는 풍부한 인간관계의 내용

▸ 평가문항

'사랑하지 않는 사람과 성관계는 가능한가'라는 명제에 대한 본인의 생각을 말하시오.

■ 제3주제 : 부모기와 가족관계

▸ 주제목표 : 부모기와 가족관계에 대해 이해한다.

▸ 학습목표

① 부모가 되는 것의 시작은 계획적인 임신과 출산으로 비롯됨을 이해한다.

② 임신과 출산의 과정을 이해한다.

③ 피임의 원리를 이해하며 피임기간을 계산할 수 있다.

④ 부모의 다양한 역할을 인식하여 부모입장과 역할을 이해하는 태도를 기른다.

⑤ 부모의 양육태도가 자녀의 성격 형성에 미치는 영향을 이해한다.

▶ 학습내용

① 임신과 출산
- 월경과 임신
- 피임의 원리

② 부모기의 의미

③ 부모의 양육태도가 자녀의 성격 형성에 미치는 영향
- 부모의 양육 방법과 자녀의 성격 형성

▶ 평가문항

- 피임기간과 가임기간 계산해 보기
- 자신의 가정에서 부모님의 역할 중 가장 어려운 것을 세 가지 들고, 그 역할에 대한 본인의 생각을 기술하시오.
- 독재적인 양육태도를 가질 때 자녀는 어떤 성격을 갖게 될 가능성이 높은지 기술하시오.

■ 제4주제 : 청소년의 자아인식과 대화기법

▶ 주제목표 : 청소년이 자신의 현재와 발달과업을 인식하여 자아개념을 증진하고 인간관계의 바른 대화기법을 익힌다.

▸ 학습목표

① 자신의 현재 상황을 인식하고 자신의 존재가치를 발견하는 태도를 갖는다.
② 자신의 인생을 설계한다.
③ 긍정적인 자아개념을 갖는다.
④ 원만한 인간관계를 위해 필요한 대화기법을 습득한다.

▸ 학습내용

① 자아개념 증진
- 자아존중감 확립활동
- 생애설계활동

② 올바른 대화기법
- 대화의 기본 태도 및 효과적인 대화 방법 : 상대방을 존중하고, 성실한 마음으로 대하며, 공감적으로 이해하고, 수용하는 태도 갖고 표현하기
- 대화방법의 선택
- 문제해결을 위한 대화 : 상대방의 욕구, 느낌 들어주기, 자신의 욕구, 느낌 말하기, 해결책 제안, 평가 선택, 실행, 재평가

▸ 평가문항

- 나의 모습을 진술해 보시오.
- 자신의 인생에 대한 전반적인 설계를 해보시오.
- 친구끼리 다투는 상황, 엄마가 자녀에게 약속을 지키지 못한 상황을 주고 역할 연기해 보기

참/고/문/헌

강문위 외(1997). 아동문제 및 행동수정. 서울: 양서원.

강성희. "가정내 영유아 안전사고 분석을 통한 부모안전교육 프로그램 개발 연구" VOL.- NO.- (2003). 숙명여자대학교 박사 학위논문

고든, T.(1995). 이태영·황영자(역). 부모교육. 서울: 형설출판사.

공미자(2003). 유아교육평가에 대한 유아교육기관 원장의 인식에 대한 연구. 원광대학교 교육대학원 석사학위논문.

곽노의·홍순정(2001). 유아교육사상. 서울: 문음사.

교육인적자원부(2006). 다문화가정의 자녀교육실태 조사.

김광웅·박성연(1995). 아버지의 역할과 아동발달. 서울: 이화여자대학교 출판부.

김규수·류태보(2001). 교류분석-성격개선 상담 심리치료. 서울: 형설출판사.

김규수·류태보(2001). 교류분석치료. 서울: 형설출판사.

김수경(2005). 초보엄마 아빠가 꼭 알아야 할 첫 임신 출산. 서울: 효성출판사.

김인자 역(1989), P.E.T. 강사지침서.

김자현. "부모교육 프로그램에 대한 부모의 만족도와 요구분석" VOL.- NO.- (2014) 상지대학교 교육대학원 석사학위논문

김정미(2004). 예비부모교육 프로그램의 적용 효과. 유아교육학논집, 8(4), pp.65-85.

김정원·이기숙(1999). 부모교육 프로그램의 개발 및 실시에 관한 연구. 아동학회지, 20(3), pp.183-197.

김정희·김현주·정인숙(2001). 아동발달심리. 서울: 동문사.

김지신(1994). 부모교육 프로그램의 내용 선정을 위한 기초조사 분석. 한국영유아보육학회지, 1, pp.85-107.

김춘경(2006). 아들러 아동상담. 서울: 학지사.

김향은·정옥분(1999). '자녀의 힘을 북돋우는 부모' 프로그램이 어머니와 자녀에게 미치는 효과. 아동학회지, 20(4), pp.179-193.

김혜란(2006). 저출산 대응정책에 관한 비교연구—역사적 제도주의 접근법을 중심으로. 연세대학교 행정대학원 석사학위논문.

김혜숙(1997). 부모교육 프로그램의 실제 : 자녀의 힘을 북돋우는 부모. 부모교육학 (pp.337-345). 한국아동학회편. 서울: 교육과학사.

김희진(2009). 유아교육기관에서의 부모교육과 지원. 서울: 파란마음.

남정은. “부모교육 프로그램이 어머니의 양육효능감에 미치는 영향” VOL.- NO.- (2016) 고려대학교 박사학위논문

도현심 · 유명희(1996). 부모교육 프로그램 모형의 개발 및 실시. 아동학회지, 17(1), pp.39-55.

민희식 역(2006). 에밀. 서울: 육문사.

박성수 · 유효순(1995). 아동생활지도. 서울: 한국방송통신대 출판부.

박성연 · 도현심(2001). 아동발달. 서울: 동문사.

박현주 역(2009). 교류분석의 창시자 에릭번. 서울: 학지사.

브론펜브레너, U.(1979). 인간발달 생태학. 이영 역(1992). 서울: 교육과학사.

서문희 · 이세원(2006). 보육 유아교육지원 정책. 육아정책포럼, 겨울(3), pp.36-44.

설영환 역(2005). 아들러 심리학 해설. 서울: 선영사.

성영혜 · 윤석희 · 이경화(1994). 부모교육. 서울: 문음사

성현란 · 이현진 · 김혜리 · 박영신 · 박선미 · 유연옥 · 손영숙(2001). 인지발달. 서울: 학지사.

송길연 · 김수정 · 이지연 · 양돈규 역(2000). 발달심리학. 서울: 시그마프레스.

송명자(2001). 발달심리학. 서울: 학지사.

쉐퍼, D.(1999). 송길연 · 김수정 · 이지연 · 양돈규(역). 발달심리학. 서울: 시그마프레스.

신라대학교 가족상담센터 편역(2005). 이혼가정 매뉴얼. 서울: 양서원.

신용주 · 윤혜경 · 강인재(1997). 부모교육 및 상담. 서울: 양서원.

심혜숙 · 곽미자 역(1998). 성격유형과 자녀양육태도. 서울: 한국심리검사연구소.

여성가족부(2006). 연도별 보육통계. 서울: 여성가족부.

오은순(1997). 이혼가정 아동의 적응에 영향을 미치는 생태학적 변인들의 구조 분석. 이화여자대학교 대학원 박사학위 청구논문.

웨너, C.(1994). 발달정신병리학. 이춘재 외(역). 서울: 중앙적성출판사. 1998.

유수옥 · 임영심(2001). 그림 이야기책을 통해 유아가 지각한 어머니의 자녀 발달 신념과 양육행동. 아동학회지, 22(3), pp.151-165.

유안진 · 김연진(1996). 부모교육. 서울: 동문사.

유안진 · 김연진(1996). 유아를 위한 부모교육. 서울: 동문사.

유안진(1995). 육아론. 서울: 문음사.

유안진(1995). 한국 전통사회의 유아교육. 서울: 서울대학교 출판부.

유안진(2001). 아동발달의 이해. 서울: 문음사.

유은희 · 홍숙자(1998). 부모교육 프로그램. 대한가정학회지, 36(1), pp.157-168.
유재현(2001). 심성개발을 위한 교류분석 프로그램. 대구: 정암서원.
윤혜경(1999). 어머니와 유아의 책읽기 상호작용이 유아의 언어발달에 미치는 영향에 관한 연구. 숙명여자대학교 대학원 박사학위 청구논문.
이경우 편역(1996). 당신도 유능한 부모가 될 수 있다. 서울: 창지사.
이경희(1994). 아동발달과 양육. 서울: 형설출판사.
이기숙 · 홍순정(1995). 유아교육과정. 서울: 방송통신대학교 출판부.
이성진 · 유효순(1998). 아동발달. 서울: 한국방송대학교 출판부.
이숙 · 최정미 · 김수미(2002). 가족문제와 가족복지. 서울: 도서출판 양지.
이영숙 · 박경란 · 전귀연(2004). 가족문제와 복지. 서울: 신정.
이원영 · 이태영 · 강정원(2008). 영유아교사를 위한 부모교육. 서울: 북카페.
이원영(1992). 부모교육론. 서울: 교문사.
이은화 · 이경우 역(1985). 부모교육입문-부모자녀관계(J. J. Bigner). 서울: 창지사.
이재연 · 김경희(1996). 부모교육. 서울: 양서원.
이훈구 역(2001). 부모역할 훈련. 서울: 양철북.
이혜진. "NLP 활용 부모교육 프로그램이 취업모의 양육죄책감, 양육효능감 및 심리적 안녕감에 미치는 효과" VOL.- NO.- (2015) 동아대학교 석사 학위논문
임재택(1995). 유아교육기관 운영관리. 서울: 양서원.
임현진(2000). 한국에서 지식기반사회의 이론과 그 적용. 새천년의 과학기술과 지식기반사회. 서울: 나남출판.
장영진. "청소년 자녀를 위한 부모교육 프로그램의 효과" VOL.- NO.- (2000) 계명대학교 교육대학원 석사학위논문
장혜순(2008). 부모교육 및 상담의 이론과 실제. 서울: 파란마음.
장휘숙(2005). 아동발달-아동의 심리적 세계. 서울: 박영사.
정계숙 외 11인(2010). 부모교육. 서울: 창지사.
정계숙(2007). 부모교육. 서울: 창지사.
정문자 역(1990). 부모교육 원리와 방법(Harman, D. & Brim, O. G.). 서울: 교육과학사.
정영숙 · 김영희 · 박범혁(2001). 아동발달과 부모교육. 서울: 시그마프레스.
정용부 · 고영인 · 신경일(1998). 아동생활지도와 상담. 서울: 학지사.
최경숙(2001). 발달심리학: 아동, 청소년기. 서울: 교문사.
최나야 · 우현경 · 정현심 · 박혜준 · 이순형(2009). 영유아기 자녀를 둔 다문화가정 어머니의 양육 스트레스. 한국가정관리학회지, 27(2), pp.255-268.

최연실·권용혁·김태성·우실하(2007). 한려, 국제결혼에서의 갈등과 적응 : 소외와 타자와의 체험에서 소통과 화합의 모색으로. 한국가족관계학회지, 12(2), pp.251-299.

최연실·이순형·문무경(2008). 농촌거주 결혼이민여성의 발달과 적응. 인간발달연구, 15(3), pp.225-248.

최중옥 외(1998). 조기특수교육을 위한 행동수정의 이론과 실제. 서울: 교육과학사.

한경님. "다문화가정 어머니들의 자녀양육을 위한 부모교육에 대한 요구" 한국영유아보육학 VOL.0 NO.73 (2012):171-190

한국교육개발원(1984). 부모교육 프로그램 모형개발 연구. 서울: 한국교육개발원.

한국보육학회 편(1997). 부모교육학. 서울: 교육과학사.

한국부모교육학회 편(1997). 부모교육학. 서울: 교육과학사.

한국심리상담연구소(K.E.T.I).

한국아동학회 역(1989). 부모교육의 이론과 적용 (M. J. Fine, Handbook on Parent Education). 서울: 국민서관.

한국여성개발원(2004). 저출산시대 여성과 국가 대응전략.

한국행동과학연구소 편(1979). 부모교육안내서. 서울: 한국행동과학 연구소.

한국행동과학연구소 편(1983). 유아교육운영. 서울: 한국행동과학연구소.

한상금. "가족여가부모교육 프로그램 개발" VOL.- NO.- (2007) 성균관대학교 박사학위논문

홍경자·노안영·차영희·최태산 역(2007). 부모코칭 프로그램 적극적 부모역할, Now!—부모용 지침서—. 서울: 학지사.

홍경자 역(1995). 현대의 적극적 부모역할훈련. 서울: 중앙적성출판사.

홍금자(2006). 일본의 보육 및 아동양육지원 서비스 전달체계에 관한 연구. 한국영유아보육학, 46, pp.117-145.

i-子育てネット http://www.i-kosodate.net

無藤隆·安藤智子(2008).『子育て支援の心理学』. 有斐閣コンパクト.

柏木恵子(1995).『親の発達心理学』. 岩波書店.

柏木恵子(2008).『子どもが育つ条件』. 岩波新書.

本田和子(2008).『子どもが忌避される時代』. 新曜社.

森田明美(2001).『幼稚園が変わる保育所が変わる』. 明石書店.

汐見稔幸(2008).『子育て支援の潮流と課題』. きょうせい.

小嶋秀夫(1988).『親となる心の準備』. 新曜社.

全国保育師養成協議会 http://www.hoyokyo.or.jp

全国保育団体連絡会(2007).『保育百書』. 保育研究所編. ひとなる書房.

児童福祉施設など評価基準検討会(2002). 児童福祉施設において福祉サービスの第三者評価基準などに関する報告書 参照.

天童睦子(1999).「教育期待と育児戦略に関する調査研究」,『育兒戰略と社会的 ネットワーク』(早稲田大学教育社會学研究會編).

天童睦子(2004).『育児戰略の社会学』. 東京: 世界思想史.

花沢成一(1992).『母性心理学』. 医学書院.

厚生労動省雇用均等·児童家庭局(2006). 保育所検討資料.

斎藤嘉孝(2009).『親になれない親たち』. 新曜社.

桜井慶一(2006).『保育制度改革の諸問題』. 新読書社.

お宮勇雄(2006).『保育の質を高める』. ひとなる書房.

Amato, P. R.(1996). Explaining the intergenerational transmission of divorce. *Journal of Marriage and Family, 55*, pp.23-38.

Baker, B. L. & Heifetz, L. J.(1976). The READ project: Teaching manuals for parents of retarded children. In T. D. Tjossem (Ed.), *Intervention Strategies for high risk infants and young children.* Baltimore, MD: University Park Press.

Baker, B. L. & Walter Burke & Zaner-Bloser(1980). *Basic skills in kindergarten: Foundation for formal learning.* Columbia.

Baker, B. L., Brightman, A. S., Heifetz, L. J., 4 Murphy, D. M.(1973). *The READ Project Series.* Cambridge, III.: Research Press.

Baldwin, D. A. & Moses, I. J.(1996). The ontogeny of social information gathering. *Child Development, 67*, pp.1915-1939.

Bandura, A.(1977). Self-Efficacy: Toward a unifying theory of behavioral change. *Psychological Review, 84*, pp.191-215.

Bandura, A.(1986). *Social foundations of thought and action.* Englewood Cliffs, NJ: Prentice-Hall.

Bandura, A.(1993). Perceived self-efficacy in cognitive development and functioning. *Educational Psychologist, 28*, pp.117-148.

Baumrind, D.(1966). Effects of Authoritative Parental Control on Child Behavior. *Child Development, 34*(4), pp.887-907.

Baumrind, D.(1967). Child care practices anteceding three patterns of preschool behavior. *Genetic Psychology Monographs, 75*, pp.43-88.

Baumrind, D.(1971). Current patterns of parental authority. *Developmental Psychology, 4*, pp.1-103.

Baumrind, D.(1973). The development of instrumental competence through socialization. In AD. Pick (Ed.), *Minnesota symposium on child psychology* (Vol.7). Minneapolis: nUniv / of Minnesota Press.

Baumrind, D.(1993). The average expectable environment is not good enough: A response to Scarr. *Child Development, 64*, pp.1299-1317.

Bawlby, J.(1969, 1982). *Attachment and loss. Vol. 1. Attachment.* New York: Basic Books.

Becker, B. L., Brightman, A. S., Helfetz, L. J. & Murphy, M. D.(1973). *The READ project series.* Cambridge, Mass. :Behavioral Education Projects.

Becker, W. C.(1964). Consequences of different kind of parental discipline. In M. L. Hoffman & L. W. Hoffman (Eds.), *Review of child development research* (Vol. 1). NY: Russell Sage Foundation.

Becker, W.(1971). *Parents are teachers.* Champaign, Ⅲ.: Research Press.

Belsky, J.(1984). The determinants of parenting: A proce4ss model. *Child Development., 55*, pp.83-96.

Belsky, J.(1988). The effects of infant daycare reconsidered. *Early Childhood Education Quarterly, 3*, pp.235-273.

Belsky, J.(1993). Etiology of child maltreatment: A developmental ecological analysis. *Psychological Bulletin, 114*, pp.413-434.

Berger, P. L. & Luckmann, T.(1966). *The Social Construction of Reality: A Treatise in the Sociology of Knowledge*, Doublwday.

Berk, L. & Winsler, A.(1995). *Scaffolding children's learning: Vygotsky and early childhood education.* NW: National Association for the Education of Young Children.

Berne, E.(1961). *Transactional Analysis in Psychology.* New York: Grove Press, Inc.

Berne, E.(1964). *Games People Play.* New York: Grove Press, Inc.

Berne, E.(1964). *Games people play-the basic handbook of trnasactional analysis*, the psychology of human relationship, Ballantic books, New York.

Berne, E.(1972). *What do you say after you say hello?.* Corgi Books.

Bjorklund, D. F.(2000). *Children's thinking: Developmental function and individual differences.* CA: Brooks/Cole.

Blankenhom, D.(1995). *Fartherless America: Confronting our most urgent social problem.* NY: Basic Books.

Bolger, K. E., Patterson, C. J., Thompson, W. W. & Kupersmidt, J. B.(1995). Psychological adjustment among children experiencing persistent and intermittent family economic hardship. *Child Development, 66,* pp.1107-1129.

Bretherton, I.(1985). Attachment theory: Retrospect and prospect. *Monographs of the Society for Research in Child Development, 50*(1-2, Serial No. 209).

Bronfenbrenner, U. & Moris, P. A.(1988). The ecology of developmental processes. In W. Dandon & R. M. Lerner (5th Ed.), *Handbook of Child Psychology: Vol.1. Theory.* New York: Wiley.

Bronfenbrenner, U.(1979). *The ecology of human development.* Cambridgc, MA: Havard University Press.

Bronfenbrenner, U.(1979). *The ecology of human development: Experiment by nature and design.* Cambridge, MA: Harvard University Press.

Bronfenbrenner, U.(1989). Ecological system theory. *Annals of Child Development, 6,* pp.187-249.

Brooks, J. B.(2001). *Parenting* (3rd Ed.). Mayfield Publishing Company.

Campbell, J. J. & Lamb, M. E. & Hwang, C. P.(2000). Early child-care experience and children's social competence between 1.5 and 15 years of age. *Applied Developmental Science, 4,* pp.166-176.

Campbell, K. E. & Marseden, P. V. & Hirlbert, J. S.(1986). Social resources and socioeconomic status. *Social Networks, Vol. 8,* No. 1

Chao, R. K.(1996). Chinese and European American mothers' beliefs about the role of parenting in children's school success. *J. of Cross-Cultural Psychology, 23*(1), pp.140-145.

Chase-Lansdale, P. L., Cherlin, A, J. & Kiernan, K. E.(1995). The long-term effects of parental divorce on the mental health of young adults: A developmental perspective. *Child Development, 66,* pp.1614-1634.

Cohen, S. & Willias, T. A.(1985). Stress, social support, and the buffering hypothesis.

Psychological Bulletin, 98, pp.310-357.

Cohn, D. A.(1990). Child-mother attachment of six-year-olds and social competence at school. *Child Development, 61*(1), pp.152-162.

Cole, M. & Cole, S. R.(1993). *The development of children* (2nd Ed.). NY: Scientific American Books.

Covey, S. R.(1997). *The 7 habits of highly effective families.* NY: Franklin Covey Co.

Cowan, Pa A. & Powell, D. & Cowan, C. P.(2000). Parenting interventions: A family systems prospective. In I. E. Sigel & Renninger (Vol. 4, 5th Ed.), *Handbook of Child Psychology in Practice* (pp.3-72). John Wiley & Sons. Inc.

Crain, W.(1992). *The theories of development: Concepts and application* (3rd ed.). Englewood Cliffs, NJ: Prentice Hall.

Cummings, E. M., & Davis, P. T.(1994). *Children and marital conflict: The impact of family dispute and resolution.* New York: Guilford Press.

Davis, P. T., & Cummings, E. M.,(1998). Exploring children's emotional security as a mediator of the rink between marital relations and child adjustment. *Child Development, 69*, pp.124-139.

Dinkmeyer, D. & Mckey, G. D.(1983). *STEP/TEEN systemic training for effective parenting of teens.* Circle Pines, MN: American Guidance; Service.

Dreikurs, R., Grunwald, B. & Pepper, F. C.(1964). *Maintaining sanity in classroom: Illustrated teacher techniques.* New York: Harper & Row.

Elliot & C. S. Dweck (Eds.). *Handbook of Competence and Motivation.* Guilford Press.

Erikson, E.(1950). *Child and Society.* New York: Norton.

Erikson, E.(1950). *Childhood and Society.* New York: Norton.

Erikson, E.(1963). *Child and Society* (2nd Ed.). NewYork: Norton.

Finch, J.(1989). *Family Obligations and Social Change.* Cambridge, UK: Polity Press.

Finch, J.(1989). *Family Oblization and Social Change.* Cambridge, UK: Polity Press.

Fine, M. J. & Brownstein, C.(1983). Parent Education: Problems, promises, and implications for school social workers. *Social Work in Education, 6*, pp.44-55.

Fine, M. J. & Herry, S. A.(1991). Professional issues in parent education. In M. J. Fine (Ed.), *The second handbook on parent education: Contemporary perspectives* (pp. 3-20). NY: Academic Press.

Fine, M. J.(1980). The parent education movement: An introduction. In M. J. Fine (Ed.), *Handbook on parent education* (pp.3-26). NY: Academic Press.

Flavell, J. H., Miller, P. H. & Miller, S. A.(1993). *Cognitive development.* Englewood Cliffs, NJ: Prentice-Hall.

Furman, W. & Buhrmester, D.(1985). Children's perceptions of the personal relationships in their social network. *Developmental Psychology, 20*, pp.277-290.

Gesell, A. & Ilg, F.(1943). *Infant and child in the culture of today.* New York: Harper and Brothers Publishers.

Ginott, H. G.(1961). *Group psychotherapy with children.* New York: McGraw-Hill.

Ginott, H. G.(1965). *Between parent and child.* New York: Macmillan.

Ginott, H. G.(1969). *Between parent and teenager.* New York: Macmillan.

Ginott, H. G.(1972). *Between teacher and child.* New York: Macmillan.

Ginott, H.(1965). Between Parents and Child. New York: Macmillan.

Gordon, T.(1970). *P. E. T.: Parent Effectiveness Training.* Peter H. Widen.

Gordon, T.(1975). *P.E.T.(Parent Effectiveness Training)-The tested new way to raise responsible children.* A plume book. New American library. New York and scarborough, Ontario.

Gordon, T.(1980). Parent effectiveness training: A preventive program and it's effects on families. In M. J. Fine (Eds.), *Handbook on parent education.* New York: Academic Press, Inc.

Gordon, T., Gordon, J. S.(1976). *Parent effectiveness training in action.* Perigee books published the patnam publishing group, New York. N. Y.

Griswold, R. L.(1993). *Fatherhood in America.* NY: Basic Books.

Hall, R. V.(1976). *Parent training: A preventive mental health program.* National Institute of Mental Health Grant, University of Kansas.

Hammer, T. J., Turner, P. H.(1985). *Parenting in Contemporary Society.* NY: Prentice-Hall.

Harmain, D. & Brini, O. G., Jr.(1980). *Learning to be parents: Principles, programs, and methods.* Beverly Hills, CA: Sage.

Harris, P. L., Kavanaugh, R. D. & Meredith, M. C.(1994). Young children's comprehension of pretend episodes: The intergration of successive action. *Child Development, 65*, pp.16-30.

Harris, T. A.(1967). *I am OK-You are OK.* New York: Harper Collins Publishers Inc.

Harris, T. A.(1969). *I'm OK-You're OK.* New York: Grove Press.

Hess, C. R. & Papas, M. A. & Black, M. M.(2002). Resilience among African American adolescent mothers: Predictors of positive parenting in early infancy. *Journal of Pediatric Psychology, 27,* pp.619-629.

Hess, R. D. & Hollaway, S. D.(1984). Family and school as educational institutions. In R. D. Parke (Ed.), *Review of Child Development Research.* Chicago: The University of Chicago Press.

Hess, R. D. & Holloway, S. D.(1984). Family and school as educational institutions. In R. D. Parke (Ed.), *Review of child development research.* Chicago: Univ. of Chicago Press(Vol. 7, pp.179-222).

Hortacsu, N.(1995). Parents' education levels, parents' beliefs, and child outcomes. *J. of Genetic Psychology, 156*(3), pp.373-383.

Howes, C. & Olenick, M.(1986). Family and child care influences on toddler compliance. *Child Development, 57,* pp.202-216.

Jaffe, M. L.(1997). *Understanding parenting.* Boston: Allyn & Bacon

Johson, J. E. & Martin, C. A.(1985). Parents' beliefs and home learning environments: Effects on cognitive development. In I. E. Siegel (Ed.). *Parental belief system* (pp.345-371). Hillsdale, NJ: Erlbaum.

Key, E.(1909). *The Century of the Child.* NY: G. P. Putnam's Sons.

Kochanska, G.(1995). Children's temperament, mother's discipline, and security of attachment: Multiple pathways to emerging internalization. *Child Development, 66,* pp.597-615.

Lamb, M. E.(1981). *The role of the father in child development.* NY: Wiley & Sons

Levin, J.(1999). *The Ennergram intelligence: Understanding personality for effective teaching and learning.* CT: Bergin & Garvey.

LeVine, R. A.(1974). Parental Goals: A cross-cultural view. *Teachers College Records, 76,* pp.226-239.

LeVine, R. A.(1988). Human parental care: Universal goals, cultural strategies, individural behavior. In W. Damon (Series Ed.) & R. A. LeVine, P. M. Miller, & M. M. West (Vol. Eds.), *New directions for child development: Parental behavior in diverse societies* (Vol. 40, pp.3-11). San Francisco, CA: Jossey-Bass.

Lewis, M. & Brooks-Gunn, J.(1979). *Social cognition and acquisition of self.* New York: Plenum.

Lewis, M. & Weinraub, M.(1976). The farther's role in the infant's social network. In M. E. Lamb (Ed.), *The role of the father in child development.* NY: Wiley.

Lowe. R. N.(1974). *Dreikursian principles of child guidance.* Eugene: University of Oregon Press.

Luster, T. & McAdoo, H. P.(1994). Factors related to the achievement and adjustment of young African American children. *Child Development, 65*, pp.1080-1094.

Maccoby, E. E. & Martin, J. A.(1983). Socialization in the context of family: Parent-child interaction. In E. M. Hetherington(Ed. P. H. Mussen General Ed.), *Handbook of child psychology (Vol. 4). Socialization, personality, and social development* (pp.1-101). NY: Wiley.

Maccoby, E. E.(1990). Gender and relationships: A developmental account. *American Psychologist, 45*, pp.513-520.

MacIntire, R. W.(1970). *For love of children: Behaviorial psychology for parents.* DelMar, California: C. R. M. Books.

Macoy, C. L. & Masters, J. C.(1985). The development of children's strategies for the social control of emotion. *Child Development, 56*, pp.1214-1222.

Mahler, M. Pine, F. & Bergman, A.(1975). *The psychological birth of the human infant.* New York: basic Books.

Martin, C. A. & Johson, J. E.(1992). Children's self-perceptions and mothers' beliefs about development and competencies: In I. E. Siegel (2nd Ed.), *Parental belief systems: The psychological consequences for children* (pp.95-113). Hillsdale, NJ: Erlbaum.

McCune-Nicolich, L. & Fenson, L.(1984). Methodological issues in studying early pretend play. In T. Yawkey & A. D. Pellegrini (Eds.), *Child's Play: Developmental and applied* (pp.81-104). Hillsdale, NJ: Erlbaum.

McCune-Nicolich, L.(1981). Toward symbolic functioning: Structure of early pretend games and potential parallels with language. *Child Development, 52*, pp.785-797.

Medway, F. J.(1991). Measuring the effectiveness of parent education. In M. J. Fine

(Ed.), *The second handbook on parent education: Contemporary perspectives* (pp.237- 255). NY: Academic Press.

Miller, B. M., O'Connor, S., & Sirignano, S. W.(1995). Out-of-school time: A study of children in three low-income neighborhoods. *Children Welfare, 74*(6), pp.1249-1280.

Miller, S. A.(1988). Parent's beliefs about children's cognitive development. *Child Development, 59*, pp.259-285.

Morrison, G.(1976). *Parental involvement in home, school and community*. Columbus, Ohio: Chas. E. Merrill.

Parke, R. D.(2000). Father Involvement: A developmental psychological perspevtive. *Marriage and Family Review, 29*, pp.43-58.

Parrcrson, G. R.(1982). *Coercive Family Process*. Castalia.

Parsons, T. & Bales, R.(1955). *Family, socialization and interaction process*. Glencoe, IL: Free Press.

Patterson, G. R. & Gulion, M. E.(1971). *Living with chikdren*. Champaign, Ⅲ.: Research Press.

Peterson, A. C. et al.(1993). Depression in adolescence. *American Psychologist, 48*, pp. 155-168.

Phillips, D. A., Howes, C. & Whitbeck, M.(1992). The social policy context of child care: Effects on quality. *American Journal of Community Psychology, 20*(1), pp.25-51.

Piaget, J.(1966). *The psychology of intelligence*. Totowa, NJ: Little field, Adams.

Redl, F.(1944). Pre-adolescents-what makes them tick?. *Child Study, 21*, pp.44-48; pp.58-59.

Reynolds, A. J. & Gill, S.(1994). The role of parental perspectives in the school adjustment of inner-city Black children. *Journal of Youth & Adolescence, 23*(6), pp.671-694.

Rubin, K. H. & Bukovski, W. & Parker, J. G.(1998). Peer Interaction, relationships, and groups. In E. Damon (Ed.), *Handbook of child psychology* (5th Ed.) vol. 3 (pp. 619-700).

Rutter, M.(1985). Family and school influences on cognitive development. *Journal of Child Psychology and Psychiatry, 26*(5), pp.683-704.

Santrock, J. W.(1972). Relation of type and onset of father absence to cognitive development. *Child Development, 43*, pp.455-469.

Scarr, S. & McCartney, K.(1983). How people make their own environments: A theory genotype → environment effects. *Child Development, 54*, pp.424-435.

Scarr, S.(1992). Developmental theories for the 1990s: Development and individual differences. *Child Development, 63*, pp.1-9.

Scarr, S.(1993). Biological and cultural diversity: The legacy of Darwin for Development. *Child Development, 64*, pp.1333-1353.

Schaefer, D. R.(2002). *Developmental Psychology: Child and Adolescence* (6th Ed.) Belmon: Wadsworth.

Schaefer, E. S.(1959). A complex model for maternal behavior. *Journal of Abnormal and Social Psychology, 59*, pp.226-235.

Seligman, M. E. P.(1990). *Learned optimism: How to change your mind and your life.* NY: Simon and Schuster.

Shaffer, D. R.(1994). *Social and personality development.* CA: Brooks & Cole Publishing Company.

Siegel, I. E.(1985). A conceptural analysis of beliefs. In I. E. Siegel (Ed.), *Parental belief system* (pp.345-371). Hillsdale, NJ: Erlbaum.

Siegler, R. S.(1991). *Children's thinking* (2nd ed.). Englewood Cliffs, NJ: Prentice-Hall.

Simon, R. L.(1996). *Understanding difference between divorced and in act families: Stress, interaction, and child outcome.* Stage Publications.

Simpson, R. L.(1980). Behavior modification and child management. In M. J. Fine (Eds.), *Handbook on parent education.* New York: Academic Press, Inc.

Smith, J. M. & Smith, D. E.(1966). *Child management: A program for parents.* Ann Arbor, Mich: Ann Arbor Pub.

Snow, C.(1998). *Infant development* (2nd ed.). Englewood Cliffs, NJ: Prentice-Hall.

Spock, B.(1946). *The common sense book of baby and child care.* NY: Pocket Book.

Spock, B.(1957). *The pocket book of baby and child care.* NY: Pocket Book.

Sroufe, A.(1999). *Emotional Development: The Organization of emotional life in the early years.* Cambridge: University of Cambridge.

Sroufe, L. A.(1977). Wariness of strangers and the study of infant development. *Child Development, 48*, pp.1184-1199.

Steinberg, L.(2005). *Adolescence* (7th Ed.), New Mcgraw-Hill.

Steinberg, L., Lamborn, S., Dornbusch, S. & Darling, N.(1992). Impact of parenting practices on adolescent achievement: Authoritative parenting, school involvement, and encouragement to succeed. *Child Development, 63*, pp.1266-1281.

Taylor, A. C. & Robila, M. & Lee, H. S.(2005). Distance, contact and intergenerational relationships: Grandparents and adult grandchildren from an interactional perspective. *Journal of Adult Development, 12*(1), pp.33-41.

Trickett, P. K., Aber, J. L., Carlson, V. & Cicchetti, D.(1991). Relationship of socioeconomic status to the etiology and developmental sequele of physical child abuse. *Developmental Psychology, 27*, pp.148-158.

Vemer, E. & Coleman, M. & Ganong, L.(1989). Marital satisfaction in remmarige: a meta-analysys. *Journal of Marriage and the Family, 51*, pp.713-725.

Wagner, B. M. & Phillips, D. A.(1992). Beyond beliefs: Parent and child behaviors and children's perceived academic competence. *Child Development, 63*, pp.1380-1391.

Walters, G. C. & Grosec, J. E.(1977). *Punishment.* San Francisco. W. H. Freeman & Company Publishers.

Watson, J.(1928). *Psychological care of infant and child.* New York: Norton.

Weiss, B. & Dodge, K. A. & Bares, J. E. & Petit, G. S.(1992). Some consequence of early harsh discipline: Child aggression and a maladaptive social information processing style. *Child Development, 63*, 1321, 1335.

Wenar, C.(1994). *Developmental Psychology: from infancy through adolescence* (3rd ed). McGraw-hill.

White, R. W.(1959). Motivation reconsidered: The concept of competence. *Psychological Review, 66*, pp.297-333.

Wood, C. & Davidson, J.(2003). Helping families cope: A fresh look at parent effective training. *Family Matters, 65*, pp.28-33.

Woods, P.(1990). *Teacher Strategies.* Falmer Press.

Woodworth, S. & Belsky, J. & Crinic, K.(1996). The determinants of fathering during the child's second and third years of life: A development analysis. *Journal of Marriage and the Family, 58*, pp.679-692.

찾/아/보/기

ㄱ

ㅇ

ㅈ

ㅊ

ㅋ

ㅌ

ㅍ

ㅎ

기타

저자소개

■ **윤혜경**

서울대학교 가정대학 가정관리학과 졸업

숙명여자대학교 아동복지학과 석사·박사(아동복지 전공)

현 경민대학교 아동보육과 교수

〈저서〉

엄마도 좀 배워(2018, 나라아이넷)

보육실습 워크북(2016, 동문사)

보육실습일지(2016, 동문사)

함께 키우는 신육아론(2008, 학지사)

보육학개론(2005, 공저, 동문사)

부모교육(2004, 공저, 양지사)

유아사회교육의 이론과 실제(2003, 공저, 창지사)

영유아발달의 이론과 실제(2001, 공저, 동문사) 외 다수

부모교육의 이론과 실제 개정판

초　판 1쇄 발행 / 2014년 9월 10일
초　판 2쇄 발행 / 2017년 2월 28일
개정판 1쇄 발행 / 2020년 2월 20일
개정판 2쇄 발행 / 2021년 7월 20일

•

저　자 / 윤　혜　경
발행인 / 이　중　수
발행처 / 동　문　사

•

서울특별시 서대문구 홍제원 1길 12
(홍제동 137-8)
Tel : 02)736-3718(대), 736-3710, 3720
Fax : 02)736-3719
등록번호 : 1974.04.27. 제9-17호
가격 : 20,000원

•

ISBN : 979-11-6328-176-4(93370)
E-mail : dong736@naver.com
www.dongmunsa.com